JN273842

> 発達障害・愛着障害

現場で正しくこどもを理解し、
こどもに合った支援をする

「愛情の器」モデルに基づく愛着修復プログラム

米澤好史
Yonezawa Yoshifumi

福村出版

[JCOPY]〈出版者著作権管理機構 委託出版物〉
本書の無断複写は著作権法上での例外を除き禁じられています。複写される場合は,そのつど事前に,出版者著作権管理機構(電話 03-5244-5088, FAX 03-5244-5089, e-mail: info@jcopy.or.jp)の許諾を得てください。

はじめに
●●●●●

　「愛着障害，愛着に問題を抱えるこども」という気づきは，今，学校・幼稚園・保育所で急激に広がってきています。そうした保育・教育の現場に入り，こどもへの発達支援，学び支援の実践的研究をしてきた筆者にとって，この危機感は以前から感じていたものでしたが，最近，その現場におられる先生方・専門家の方たちと，共通認識が増えてきて，そのニーズをヒシヒシと感じています。

　「愛着障害・愛着の問題」にアプローチする発達支援の大切さは，現場で，それとよく混同されている発達障害ときちんと峻別し，それに合った適切な支援をすることに活かしていただけます。発達障害として対応・支援をして来たが，「何か違うのでは⁉」という疑問に答えることができます。こどもの「気になる行動」に対する「どうしてそんなことをするの？」という思いに応えることができるのです。また，両方併せ持つ場合は，それを踏まえた支援をすることも大切で，指導困難を極めていたこどもへの対応，支援策が見えてきます。そして，愛着の問題は，今後のこどもたちの学習指導，生徒指導，進路指導等，様々な教育・こども支援と直結する重要な問題となってきているのです。

　こうした観点で，正しくこどもを理解し，そのこどもに合った支援をしていただくために，心理支援研究者，医療関係者の方々にお読みいただき，議論を交わし共通認識を深めたいと思います。また何より，現場の保育士，教師，指導員，心理支援の専門家，そして，それらを目指す学生・院生のみなさん，さらに，こどもと日々かかわっておられる保護者，子育て支援に携わっておられる方々に，是非，読んでいただき，支援とかかわりの参考にしていただけたらと思います。そして，それによって，こどもたちが少しでもしっかりと支援され，愛着の絆を意識して，すくすくと育つ糧となってくれたらと心から願っています。

2015年9月

米澤　好史

目次

はじめに

序章　現場研究からの提案 ―愛着の問題を抱えるこどもへの支援の困難性と必要性― … 10

1. 現場での困難感の飛躍的増加 … 10
  a. 発達支援のスタンス … 10
  b. 現場の生の声から見えてくる問題の深刻さ … 11

2. 学校教育と子育ての問題意識 … 12
  a. 授業づくり・学力向上と発達支援・生徒指導の関係を意識して … 12
  b. 学校と家庭の真の連携による様々な発達支援・生徒指導の可能性のために … 13
  ［引用・参考文献］ … 14

1章　愛着形成の問題の所在と愛着修復との関係 … 16

1. 愛着とは何か？ … 16
  a. 愛着についての正しい理解のために … 16
  b. 親子関係のウソ・ホントクイズ … 16
  c. 「今・ここにいること」と「心の中にいること」 … 17

2. 愛着についての6つの誤解 … 19
  a. 誤解その1：通常家庭で育てられていないこどもの問題という誤解 … 19
  b. 誤解その2：産んだ母親の責任であるという誤解 … 20
  c. 誤解その3：育てた母親の責任追及という誤解 … 22
  d. 誤解その4：愛着障害は取り返しがつかない，もう遅いという誤解 … 23
  e. 誤解その5：愛着は世代間伝達するという誤解 … 24
  f. 誤解その6：愛着修復支援が実の母親との関係に悪影響を与えるという誤解 … 27
  ［引用・参考文献］ … 29

2章　愛着障害と混同されやすい発達障害との違い・見分け方 … 31

1. 愛着障害とは何か？ … 31
  a. 愛着の個人差 … 31
  b. 愛着障害の定義 … 32
  c. 愛着障害の周辺 … 34

2. 愛着障害・発達障害を含めたこどもへの発達支援にとって大切なこと ─── 36
      a. 発達支援の視座1：こども理解と支援の連関の重要性 ─── 36
      b. 発達支援の視座2：混同されやすい発達障害との比較のために ─── 38
   3. 愛着障害との違いから見た発達障害の正しい理解と支援 ─── 40
      a. 注意欠如多動性障害（ADHD）の理解 ─── 40
      b. 注意欠如多動性障害（ADHD）への支援 ─── 42
      c. 自閉症スペクトラム障害（ASD）への理解 ─── 45
      d. 自閉症スペクトラム障害（ASD）への支援のポイント ─── 47
      e. 自閉症スペクトラム障害（ASD）への支援のまとめ ─── 50
      f. 学習障害（LD）への理解 ─── 56
      g. 学習障害（LD）への支援：学習場面での学習障害への支援 ─── 57
      h. 学習障害（LD）への支援：生活場面での学習障害への支援 ─── 59
   4. 発達障害との違いから見た愛着障害の正しい理解 ─── 63
      a. 愛着障害・愛着の問題を抱えるこどもを発見するためのチェックポイント ─── 63
      b. 「❶多動」の違いの理解 ─── 64
      c. 「❷モノとの関係」の理解 ─── 66
      d. 「❸口の問題」の理解 ─── 69
      e. 「❹姿勢・しぐさの問題」の理解 ─── 69
      f. 「❺人への接触」の理解 ─── 70
      g. 「❻床への接触」の理解 ─── 71
      h. 「❼危険な行動」の理解 ─── 71
      i. 「❽愛情欲求」の理解 ─── 72
      j. 「❾自己防衛」の理解 ─── 74
      k. 「❿自己評価の低さ」の理解 ─── 76
      l. 「⓫片付けできない」理由 ─── 77
      m. 「⓬自閉系の愛着障害」の理解 ─── 78
      n. 「⓭関係性の視点」：しっかりかかわる養育でも生じる理由 ─── 80
      o. 愛着に問題を持つこどもの事例 ─── 83
      ［引用・参考文献］ ─── 87

3章　愛着修復プログラムの実際 ─── 90
   1. 「愛情の器」モデルの構築 ─── 90
      a. 「愛情の器」モデルの発想の着眼点1：体制の問題「バラバラな対応」 ─── 90
      b. 「愛情の器」モデルの発想の着眼点2：指導の問題「生徒指導の困難さ」 ─── 92

  c.「愛情の器」モデルの発想の着眼点3：指導の問題「恐怖政治の落とし穴」……… 94
  d.「愛情の器」モデルの発想の着眼点4：指導の問題「暴言に傷つく」……………… 95
  e.「愛情の器」モデルの発想の着眼点5：「愛情欲求エスカレート現象」…………… 98
  f.「愛情の器」モデルの概要 ……………………………………………………………… 99
  g. 愛着修復プログラム構築のために—「愛情の摘まみ食い現象」防止— ……… 102

2.「愛情の器」モデルに基づく愛着修復プログラムの概要 ……………………… 104
  a. 愛着修復プログラム開発の意図 ……………………………………………………… 104
  b.「愛情の器」モデルに基づく愛着修復プログラム（ARPRAM）の
    4つのフェーズ ………………………………………………………………………… 105
  c. 心理教育プログラム，ソーシャル・スキル・トレーニングとの違い ………… 107

3. ARPRAM：「愛情の器」モデルに基づく愛着修復プログラム
  第1フェーズ …………………………………………………………………………… 108
  a. ①キーパーソン決定と役割分担によるわかりやすい支援体制の構築
    その1：キーパーソンの決定の必要性 ……………………………………………… 108
  b. ①キーパーソン決定と役割分担によるわかりやすい支援体制の構築
    その2：キーパーソンの決定のために ……………………………………………… 109
  c. ①キーパーソン決定と役割分担によるわかりやすい支援体制の構築
    その3：役割分担とつなぐ連携 ……………………………………………………… 110
  d. ①キーパーソン決定と役割分担によるわかりやすい支援体制の構築
    その4：情報集約と連携体制 ………………………………………………………… 110
  e. ②受容による信頼関係の構築：行動・結果ではなく意図・気持ちを受容 …… 112
  f. ②受容による信頼関係の構築：叱り役と受容役の連携プレイ ………………… 113
  g. ③感情ラベリング支援その1：感情未学習なこども ……………………………… 114
  h. ③感情ラベリング支援その2：感情学習の実施 …………………………………… 115
  i. ③感情ラベリング支援その3：気持ちの受け止め方の支援と信頼関係の確立 … 116
  j. ④振り返り支援その1：「行動」「結果」「感情」を認識してつなぐ …………… 117
  k. ④振り返り支援その2：「愛着対象」とつなぐ …………………………………… 119
  l. ④振り返り支援その3：現代の子育ての問題と意識化 …………………………… 121
  m. ⑤「愛情の器」づくり：行動エネルギー源の確保と揺るぎなき関係性構築 … 123

4. ARPRAM：「愛情の器」モデルに基づく愛着修復プログラム
  第2フェーズ …………………………………………………………………………… 124
  a. ①主導権をキーパーソンが握る＝先手支援 ……………………………………… 124
  b. ①主導権をキーパーソンが握る＝個別の作業支援と情報集約効果 ………… 126
  c. ①主導権をキーパーソンが握る＝主導権を奪い返す方法 ……………………… 127
  d. ②働きかけと報酬強化＝報酬意識に着目 ………………………………………… 128

- e. ②働きかけと報酬強化＝効果的報酬感のために ……………………… 129
- f. ③役割付与支援＝わかりやすい関係性 …………………………… 131
- g. 第1フェーズと第2フェーズ実施上の留意点 …………………… 132
- h. ④気持ちの変化意識支援：予感の察知・予知・言い当て ………… 133

5. ARPRAM：「愛情の器」モデルに基づく愛着修復プログラム 第3フェーズ …………………………………………………… 134
- a. 他者との関係づくりの視点 ……………………………………… 134
- b. ①橋渡し支援の立ち位置：キーパーソンを軸に他者とつなぐ支援 … 134
- c. ②相互の意図付加サポート：気持ちの通訳 ……………………… 135
- d. ③見守り支援（移動基地）から④探索基地化（固定基地）へ …… 137
- e. 正の橋渡し支援と負の橋渡し支援の行動パターン ……………… 138

6. ARPRAM：「愛情の器」モデルに基づく愛着修復プログラム 第4フェーズ …………………………………………………… 141
- a. 自立のための支援 ………………………………………………… 141
- b. ①参照ポイントづくり：参照視転換 ……………………………… 141
- c. ②ツール意識の育成：セット学習のメタ認知 …………………… 142
- d. ③できる素地・基盤力を評価する：行動の基盤づくり ………… 143
- e. ④受け渡しの儀式：新・旧キーパーソンと対象児徒本人の3者立ち会い … 143
- f. ④受け渡しの儀式支援の事例 …………………………………… 145
- g. 保幼小中高の連携としての受け渡しの儀式支援 ………………… 147

7. ARPRAM：「愛情の器」モデルに基づく愛着修復プログラムによる 支援事例 …………………………………………………………… 148
- a. 受容の意味：主導権を握ることの大切さを示す事例と調査研究 … 148
- b. 幼児支援の事例：効果的な支援 ………………………………… 152
- c. 児童支援の事例 …………………………………………………… 156
- d. 支援体制の事例 …………………………………………………… 161
- ［引用・参考文献］ …………………………………………………… 165

4章　発達障害と愛着障害を併せ持つこどもへの特別な支援の方法 …… 168

1. 発達障害と愛着障害を併せ持つこどもの抱える問題 ……………… 168
- a. 愛着障害と発達障害を併せ持つ問題の意味 ……………………… 168
- b. 愛着障害と発達障害の理解の更なるポイント …………………… 169

2. 自閉症スペクトラム障害と愛着障害，愛着の問題を併せ持つこどもの特徴 …… 171

　　　　a. 愛着の問題と自閉傾向を併せ持つ問題の意味：増幅される問題の特徴 ………… 171
　　　　b. 愛着の問題と自閉傾向を併せ持つ問題の意味：スペクトラム現象と誤診 ……… 172
　　　　c. 愛着の問題と自閉傾向を併せ持つ問題の意味：特徴的事例 ……………………… 173
　　3. 発達障害と愛着障害を併せ持つこどもへの支援 …………………………………… 176
　　　　a. 愛着の問題と自閉傾向を併せ持つこどもへの支援：機能別支援ポイント …… 176
　　　　b. 愛着の問題と自閉傾向を併せ持つこどもへの支援の実際①：
　　　　　　認知支援その1 …………………………………………………………………… 178
　　　　c. 愛着の問題と自閉傾向を併せ持つこどもへの支援の実際①：
　　　　　　認知支援その2 …………………………………………………………………… 180
　　　　d. 愛着の問題と自閉傾向を併せ持つこどもへの支援の実際①：
　　　　　　認知支援その3 …………………………………………………………………… 181
　　　　e. 愛着の問題と自閉傾向を併せ持つこどもへの支援の実際②：
　　　　　　感情支援その1 …………………………………………………………………… 183
　　　　f. 愛着の問題と自閉傾向を併せ持つこどもへの支援の実際②：
　　　　　　感情支援その2 …………………………………………………………………… 184
　　　　g. 愛着の問題と自閉傾向を併せ持つこどもへの支援の実際③：
　　　　　　行動支援その1 …………………………………………………………………… 187
　　　　h. 愛着の問題と自閉傾向を併せ持つこどもへの支援の実際③：
　　　　　　行動支援その2 …………………………………………………………………… 188
　　　　i. 愛着の問題と自閉傾向を併せ持つこどもへの支援の実際④：
　　　　　　人間関係支援1 …………………………………………………………………… 189
　　　　j. 愛着の問題と自閉傾向を併せ持つこどもへの支援の実際④：
　　　　　　人間関係支援2 …………………………………………………………………… 191
　　　　k. 愛着の問題と自閉傾向を併せ持つこどもへの支援の事例 …………………… 193
　　　　l. 愛着の問題と他の発達障害等を併せ持つこどもへの支援の事例 …………… 199
　　　　［引用・参考文献］ ……………………………………………………………………… 202

5章　愛着に関する諸問題―しつけ・クラス運営・保護者対応― ……………… 203
　　1. 感情学習の視点からみた「褒める」と「叱る」 …………………………………… 203
　　　　a. 褒める・叱るという支援の問題点 …………………………………………… 203
　　　　b. 褒める・叱るという支援の意味 ……………………………………………… 205
　　　　c. 愛着修復プログラム第0フェーズとして必要なかかわり …………………… 207
　　　　d. 正の感情はたし算されず, 負の感情は足されてしまう現象を踏まえて …… 210
　　　　e. 褒め方クイズ …………………………………………………………………… 211
　　　　f. 発達段階に応じた褒め方 ……………………………………………………… 213

2. 愛着障害，発達障害のこどもが多数在籍するクラス支援の方法 ……… 215
- a. モデル学習力の低下したこどもたち ……… 215
- b. 同じ対応は不公平，違った対応が公平：関係性支援 ……… 216
- c. 座席指定とペア指定 ……… 218
- d. 連携支援のあり方 ……… 219
- e. クラスの荒れへの支援 ……… 220
- f. 発達段階を踏まえた支援のポイント ……… 223
- g. クラス支援のまとめ：5つの先手とゼロ・ステップ ……… 225

3. 愛着の問題を抱えるこどもの保護者対応・学校対応 ……… 226
- a. 親子関係が持つ意味と立ち位置の確認 ……… 226
- b. 親子関係への支援事例 ……… 228
- c. 親子関係への支援のまとめ：保護者へのセット支援 ……… 231
- ［引用・参考文献］ ……… 233

終章 愛着修復は「いつでも」「誰にでも」「1人から」できる ……… 235

1. 愛着の問題と学習意欲・学力・いじめ・不登校との関係 ……… 235
- a. 愛着が育むもの ……… 235
- b. 愛着と学習意欲の関係 ……… 236
- c. 愛着といじめ，不登校等の問題行動との関係 ……… 239

2. 結語：愛着修復は「いつでも」「誰にでも」「1人から」可能である ……… 242
- ［引用・参考文献］ ……… 243

謝辞 ……… 245
索引 ……… 246

序章
●●●

現場研究からの提案
——愛着の問題を抱えるこどもへの支援の困難性と必要性——

....

1. 現場での困難感の飛躍的増加

a. 発達支援のスタンス

　今,子育ての現場,保育・教育の現場で,こどもとのかかわりに悩み,こどもの様々な行動の問題に悩まされる親,家族,保育士,教師,教育関係者が増えている。筆者は,臨床発達心理学・実践教育心理学の専門家として,大学に勤務しているが,大学等の相談室で相談を受けるというスタイルではなく,家庭・保育所(園)・幼稚園・こども園・小学校・学童保育・中学校・高等学校・特別支援学校・専門学校の育児・教育の現場に実際に出かけて行って,現場でこどもを観察させていただき,現場でコンサルテーション・スーパーバイズを行い,こどもにかかわり支援する人へのアドバイスをしたり,実践的支援を共に実施してきた。それは,こどもの生活の場である現場を大切にしたいという思いであり,現場と切り離した相談支援では,どうしても現場の雰囲気,問題意識を見逃したり,誤解することになりやすいため,自らがその環境と対象のこどもを肌で感じ,そこから,かかわる人と共に,実践的な支援を実施したい,支援をする人に寄り添った助言,支援を行いたいという思いからである。

　ところで,近藤清美(2013)[1]は,臨床発達心理学研究の実践家と研究者の関係を5タイプに分けて整理している。外部から研究者としてかかわる場合に,「研究者は実践現場の外にいる」「研究者は第3者として実践現場に入り分析する」「研究者が実践支援者として入る」の3タイプがあり,研究者と実践家を同時に両立している場合には,「実践者と研究者の立場を行き来する」「実践家でありながら研究者である」という2つのタイプがあると指摘している。それぞれの立場の研究者としての課題は,筆者が別稿で指摘した[2]。筆者のスタンスは,この分類の枠組みに縛られない,「研究者が実践支援者として入りつつ,

実践者と研究者の立場を行き来する」研究者と言えるだろう。

　そうした実践的研究者としては，現場に根ざした，現場の役に立つ実践的研究を心がけてきたつもりであり，対象としたこども，事例は数千を超え，足を運んだ学校園所は延べ数百に上るだろう。このように，多くの事例に対応することも，こどもの行動や環境のバリエーションを理解するという意味で大切にしてきた。この成果は本書では，こども理解の方法，気になるこどもを早期に見つけて支援対象とする手法として紹介していきたい。しかし，一方で，1つの事例の丁寧なフォローと継続的支援も大切にしてきた。そして，そのことで，今回紹介するこども支援のプログラムを構築・検証することができたと言えるだろう。本書はそうしたこども理解とこども支援の具体的指針を提案できると自負している。

b. 現場の生の声から見えてくる問題の深刻さ

　さて，その現場で最近よく聞かれる声は，「特に虐待や不適切なかかわりをした覚えはないのに，こどもとのかかわりがうまくいかず困っている」「今まで長年やってきたかかわり・対応・指導がうまくいかない」「発達障害との診断があり，研修等で学んだ支援方法を実施しているが効果がなく，改善が見られない」「学校では発達障害とよく似た行動をしているが，家では問題ないとして受診してくれない」「発達障害が疑われたので受診したが，発達障害ではないと診断されたので，どうしていいか途方にくれている」「生徒指導上，当然してはいけないことをすれば，指導・注意・指摘するが，そうすることでかえって，こどもの問題行動が増え（頻発化），激化してしまう」「もう，わけがわからないような激しい暴力行為（暴発的攻撃行動）が起き，男性教師数人がかりで押さえつけても，なかなか収まらない」等，非常にこどもとの関係で困っている事例に以前にも増して，よく出会うということである。

　筆者は，以前から，攻撃行動への支援，発達障害への支援も実際に現場で実施してきた[3)4)]が，こうした指導困難なこどもへの支援の困難性とその相談・助言ニーズが近年，飛躍的に高まっていると感じている。そして，その困難事例は，そうした問題の初発の低年齢化と思春期以降の問題の顕在化という2極化的発生という特徴がある。

突然，パニックのような「暴れわめきながら」の暴力行為が発生し，教師が数人がかりで止めても難しいことも多々ある。医療機関につないでも，問題がないという診療結果が返ってきて，かえって現場は混乱している。また，何でも発達障害という診断を下す医療機関を受診して，投薬されても症状が改善しないと首をかしげている現状がそこかしこにある。これは，よく混同されているが，発達障害の問題ではなく（もちろん，2章・4章で後述するように，発達障害との併発も多く，突然のパニック的暴力行動は，自閉傾向のあるこどもの愛着障害の場合に顕著になる特徴である），愛着障害，愛着の問題を抱えるこどもたちの問題である。愛着障害，愛着の問題は，状況によって現れ方が違い，医療機関での短期間の診断では非常にわかりにくいのである。こどもをその生活の現場という現状において正しく捉え，こどもを理解し，それに応じた支援をすることこそが，こうした問題を余計に深刻化させないためにも，またこども自身の育ちと発達を支える意味でも重要なのである。

このように，現場での発達支援と理論との架け橋を担いつつ，こども理解のポイントと適切な支援のあり方を提供したい。現場で実際に用いられている有効な支援も取り入れつつ，より精緻化・効率化し，修正，検証したものが本書で紹介する内容である。

2. 学校教育と子育ての問題意識

a. 授業づくり・学力向上と発達支援・生徒指導の関係を意識して

現在，授業づくり，学力向上の支援，指導の工夫の中で，こどもたちの学習意欲の低下・低迷，どうしても学習に向き合えないこどもの増加が懸念されている。筆者は，こどもの意欲支援と学力向上支援の実践的研究も行ってきた。それは，先行オーガナイザー・迫真性授業の工夫[5)6)7)]により，こどもの意欲を喚起できるおもしろい授業づくりの実践研究である。また，授業と試験が終われば使われないような，授業の場に「閉じた学習」とならないためのメタ認知支援[8)9)]の実践研究である。学力向上のための支援も，試験至上主義の「できる」指導ではなく，「わかる」支援が必要であるとの実証的指摘[10)]や実践研究[11)12)]も実施してきた。しかし，昨今，現場の授業での問題は，どんなにお

もしろい授業をしても意欲的にかかわってこないこどもたちの問題である。これは，授業の工夫の問題ではなく，もっと根源的な背景原因を想定しなければ説明がつかない。これに対する答えも実は，愛着の問題である。これには実際の支援事例研究だけでなく，学校現場で実施した調査研究の成果も呈示して，検証したい。これまでも，この学習指導と子育て支援・発達支援・生徒指導の連携関係の重要性を指摘してきた[13][14]が，本書はそれを愛着の問題から問い直す意味も持っている。

　さらに，こどもだけでなく，大人の間でも，コミュニケーションの問題は日常茶飯事のこととなっている。学校では，モンスターペアレンツ，クレーマーの存在や保護者対応の難しさ，あるいは，こどもたちのクラスづくり，集団づくりの難しさ等も実感されて久しい。例えば，教師がクラスで「みなさん！」と呼び掛けた際，「みなさんとは自分のことである。みなさんの中の一人が自分のことである」ということがわからない小学校1年生がいるという話を小学校教師から聞いたのは2000年頃からだったろうか？　様々な問題を抱えた個がつながらないまま，それぞれの思いを自らも充分意識できないまま，その場に多数群れており，それは，もはや集団とは言えない状態であると表現したら言い過ぎだろうか？　これらの問題の背景にも愛着の問題がある。なぜなら，集団づくり，すなわち人間関係の基盤が愛着だからである。その基盤が充分形成されないまま，人がたくさんいる所に押し込められたこどもたちが，どうしていいかわからなくなり，問題を起こしてしまうのは当然かもしれない。こうしたこどもたちのいるクラスづくり，集団指導はどうすればいいのだろうか？別項[2][15]でも検討したが，その答えの一端が本書にある。

b. 学校と家庭の真の連携による様々な発達支援・生徒指導の可能性のために

　さらに言えば，そうした愛着の問題を抱えたこどもの問題は，取りも直さず，そのこどもを育てている保護者にとっての問題でもある。保護者も苦しんでいる。しかし，苦しんでいる保護者と，これもまた，苦しんでいる学校関係者とが共に手を携え，困難に立ち向かおうとする連携ができている例は極めて少ないと言わざるを得ない。保護者は苦しんでいることすら認めたくないという気持ちを持ちがちであり（5章で後述するが，これこそが愛着の問題である），そうい

う保護者に，学校関係者が，よかれと思ってするかかわりや要請が裏目に出て，保護者との関係が壊れることも非常に多い。また，保護者の立場から言えば，「そういう家庭の問題は家庭が対処すべきだ」と何もしてくれないのが学校であるということになってしまっている場合も多々ある。こうした学校と保護者の連携支援の視点からも，現場で悩む人に何かしらの方向性を示せたらと思っている。

そして，いじめや不登校等，様々なこどもたちの相異なるように見える問題の根底にあるものが愛着の問題であり，その愛着形成，愛着修復を支援することが，問題の根幹に迫る適切な支援であることを，様々な実践やコンサルテーション事例をもとに本書では提案したいと考えている。

[引用・参考文献]

1) 近藤清美 2013 臨床発達心理学の可能性　発達心理学研究, 24, 471-473.
2) 米澤好史 2015b 学校現場における学校心理学研究の動向と課題―こどもとこどもを取り巻く環境への支援の方向性を探る―　教育心理学年報（わが国の最近1年間における教育心理学の研究動向と展望―学校心理学部門―), 54, 112-125.
3) 米澤好史 2007 こどもの攻撃行動の心理学的分析と関係性支援　和歌山大学教育学部教育実践総合センター紀要, 17, 49-58.
4) 米澤好史 2011 学校教育における発達支援の事例検討―発達障害と問題行動への対応―　和歌山大学教育学部教育実践総合センター紀要, 21, 31-40.
5) 米澤好史 1994 学習指導に認知心理学を生かす（1）―認知心理学から見た学習観―　和歌山大学教育学部教育実践研究指導センター紀要, 4, 159-170.
6) 米澤好史 1995 学習指導に認知心理学を生かす（2）―理解することの意味―　和歌山大学教育学部教育実践研究指導センター紀要, 5, 51-60.
7) 米澤好史 1996 学習指導に認知心理学を生かす（3）―現実感と視点―　和歌山大学教育学部教育実践研究指導センター紀要, 6, 77-87.
8) 米澤好史 2001 生きる力を育てる子育て環境と学習環境の構築　和歌山大学教育学部教育実践総合センター紀要, 11, 101-110［教育学論説資料21 2001 第5分冊（論説資料保存会）pp.48-53に収録］.
9) 米澤好史・米澤稚子 2003 教育環境における「学習の場」理論の提唱と実践　和歌山大学教育学部教育実践総合センター紀要, 13, 37-46.
10) 米澤好史 2002 論理的思考力と非科学的信念の連関―学力低下論を批判する―　和歌山大学教育学部教育実践総合センター紀要, 12, 75-88［教育学論説資料22 2002 第5分冊（論説資料保存会）pp.329-335に収録］.
11) 米澤稚子・米澤好史 2005 学習者の特性と授業実践をもとにした学習診断―学習観と自己評価を育む学習支援―　和歌山大学教育学部教育実践総合センター紀要, 15, 37-46.

12) 米澤好史・紀の川市立池田小学校 2014 一人一人が輝き，共に認め学び合う子どもの育成—「支え合い」「高め合い」「つながり」を地域ぐるみで創る—平成25年度和歌山大学教育学部附属校・公立学校との連携事業成果報告書, 109-118.
13) 米澤好史 2000 こどもと向き合い，生きる力を育てる育児と教育　和歌山大学教育学部教育実践研究指導センター紀要, 10, 1-20.
14) 米澤好史 2004 子育てと子育て支援のあり方に関する心理学的考察　和歌山大学教育学部教育実践総合センター紀要, 14, 113-122.
15) 米澤好史 2015a「愛情の器」モデルによる愛着修復プログラムによる愛着障害・社交障害・発達障害へ支援事例．和歌山大学教育学部紀要(教育科学), 65, 15-36.

1章

愛着形成の問題の所在と愛着修復との関係

1. 愛着とは何か?

a. 愛着についての正しい理解のために

　愛着（attachment）とは，ボウルビィ（Bowlby, J.）が提唱した概念[1]で，「特定の人に対する情緒的きずな」[2) 3) 4)]のことである。愛着（アタッチメント）の機能は，依存性や甘えと誤解されるが，次の2つが大切であるとされる[3) 4) 5)]。すなわち，1つは，恐怖や不安を感じる危機的場面での確実な避難場所としての安全基地機能であり，もう1つは，危機がない時にもいつでも逃げ込める安全基地を感じつつ外界の探索をするという探索基地機能の側面である。愛着を依存性と理解するのもよくある誤解であるが，その他にも誤解や曲解は多々存在する。実際に愛着障害のこどもへの支援，あるいは，愛着修復支援を実施していく際に，筆者が現場で実感した，現場でよく見られる愛着と愛着障害についての誤解を紹介しつつ，愛着形成と愛着障害の正しい理解につなげたい。正しい愛着の理解こそが，愛着形成・愛着修復とその支援のために必要だからである。

b. 親子関係のウソ・ホントクイズ

　そこでまず，表1-1の親子関係のウソ・ホントクイズをご覧いただき，正しい記述に○，間違った記述に×をつけていただきたい。

表 1-1：親子関係のウソ・ホントクイズ［改訂版］
①（　）落ち着きのないこどもには，動き廻ってはいけないとその都度，叱るといい。
②（　）人間関係に問題を抱えるこどもはできるだけ早く集団に入れて慣れ

させた方がいい。
③（　）こどもの非行化と関係あるのは，母親の就労率や家族構成（両親がそろっているか）である。
④（　）母親がこどもと一緒にいる時間が長いほど，こどもにはいい影響を与える。
⑤（　）親として適切なかかわりをしていれば，こどもの問題行動は生じない。
⑥（　）就労している母を持つこどもは，それを不満に思ったり，寂しがっている。
⑦（　）就労している母を持つこどもは自主性が高い。
⑧（　）性役割観（男／女らしく）は就労していない母を持つこどもの方が固定的である。
⑨（　）母親の育児不安は父親の子育て参加程度と関係がある。
⑩（　）こどもの社会的発達や探索心に影響を与えるのは父親の方である。
⑪（　）生後1歳6ヵ月くらいまでの育てられ方の影響は強く，大きくなってからは，取り返せない。
⑫（　）親は自分が自分の親に育てられたようにしかこどもを育てられない。

　このクイズは，愛着とその支援についての誤解を喚起するために，筆者が作成し，研修会・講演会等で，実施している導入クイズである（高田洋子のレビュー[7]等を参考に作成し，一部は別に紹介済み[8]であるがその後，改訂増補したものである）。正解はすべて×である。①と②は，発達障害と愛着障害に共通するクイズで，これについては，詳しくは2章～5章で触れたい。ここでは，「叱る」対応でのこどもの反応が，発達障害なのか愛着障害なのかで違い，かえってこどもの問題行動を増幅してしまうこと，「叱る」という誰でもできる安直な対応で，こどもの行動を変えられると思うことこそが間違いであることを述べるに留めたい。また，人間関係の問題を持つこどもをいきなり集団に放り込んでもうまくいくはずがないのに，つい，朱に交われば赤くなる的な期待・幻想を抱いてしまうものだが，愛着形成は，「1対1の関係」からこそ，形成されることにも留意しておきたい。③以降が愛着形成と愛着障害と愛着修復に関係するクイズとなっている。これらの叙述のどこが間違っているのだろうか？

c.「今・ここにいること」と「心の中にいること」

　こどもの問題をその子の物理的環境に原因を求めようとする風潮は，いつの時代にも，どこでも生じる一種の認知エラー，原因帰属の誤りであると言える

だろう。最近多いのは，貧困の問題とリンクしてこどもの問題を分析しようとする姿勢だろう。確かに，貧困の問題とこどもの心の問題が関係しているように見えるデータを得ることはできる。しかし，それが得られたからと言って，貧困とこどもの心の問題に何らかの相関がある場合があることが示されただけで，貧困がこどもの心の問題を生み出しているという因果関係を保証しないことは，心理学研究法の習得における基本的な入門事項である。

　前項の③のクイズを取り上げよう。ひとり親（父子・母子家庭）や母親が働いている家庭のこどもに非行が多いというデータは範囲を限定すれば得られる場合があるにしても，ひとり親に育てられたり，就労している母親に育てられるとこどもは非行に走りやすいという因果関係など，どこを探しても見つかるはずがない。すなわち，物理的環境（事実）が，こどもの心にダイレクトに影響することなどあり得ない。こどもの心には，その物理的事実をどう捉えたかという心理的環境（捉え方）が影響する。非行等の問題行動に強く関与しているのは，「仲間の誘いにNOと言えない」という，こども自身の仲間志向性という特徴であると指摘されている[6]。母親のこどもについてのモニタリング（日頃からこどものことをよく知っていて注目していること）は，母親の反応性（気持ちを理解し温かく接すること）を高めることで，こどもの仲間に頼りたくなる仲間志向性を防ぐと同時に，直接，問題行動も低減させる働きを持っており，また，こども自身でいうと自己有能感が問題行動を食い止める働きを持っている[9]（後述するように，愛着はこの自己有能感と関係ある）。このことからも，母がいるという物理的環境だけでは何も決まらないこと，母がどのようにこどもとかかわったか，もっと言えば，こどもが母がかかわってくれたと受け止めたかどうかが，心理的環境として重要なのである。また，こども本人の自己有能感の育成に寄与している心理的環境の基盤となる愛着形成という心理的環境が関与しているのである。

　こうした視点で，④も捉えてみると，かかわった時間が重要なのではなく，どうかかわったか，こどもがどう受け止めたかが重要である。私事で恐縮だが，筆者も子育て体験で，こどもとの時間を長く取ろうとして，家に仕事を持ち帰り，こどもと一緒の時間を作ったつもりでいた。こどもの前で仕事をしている父にこどもは全く喜ばず，むしろ怒っていたことを思い出す。こどもが傷つく

のは，親がいないことよりも，親が目の前にいるのに，「心，ここにあらずの状態であると感じる」ことなのである。母の就労そのものが直ちにこどもに悪影響を与えているデータなど，どこにもないのは周知の事実である[7)10)]。⑥のように，物理的環境の捉え方は，こどもも戸惑っており，むしろ，母の仕事を逆に「親を初めから否定できない」と肯定的に捉えようとするものであるが，無理にそうしようとしている気持ちに親も寄り添う必要はある[11)]。⑧も同様に物理的環境に過ぎない。人間の捉え方は決して環境そのものの反映ではなく，受け止め方，すなわち，認知が人の感情を決めることは，⑨に象徴的である。母の育児不安は父親の育児参加度ではなく，母自身が父が育児参加してくれていると思えているかどうかと関係するのである[8)12)]。

「今ここにいること」より「心のなかにいること」の影響の強さは，愛着の影響についても言えることである。具体例を挙げれば，学校での行動を「心配するので母に知らせないで欲しい」と要求するこどもは，一見，母親との愛着形成に問題がないように捉えられがちであるが，それは適切ではない。安定的愛着が形成されているのなら，どのようなことを伝えられても安心であるはずだが，母の捉え方，母における自己の捉えられ方に不安と懸念があるほど，不安定な関係性を想定しなければならない。母子分離不安という愛着の問題も，いつも母が物理的にいなければ安心しないという意味で，愛着形成の不安定さを示しているのと同様である。

次節では，愛着と愛着障害，あるいは，愛着の問題についての，現場における手強くも強固な，6つの誤解を指摘し，愛着を正しく適切に理解した上で，愛着の修復が可能であるという認識づくりにつなげたい。

2. 愛着についての6つの誤解

a. 誤解その1：通常家庭で育てられていないこどもの問題という誤解

愛着障害は通常家庭に育っていない，すなわち，物理的環境として養育する親がおらず，児童養護施設等で育てられたこどもの問題であるという誤解は未だに残っている。養子縁組の親子の関係を気にしたり，産みの親を探し出して，一目会っただけで打ち解けるドラマなどをよく目にするが，心理学的事実[10)]

を歪めた不適切なストーリーと言わざるを得ない。筆者も以前，児童養護施設の調査研究[13) 14)]を実施し，大施設の問題（この問題は最近，グループホーム化，小規模家族型化として改善されている施設が多い），友人関係の施設内閉鎖性，学習不振の問題，規則と罰則での規制の問題，非受容的非家族的環境の問題，職員メンタルヘルスの問題等の課題を解決していく必要性を指摘した。そして現在もいくつかの児童養護施設・児童心理療育施設とかかわり，スーパーバイズ，コンサルテーションを実施しているが，児童養護施設に愛着障害のこどもが多い事実は否めない。しかし，保育所・幼稚園・小学校・中学校等の学校園所の現場を廻る中で，特にこの数年，いわゆる通常家庭で愛着障害のこどもが増えており，愛着に問題を抱えるこどもが激増しているという確かな実感を得ている[15)]。表面上は通常家庭であっても，虐待あるいは不適切な養育やかかわりが行われている場合はもちろんのこと（こうした事例も確実に激増している），一見，不適切とまでは言えないかかわりでも，結果として愛着の問題が起こる（前節の⑤のクイズ参照）場合も増えているのである。もはや，愛着障害は「誰にでも起こりうる」，そう考えておかねばならない危機的事態が訪れているのである（なぜ，このような現象が増加してきたのかについては，5章で分析する）。

b. 誤解その2：産んだ母親の責任であるという誤解

　愛着の問題がかかわると思われるケースでは，学校や保育所・幼稚園側は介入しにくい「家庭の問題」「親の養育態度の問題」であると判断してしまい，あるいは，そういう対応をせざるを得ず，こどもの問題行動は放置されたままになることが極めて多いのが現実である。少なくとも，極めてデリケートな問題とされるのは，愛着の問題は，結局，「母親の責任」と捉えられるが故に，問題を感じた人が面と向かって指摘しにくい，指摘してしまうと学校と保護者，支援者と家庭の関係が壊れてしまうという恐れから，腫れ物に触るような取り扱われ方がなされてきたからであると言える。腫れ物に触るように扱う原因は，そもそもの愛着の問題は産んだ母親の責任であるという誤解から来ている。愛着形成不全，もしくは，未形成の問題は産んだ母親の責任だけではなく，それは母親に押しつけられていいものではない。なぜなら，愛着の問題は，誰かが母親機能を果たしていないという点にあるからである。

この観点の大切な点は，産んだ母親＝母親の役割という短絡的な同一視ではなく，母親と母親機能を切り離して考える点にある。筆者は，男女共同参画，男女共生の活動に長年かかわってきた。現在，地元の男女共生推進協議会の会長もしている。従って，そういう立場にある筆者が，愛着形成の重要性を説くというのは，決して，その担い手を物理的にこどもを産んだ母親に限定して，母親の社会参画を否定し，家庭に貼り付くべきであると主張しているのではないことは言うまでもない。残念ながらそのような主張をする人は少なからず存在するが，前節でもそのことは確認したように，母親はいつも家庭にいなくても母親機能を果たすことは充分可能である。しかし，一方で，母親機能の重要性そのものを否定し，誰もそうした機能を果たさなくても，こどもは勝手に育つ，担い手を確定せずに社会で育てる等の無責任な主張をする人にも出会わないわけではなかった。こうした主張も明らかに間違っている。母親機能は，必ず母親が担わなくてはいけないものではなく，「誰にでも」担えるものであり，しかし，「誰かが」担わなくてはいけないものなのである。

　では，母親機能とは何なのであろうか？　前節でも確認したが，ボウルビィの定義に立ち戻って，再度確認してみよう。そのためのクイズが前節の⑩であった。母親機能とは，安全基地機能・安心基地機能・探索基地機能のことである。筆者は，子育て講座等で，母親たちによくこう問いかける。「日曜日，久々の休暇の父がこどもと一緒に虫捕りに出かけました。母は家で留守番，昼寝でもしていてください。こどもが虫捕りから帰って来ると，母を探し廻り，見つけるや否や，『ねぇねぇ，お母さん，僕，カブトムシ６匹も捕ったよ！　すごいでしょ！　見て！』と嬉しそうに報告を受けたことないですか？」。この問いかけに，嬉しそうに頷く母たちは，まさに愛着が確かに形成されている証拠として，探索基地機能が成立していることを確認できたのである。この日，母親は家にいて，こどもと行動を共にしていないし，何もしていない。しかし，こどもにとっては，父親が誘った楽しい探索行動は，父親とその成果を確認するだけでは気が収まらない。母親に報告して初めて満足できるのである。母親は言わば，この日のカブトムシ捕り探検隊の総隊長であり，父親は実際に虫捕りを頑張ったが，実行隊長に過ぎないのである。母親の果たした役割が愛着の探索基地機能である。母親がこの日何もしないでもこの機能を担うことができたのは，それまでに恐怖・不安

体験からこどもを守る安全基地機能,いつでも心に安らぎと癒しを与える場所を提供してきた安心基地機能を果たしてきたからこそである。こうして愛着形成は,基本的信頼感をこどもにもそして母親にも与えるのである。支援者としての支援の際にも,これらの機能の重要性を意識しなければならない[16]。

c. 誤解その3:育てた母親の責任追及という誤解

愛着形成は産んだ母親が必ず背負うべきものではなく,また,誰も担わなくていいものでもなく,父親でも祖父母でも他人であっても,「誰かが担えばいい」ものであったのを,母親の責任を追及する方向で扱われてきてしまったという問題があった。では,誰かがその機能を担ってきたにもかかわらず,愛着形成が不健全になった場合,それは,育てた母親の役割を果たした人の責任なのだろうか? そのことを喚起するためのクイズが前節の⑤であった。育て方,かかわり方が適切でなければ,愛着の問題が生じる可能性は確かに高まるだろう。しかし,育て方,かかわり方そのものに,それほど問題がなくても,愛着の問題が生じている事例にたくさん出会う。例えば,4章で触れるが,こども自身に発達障害がある場合は,そうした可能性が非常に高まる。適切なかかわりでも,それがその時のこどものニーズに合わなかったり,こどもが欲しがっている時に与えない等のタイミングのずれが生じたりする場合にも,愛着の問題は起こりやすい。例えば,「こどもがおもちゃを欲しがったとする。親は最初拒絶する。こどもはだだを捏ねる。手を焼いた親は仕方なくそれを買い与える」というパターンはよくあるが,これはいただけない。どうせ買い与えるなら,欲しがった時にすぐに与えるべきである(こどもがおもちゃを欲しがるたびに買い与えるのは,愛着形成に物理的報酬のみを意識させることになり,別の問題を生じるので避けるべきであるが)。なぜなら,こどもにとって欲しかったベストタイミングの報酬体験でないことが喜びを低減させ(このようなだだを捏ねるという努力は,全うな努力を積み重ねた後の成果の方が嬉しいのと比して,決して努力の後の成果は嬉しくなく,無駄なことをさせられた成果として目減りするものである),こどもは,「最初,親は拒絶しても,だだを捏ねれば報酬が得られる」という親にとってして欲しくない誤学習をしてしまうことになるからである。

このように,愛着は母子相互作用であり,親とこどもの関係性によって成立

するものであり，愛着障害は，関係性の障害であることに留意したい。従って，いつも同じ支援が愛着障害に効果的とは限らず，その子にとって，かかわりや支援に効果がなければ変えるというように，こどもの特性や成育環境に応じて，アレンジする必要がある。また，このことから，親が自らのかかわりによるこどもの成長や改善が実感できない場合，こどもの特性や捉え方の理解をさらに慎重に徹底しなければならないにもかかわらず，こども理解の方を深めずに，かかわりの方をエスカレートさせて，学習指導や習い事を増やし，こどもを雁字搦めにして，こどもの暴発を誘発してしまっている例や，その逆に成果の出ないかかわりに無力感を感じて，かかわり自体を放棄して，ネグレクト状態になってしまう例も少なくないのである。こうして，愛着の問題は大人の対応によってさらに増幅され，それを受けてこどもの方もさらに問題がエスカレートするという悪循環が生じてしまう。愛着は相互作用の関係性であることに再度留意して，こどもとの関係性をどのようにして構築，改善していくかという視点が支援に必要なのである。

d. 誤解その4：愛着障害は取り返しがつかない，もう遅いという誤解

　前節のクイズ⑪にかかわる誤解である。愛着障害は，学校園所で気がついても，発見時には，「もう遅すぎる，取り返しがつかない」と思い込んでしまうという根強い誤解がある。それは，愛着形成の臨界期 (critical period)，すなわち，生後1歳6ヵ月等の明確な期限を決めて，それまでに形成されないと愛着形成は不可能であるという考え方が紹介されたことに起因している。この考え方が証拠のないものであることは周知のこと[10]であるが，やはり「早ければ早いにこしたことはない」「やはり乳幼児期の方が形成しやすい」ということから，敏感期 (sensitive period) という捉え方もされることがあるが，これにも確かな証拠はない[10]。

　むしろ，多くの愛着に問題を抱える事例と支援を体験した実感から言うと，確かに，より早期に支援に入ることができた事例の愛着形成・愛着修復の成功確率は極めて高い。保育所，幼稚園での支援の成功率は極めて高く，小学校低学年までは，比較的成功率が高い。小学校高学年以降，中学校等では成功率も低くなる。しかし，取り戻せないわけではなく，愛着形成や修復の実感が得ら

れるまでの時間は長くかかるが，支援成功例もたくさん経験している。

　では，何故，発達段階が後になるほど，愛着形成・修復が困難になるのかについては，次のように考えている。年齢が高いほど，それまでに愛着の問題から不適切なかかわりや対応を経験した数も多くなる，つまり二次障害等の負の経験が多くなる。また，こども本人がそうした不快な対応やかかわりからくるストレスに対し，例えば，暴言，暴力，いじめ，不登校等の不適切な歪んだコーピングが常態化してしまい，その学習行動の除去に手間取ってしまう。さらに，2章で後述するが，愛着障害特有の傾向である，自分を守るという「自己防衛」が強まり，いかなるかかわりや対応も受け入れない体制を作ってしまうが故に，心に直接響くかかわりに到達するのに時間がかかるのである。そして，むしろたどりついた心はピュアで決して愛着の形成の敏感さを失ってはいないことに気づかされる。こうした，たくさんの誤学習によって形成された自己防衛の壁を溶かしていく作業こそが，愛着形成・愛着修復支援のかかわりなのである。

　なお，愛着再形成支援が可能であるという実践的事実に加えて，理論的にも，ボウルビィ自身も愛着は乳幼児期に限定されるものではなく，生涯存続すると仮定しており，愛着は内的ワーキングモデル[5]として発展し，生涯発達という視点[3][4][5][17]で捉えられていることを再確認しておきたい。愛着は「いつでも誰でも心理的支援で取り戻せる」のである。さらに，付言しておけば，愛着障害の症状である興奮状態を緩和するための医療支援，投薬治療は可能であるが，医療により愛着障害を治癒することは不可能である。愛着障害が関係性の障害である以上，心理的支援以外の方法で治癒できるはずがないのである。

e. 誤解その5：愛着は世代間伝達するという誤解

　これも学校園所，家庭の現場で実践的支援研究をしていると，愛着は世代間伝達するのではないかと思わされる事例にたくさん出会うのは事実である。すなわち，愛着障害のこどもの母親もしくは父親もやはり愛着障害ではないかと疑われる事例の多いことである。愛着の世代間伝達とは，「我が子とかかわり，自分の生い立ちの記憶を意識的にも無意識的にも想起し，自分が親にされた育児を繰り返す，または反対に固執する」現象をさすが，こうしたことは現実に多いのだろうか？　前節のクイズ⑫がこの問題にかかわるものである。

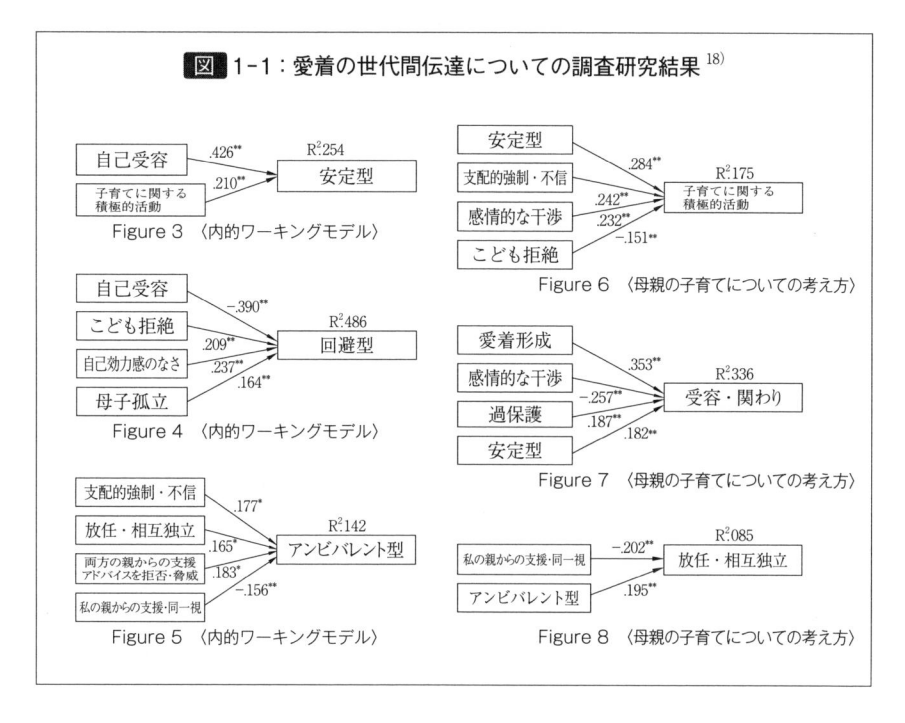

図 1-1：愛着の世代間伝達についての調査研究結果[18]

```
自己受容 ──.426**──→ ┌─────┐
                    │ R².254│
子育てに関する   .210**→ │安定型│
積極的活動              └─────┘
    Figure 3 〈内的ワーキングモデル〉

安定型 ──.284**──→ ┌─────────┐
支配的強制・不信 .242**→ │ R².175   │
感情的な干渉 .232**→ │子育てに関する│
こども拒絶 −.151**→ │ 積極的活動  │
                    └─────────┘
    Figure 6 〈母親の子育てについての考え方〉

自己受容 ──────→ ┌─────┐
こども拒絶 −.390**→│ R².486│
自己効力感のなさ .209**→│回避型│
母子孤立 .237**/.164**→└─────┘
    Figure 4 〈内的ワーキングモデル〉

愛着形成 ──.353**──→ ┌─────────┐
感情的な干渉 −.257**→ │ R².336   │
過保護 .187**→        │受容・関わり│
安定型 .182**→        └─────────┘
    Figure 7 〈母親の子育てについての考え方〉

支配的強制・不信 .177*→ ┌─────────┐
放任・相互独立 .165*→   │ R².142   │
両方の親からの支援     │アンビバレント型│
アドバイスを拒否・脅威 .183*→ └─────────┘
私の親からの支援・同一視 −.156**→
    Figure 5 〈内的ワーキングモデル〉

私の親からの支援・同一視 −.202**→ ┌─────────┐
                                │ R².085   │
アンビバレント型 .195**→         │放任・相互独立│
                                └─────────┘
    Figure 8 〈母親の子育てについての考え方〉
```

　筆者は以前，この問題に調査研究法によるアプローチ[18]で，解明を試みたことがある。子育てを経験した母親 255 名を対象に，母親自身の自己像と被養育経験観，内的ワーキングモデル，自身の子育て感，子育て支援感の関係を調べたものである。結果の一部を［図1-1］に示した。それによると，自身の母親（祖母）との安定愛着関係（情緒的信頼・支持という育てられ方と認識）を形成し内的ワーキングモデルとして安定型と判定された母親は，自己受容が高く，安定した自己モデルを形成できており，こどもとの受容的かかわり・積極的かかわりができている。しかし，現在の子育てへの自身の母親（祖母）の関与は無関係と意識していることがわかった。誰かのおかげといつまでも意識する関係は決して自立ではなく，そう意識しない自立こそが安定愛着の成果であると言える。

　また，自身の母親（祖母）との回避的愛着関係があり（支配的強制・不信という育てられ方の認識とは弱い正の相関，情緒的信頼・支持という育てられ方の認識とは弱い負の相関があるが，かかわり不十分・孤独という育てられ方の認識とは無関係），

内的ワーキングモデルが回避型と判定された母親は，自己受容できず，無力感の自己モデルを持ち，こどもを受容できず，母子孤立の子育てになっている。

一方，自身の母親（祖母）とのアンビバレントな愛着関係があり，内的ワーキングモデルがアンビバレント型と判定された母親は，弱い自己非受容と無力感に特徴付けられる固定的な自己モデルのなさが背景となり，現実の子育てに放任・相互孤立的子育て感を感じているが，それに影響を与えているのが，両方の親の支援，アドバイスを拒否したい気持ち，脅威感と自分の親の支援・同一視のなさという認識であることがわかる。自身の子育てにおいて，育ててくれた親に「こうしろ，こうすべきでない」「育て方が悪い」などと言われることに不安を覚え，寄り添った支援をしてくれていると思えていないので，親のような子育てをしたくないと思っていることが，自分の子育てに余計，不安と混乱を感じることにつながっているのである。

アンビバレント型の母親は，回避型の母親に比べて，自分の母親から，支配的強制・不信の子育て経験をより受けていたと感じ，逆に，情緒的信頼・支持を得られなかったと認識しているという違いが見られた。一方，回避型の母親は，自分の母からのかかわり不十分・孤独という認識がないことを考え合わせると，愛着の問題は，ネグレクト的なかかわりの薄さより，不適切なかかわりの多さと望ましいかかわりが得られない思いが背景にあることが示唆される。もちろん，対象となった母親は現実に子育てをしているわけで，強度の愛着の問題を抱えていないのであるが。こどもの愛着の問題も養育が受けられないということよりも，こどもにとって不適切な養育の影響が強いと言えるのである。

さらに重要なのは，一見，生じているように見える愛着の世代間伝達，すなわち，支配的強制・不信の被子育て経験を受け，情緒的信頼・支持を得られなかった認識が自身の内的ワーキングモデルと子育てに影響している部分について，実は，特にアンビバレント型の母親において，無条件には生じておらず，自身の母親（祖母）が自身の子育てに脅威的にかかわってきており，それを拒否したいという思い（配偶者の親のかかわりも自身の親がモデルとなるためそのように捉えやすくなっている）と自身の母親（祖母）が子育てに支援的でないとの思いが加わっている点である。愛着の問題を抱える母親は，自身の子育ての時に，自分の母親（祖母）のかかわり，あるいはかかわりのなさを通して，もう

一度傷つき，再度，愛着の危機を経験しているのである。これが愛着の世代間伝達の正体ではないだろうか？　すなわち，こどもの頃の育てられ方だけの問題でなく，まさに，愛着の生涯発達の中で，愛着障害は増幅され得るのである。ということは，母親にとって脅威となる自身の母親（祖母）の影響力を低下すべく，適切な子育て支援を介入させることで，母子共に愛着障害から救済可能であるという支援可能性を見い出したことが，筆者の支援実践活動の糧になったのである。そして，学校園所で散見する，愛着障害の世代間伝達に見える事例は，既に自身の母親（祖母）から2度目の不適切なかかわり感を与えられた母子に出会うからであることに改めて気づかされるのである。愛着に問題を抱える母子ほど，子育て支援介入の困難性が高いことは実感している（5章参照）が，それでも諦めず，こどもを変えれば，こどもと一緒に母親も変わる可能性は，わずかだが上がると信じて支援にかかわっている。こどもへの支援を通した介入こそが，親への結果的な支援，介入となるのである。

f．誤解その6：愛着修復支援が実の母親との関係に悪影響を与えるという誤解

　学校園所の現場での支援について，特に保育士，教師から必ず受ける質問は，3章で後述するように，教師が特定の愛着対象となって支援することは，通常家庭の愛着障害児，すなわち，現実に母親が家庭にいる場合に，かえって，その現実の母親との関係悪化を生じないかという疑問である。端的に言えば，「先生に懐いてしまうと親が嫌いにならないか？」ということである。また，教師にも，そして児童福祉施設の指導員にもふと生じる思いは，あまりに強い関係性を対象のこどもと築くと，「対象のこどもが自分なしでは生きていけなくなるのではないか？　そこまで責任は持てない」という，自立を妨げるのではないかという疑念であり，責任を持ちきれないという責任回避である。その結果，支援を躊躇してしまうこともよくある。これらは全くの誤解である。

　愛着理論においても[2)3)4)5)16)]，愛着形成は，普通，母親機能を果たす1人の人物から始まるが，決して1人に留まり，継続的に独占する関係ではない。愛着対象は，父親，きょうだい，親戚，学校関係者，親友，恋人，配偶者等，様々な対象に広がることが想定されている。一度，教師と愛着関係を結んでしまえば，その後，その教師なしでは生きられないという関係では，そもそもないのである。

従って，その関係性が一時的に母親との関係にマイナスの影響を与えることはあっても（愛着障害の場合，2章で後述するように，愛情試し行動をよく行い，大人の対応を比べ，それを大人に言うことがあるので，先生の方が好きだと母に言う可能性はある），結果的に，母親との関係を改善するのである。考えてみて欲しい。一度も愛着形成したことがないこどもの人間関係形成の支援はおろか，自立支援が成功するはずがない。一旦，教師と愛着関係を結ばなければ，人間関係の学習はできない。そうして学習したことがモデルとなり，こどもは現実の母親との関係性改善に活用できるようになる。こどもが変われば，母親は，こどもが変わったことが嬉しくて，母親自身のこどもに対する評価が上がり，また，変わったこどもの相手として，母親自身も受容的なかかわりができるようになるという，二重の意味で母子の関係性が変わることができる可能性が高まるのである。このようにこどもを変えることで，母子相互作用の関係性を改善でき，現実にそういう支援事例をたくさん経験してきたのである。だからこそ，愛着は，誰か「1人とから」形成しなければならないのである。

　愛着対象として，こどもとかかわる教師，指導者，支援者と一時期濃密なかかわりを持つことが，こどもにとって，今後様々に広がっていく愛着形成の基盤をつくる機会となる。それと同時に，その機会を与えた人物とは濃密な関係性を築いたあと，その関係は一旦切れるが，それを糧に忘れられない「絆」として意識され，今後の様々な関係性構築の礎となるのである。そう考えると，教師，指導者，支援者は，こどもにとって共に結び合った関係性をその後，必ず乗り越えていくべき人生の伴走者なのである。

　もちろん，親がこどもにとって，そういう存在であることは言うまでもない。しかし，そうした機能が家庭内だけでは育たないことも多い。前述の母親を対象とした筆者たちの調査研究[18]では，①こどもの母親認知を確かめたことがない母親が多数いること（自分のこどもが自分の子育てをどう思っているかをこどもに確かめていない，どう思っているかを聞こうともしない），②大人になって，やっと親に嫌だったことを言えるこどもという現象（あの時のお母さんにこうされたことが嫌だったとこどもが大人になってから初めて打ち明けられて驚いた）も確認することができた。むしろ，母子関係だけに閉じた関係は，お互いをしっかり理解し合うチャンスを奪っている可能性もある。現実の母子関係に介入し

て修正を試みても改善が困難な例は極めて多い。学校園所で構築した新たな関係性がモデルとなって，家族内の関係性を変えていくことができる，これこそが関係性支援の醍醐味であると言えるだろう。

このように，「愛着形成は，1人から始まる」という認識でかかわることが重要である。愛着形成が「1人から」ということの意味は，家庭において，母親機能を父と母で完全に半分に分割して，完全分担や日替わりでこどもの世話をしたりすることは，極めて不適切で愛着形成に悪影響を与えるという点も強調しておきたい。愛着対象をどちらにしていいのか，こどもが混乱しやすいからであり，同時に2人と安定的な愛着形成を成し遂げるのは極めて難しいからである。

また，このことは3章で触れるが，愛着形成・修復には，1対多の関係では極めて困難であり，1対1の関係から始めることが必要であるということを改めて確認したい。同時に複数の人との愛着形成は困難である。従って，1人から始めなければならないが1人では終わらない，そこから広がっていくという意味を込めて，「愛着形成・愛着修復は1人から始まる！」これが現場においての支援の合い言葉の1つなのであり，保育士・教師・指導員の役割なのである。

[引用・参考文献]

1) Bowlby, J. 1969 *Attachment and loss. Vol.1. Attachment*. New York：Basic Books. 黒田実郎他（訳）1991 母子関係の理論―Ⅰ愛着行動（改訂新版） 岩崎学術出版社.
2) Bowlby, J. 1988 *A secure base*. New York：Basic Books.
3) 近藤清美 2001 きずなの発達 米谷淳・米澤好史（編著）行動科学への招待―現代心理学のアプローチ― 福村出版 pp.92-105.
4) 近藤清美 2012 きずなの発達 米谷淳・米澤好史・尾入正哲・神藤貴昭（編著）行動科学への招待―現代心理学のアプローチ―［改訂版］ 福村出版 pp.84-96.
5) 数井みゆき・遠藤利彦 2005 アタッチメント―生涯にわたる絆― ミネルヴァ書房.
6) Bogenschneider, K., Wu, M., Raffaelli, M., & Tsay, J.C. 1998 Parent influences on adolescent peer orientation and substance use：The interface of parenting practices and values. *Child Development*, 69, 1672-1688.
7) 高田洋子 2000 未成人子の親子関係研究のレビューと課題―実証研究を中心に― 神原文子・高田洋子（編）教育期の子育てと親子関係 ミネルヴァ書房 pp.3-26.
8) 米澤好史 2004 子育てと子育て支援のあり方に関する心理学的考察 和歌山大学教育学部教育実践総合センター紀要, 14, 113-122.
9) 米澤好史 2007 こどもの攻撃行動の心理学的分析と関係性支援 和歌山大学教育学部教

育実践総合センター紀要, 17, 49-58.
10) Schaffer, H.R. 1998 *Making decisions about children*. Blackwell Publishers. 無藤隆・佐藤恵理子(訳) 2001 子どもの養育に心理学がいえること―発達と家族環境― 新曜社.
11) 米澤好史 2000 こどもと向き合い，生きる力を育てる育児と教育 和歌山大学教育学部教育実践研究指導センター紀要, 10, 1-20.
12) 米澤好史・平野直己・稲垣秀一 2007 子育て支援研修のためのサポート体制構築に関する調査研究 こども未来財団平成18年度児童関連サービス調査研究等事業助成研究報告書, 財団法人こども未来財団, 全83頁.
13) 森下正康・米澤好史 1992 養護施設における児童の実態調査―適応性に関する研究― 和歌山大学発達心理学研究会, 全61頁.
14) 森下正康・米澤好史 2000 児童養護施設における児童・職員の意識調査 和歌山大学発達心理学研究会, 全148頁.
15) 米澤好史 2015d「愛情の器」モデルに基づく愛着修復プログラムによる支援―愛着障害・愛着の問題を抱えるこどもへの支援―臨床発達心理実践研究, 10, 41-45.
16) 初塚眞喜子 2009 愛着理論と臨床領域―生涯にわたるアタッチメントの発達の視点から―相愛大学研究論集, 25, 59-78.
17) 三宅和夫(編著) 1991 乳幼児の人格形成と母子関係 東京大学出版会.
18) 田邊恭子・米澤好史 2009 母親の子育て観からみた母子の愛着形成と世代間伝達―母親像に着目した子育て支援への提案―和歌山大学教育学部教育実践総合センター紀要, 19, 19-28.

2章

愛着障害と混同されやすい発達障害との違い・見分け方

1. 愛着障害とは何か？

a. 愛着の個人差

　愛着には個人差があることは，エインズワース（Ainsworth, M. D. S.）のストレンジ・シチュエーション法による分類がよく知られている[1)2)]。母子分離に泣いたり混乱せず，再会にも喜ばずよそよそしい，抱っこを求めず抱っこを止めても抵抗しない，養育者を安全基地としての探索行動を示さないのがAタイプ（回避型）である。母子分離で混乱し，再会時には，喜びと安堵を示して身体接触を求め，すぐに落ち着き，養育者を安全基地としての探索行動を示すのがBタイプ（安定型）である。母子分離で不安や混乱を示し，再会時には，落ち着かず，接近を求めつつ，叩いたり等の怒りを向けたりの矛盾した行動を取り，用心深く探索行動が少ないのがCタイプ（アンビバレント型）である（それぞれ21％，67％，12％くらいいるとされるが，文化差があり，日本はAタイプが少なく，Cタイプが多い）[3)4)]。加えて，突然のすくみ，顔を背けた親への接近，親にしがみつくとすぐに床に倒れ込む，接近と回避が同時に起こる矛盾した現象が特徴で，ぎこちない動きや場違いな行動やうつろな表情が見られ，固まって動かなかったりするDタイプ（無秩序（未組織）・無方向／混乱型）の存在が指摘されている（15％くらいいると指摘）[5)]。それに対応する親の養育態度は，Aタイプは，こどもの働きかけに拒否的で接触が少なくこどもを遠ざけたり統制しようとする拒絶型，Bタイプは，こどもの変化に敏感で，調和的かつ楽しげなかかわりがあり，過剰な働きかけも少なく，そうした態度がいつも変わらない一貫的情緒的応答型，Cタイプは，こどものサインに鈍感で，こどもの感情調整が不得意，自身の気分や都合によって対応が変わりやすく，結果的に応答タイミングがズレやすい，非一貫的恣意的鈍感型，Dタイプは，虐待の可能性が指摘され，精神的にも不安定で，突発的行動が多く，パニックも起こし

やすく，こどもを怯えさせやすいとされる[3)4)]。そしてこれらの愛着タイプと養育態度の関係は，例えば，拒絶型の母親に愛着行動をすると余計避けられてしまうので回避型となる，一貫しない恣意的なかかわりがこどもの不安定さを増幅しアンビバレントさが強まる等説明されるように，まさに，母子相互作用の視点で理解することが必要だが，その際，大切なのは他の環境要因も含めて，こどもにどのように受け止められたかである（心理的環境）。このような個人差が不適応の域に達すると愛着障害となるが，B以外のそれぞれのタイプに愛着の問題が生じているのである。

b. 愛着障害の定義

愛着障害は，反応性愛着障害（reactive attachment disorder）として，DSM-Ⅳ-TR（アメリカ精神医学会・精神障害の診断と統計の手引き第4版テキスト修正版）[6)]に規定され，「通常，幼児期，小児期または青年期に初めて診断される障害（Disorders Usually First Diagnosed in Infancy, Childhood, or Adolescence）」に，抑制型愛着障害（inhibited attachment disorder）と脱抑制型愛着障害（disinhibited attachment disorder）として分類されている。DSM-5（2013.5改訂）[7)]では，どちらも「トラウマ・ストレッサー関連障害（Trauma- and Stressor-Related Disorders）」に分類され，抑制型は反応性愛着障害（reactive attachment disorder），脱抑制型は脱抑制性社交（社会関係・社会的関与）障害（Disinhibited Social Engagement Disorder）に分類されている。なお，ICD-10（世界保健機関・国際疾病分類第10版）[8)]では，抑制型愛着障害にあたるものを反応性愛着障害（reactive attachment disorder）と呼び，脱抑制性愛着障害（disinhibited attachment disorder）を別に立てているが，それに符合した形での改訂と思われる。しかし，脱抑制型を愛着障害という名称と切り離したのは，こども理解の上で，わかりにくくしている感が否めない。また，反応性愛着障害（抑制タイプ）と自閉障害があり，愛着の問題を抱えるこどもとの識別について不十分であり（そういう指摘は既にある[20)]），愛着障害の多動性とADHDとの区別についての記載も不十分であり，これらの点は次節で詳細に分析したい。

加えて，現場で多くの愛着の問題を抱えるこどもたちを観察，支援してきた筆者の問題意識もそれに符合するのだが，ジーナ（Zeanah,C.H.）ら[10)11)]は，

これらの愛着障害（反応性（抑制）と脱抑制）を愛着対象が未成立の障害，すなわち，［愛着未成立障害（disorders of nonattachment）］として位置づけ，それに対して，愛着対象が成立している場合の愛着障害として，その関係が不健康で特異的な［安全基地の歪曲（Secure Base Distortions）（Zeanah & Boris, 2000）］と特定の愛着対象を喪失した場合にあたる［混乱性（崩壊性）愛着障害（disrupted attachment disorder）］の存在を指摘している[4)9)]。これらを［表2-1］にまとめた。そこには，安全基地の歪曲の4つのタイプも示したが，分離不安的行動も含まれるので，分離不安障害についても併せて示している。

現場での感触で言うと，後述するが，母子分離不安も含めて，特定の愛着対象が存在するがその関係に問題がある愛着障害が多く見られるという問題意識がある。それは，いわゆる愛着未成立障害のこどもより，現実に愛着対象となり得る親がいても成立できていない問題の多さが，現代の愛着障害の特徴であると言えるのではないだろうか？

表 2-1：様々な愛着障害の定義 [4) 6) 7) 8) 9) 10)]

[DSM-Ⅳ-TR／DSM-5]
- ○ **反応性愛着障害（reactive attachment disorder）**：DSM-Ⅳ-TRでは ①こどもの基本的な情緒欲求の持続的無視 ②こどもの身体的欲求無視 ③主たる保育者の頻繁な交替による安定した愛着形成の阻害の何れかが原因。「通常，幼児期，小児期または青年期に初めて診断される障害（Disorders Usually First Diagnosed in Infancy, Childhood, or Adolescence）」に分類。DSM-5では，④選択的愛着を形成する機会を阻害する養育，例えば，養育者と常に一緒という原因も追加。
- ● **脱抑制型愛着障害（disinhibited attachment disorder）**：一見，社交的に見え，初対面の人にもなれなれしく接近，過剰な親しみを示し，無警戒で誰にでも甘えたがる。（DSM-5ではDisinhibited Social Engagement Disorder：DSED［脱抑制性社交（社会関係・社会的関与）障害；Trauma-and Stressor-Related Disordersに分類］）
- ● **抑制型愛着障害（inhibited attachment disorder）**：警戒的，素直に甘えられず警戒，腹を立てたり嫌がったり矛盾態度・両価的（DSM-5ではReactive Attachment Disorder：RAD［反応性愛着障害；Trauma-and Stressor-Related Disordersに分類］）
- ○ **分離不安障害（Separation Anxiety Disorder）**：DSM-Ⅳ-TRでは，家庭または愛着を持っている重要人物からの分離，またはそれが予測される場合の反

復的で過剰な苦痛，持続的で過剰な心配，分離に対する恐怖のために，学校やその他の場所へ行くことについての持続的な抵抗または拒否，反復する身体症状の訴え（例：頭痛，腹痛，嘔気，または嘔吐）等。

[ICD-10]
いずれも，①親からの無視・虐待 ②深刻な養育過誤の結果発生する。
- 反応性愛着障害（reactive attachment disorder）：情緒障害と環境変化への反応・励ましが効かない恐れと過度の警戒・相互交流の乏しさ・自他への攻撃性。
- 脱抑制性愛着障害（disinhibited attachment disorder）：選択的愛着のなさ・誰にでもしがみつき，注意を引く行動，見境ない馴れ馴れしさ。

[Zeanah & Boris, 2000；Zeanah et al., 2000]
- 愛着未成立障害（disorders of nonattachment）：特定の愛着対象を識別しない。情緒的退却（emotional withdrawal：抑制型に対応）と無差別社交性・馴れ馴れしさ（indiscriminate sociability：脱抑制型に対応）があり，様々な対人場面での障害が現れる。
- 安全基地の歪曲（Secure Base Distortions）：特定の愛着対象はいるが，深刻な不健康な関係から来る関係特異的な障害。①わざと自己を危険にさらし保護を得ようとする ②しがみつきや探索抑制という分離不安障害的行動・過剰な注意,気にする行動 ③養育者の不機嫌を恐れた従順さ ④親子関係の役割逆転による親へのしつけや世話統制などが見られる。
- 混乱性（崩壊性）愛着障害（disrupted attachment disorder）：特定の愛着対象の突然の喪失による破壊的影響。喪の作業（mourning work）の失敗→ ①外面的に何事もないように振る舞いながら抑圧による不適応 ②抗議の後，絶望状態が続き抑鬱状態となる。

c．愛着障害の周辺

　他にも，愛着障害の名称を世間に広げるのに功績のあった岡田尊司[12]をはじめ，愛着障害の症状を理解するためのいくつかの参考文献[13][14][15]を指摘できる。これらでは，愛着障害に特徴的な部分，発達障害を含め他の障害との関係にかかわる部分，愛着障害の結果生じる様々な問題，の3つが周辺部分として意識して理解すべき重要なポイントとなる。これらの点については，まず，よく指摘される愛着障害と発達障害の混同，理解の混乱[16]について，その見分け方，それぞれの支援については，節や章を改めて取り上げていくこととする（発達障害の理解と支援は2章3節，愛着障害との見分け方は2章4節，愛着障害の支援は3章，愛着障害と発達障害が併存する場合の支援は4章）。

　ただ，いずれにしても，愛着障害とは親の育て方の問題という捉え方では

なく，こどもの特性によって（例えば，愛情を受け取るのが下手なこどもがいる）育て方の影響は違っており，また，こどもが愛情を欲しい時に与えられず，欲しがっていない時に無理に欲しがっていない形で愛情を押しつけるというような，大人の育て方・かかわり方とこどもの特性・捉え方・感じ方の相互作用の問題が心理的な影響として現れてくる後天的なものであるのに対して，発達障害は先天的脳機能障害である点が異なる[17]ことは確認しておきたい。しかし，留意しなければならないのは，発達障害でも，こどもの特異な特性のために，親は育て方に，こどもはその反応に戸惑い，あるいは逆に強引な強要や反抗が生じたりして，親子関係や愛着形成に問題が生じやすい[18]ということである。加えて，再度念を押すならば，いわゆる児童養護施設，社会養護という物理的環境による影響に限定して愛着障害を捉えるのは間違いであり，現実に通常家庭での愛着障害あるいは愛着の問題を抱えるこどもの存在を念頭においた，こども理解，こども支援が必要であることを喚起しておきたい。

また，愛着障害，もしくは愛着の問題を抱えるこどもたちの育児・保育・教育現場での暴力行為，攻撃行動が非常に問題化しており，対応に苦慮している事例は枚挙に暇がない。DSM-5では，関連して，どのような障害分類が用意されているかを［表2-2］に示した。現場での生のこどもに接した感覚に即した筆者の捉え方では，こうした分類と異なる考え方で理解・支援を行っているが，それについては，3章以降で詳細に紹介することとしたい。なぜなら，このような分類をしても，それらの関係や違いは明確ではないばかりか，その原因や支援の方向性は一向に見えてこないからである。

表 2-2：暴力行為と関連して診断される障害 [7) 19) 20)]

［重度気分調整不全障害（重篤気分調節症）：Disruptive Mood Dysregulation Disoder（DMDD）］6歳～17歳のこどもの週3回以上のことばと行動による癇癪・イライラ。（この診断は，正常なこどもや双極性障害，愛着障害のこどもの癇癪との区別上，問題が指摘されており，範囲が曖昧である。後述するように，自閉症スペクトラム障害と愛着障害を併せ持つこどもの特徴との関係も指摘できる）。

［素行障害：Conduct Disoder（CD）］感情的体験が欠如した傲慢で自己愛的，無責任で衝動的な非情緒的特性（Callous-Unemotional trait：CU trait）を持つ（他者の気持ちに立たない・社会の規範を意識しない）。深刻な規則違反，攻撃性，

非行(後述するように,愛着障害の延長線上に位置づけうる可能性がある)。
[反抗挑戦性障害:Oppositional Defiant Disoder(ODD)] イライラ気分・反抗的態度・しつこい仕返し・従うことを嫌う・誰かのせいにする他責・不当な扱いを受けているという捉え方。(後述するように,この障害も愛着障害の延長線上に位置づけうる可能性がある)。
[特定不能の破壊的行動障害:Unspecified Disruptive Behavior Disoder(UDBD)]
(この障害も愛着障害との関係が疑われると思われる)。
[間歇性(間欠性)爆発(性)障害:Intermittent Explosive Disoder(IED)]
常軌を逸した抑制のない爆発的な怒り方を繰り返す。そのきっかけは理解の範囲を超えている。こども(6歳以上)だけでなく大人も含む(この障害も後述するように,自閉症スペクトラム障害と愛着障害を併せ持つこどもや大人の特徴との関係も指摘できる。保護者対応・支援の際にも関連して触れたい)。

2. 愛着障害・発達障害を含めたこどもへの発達支援にとって大切なこと

a. 発達支援の視座1:こども理解と支援の連関の重要性

　愛着障害とよく間違われ,混同される発達障害としては,注意欠如多動性障害(Attention-Deficit/Hyperactivity Disorder:ADHD。注:以前の「注意欠陥多動性障害」との名称から変更された)と自閉症スペクトラム障害(Autism Spectrum Disorder:ASD)がある。それぞれの特徴と支援のポイントは,項を改めて説明するが,これらと愛着障害の違いをどう捉えたらいいだろうか?
　こどもを理解する際,何を理解すればいいのか,どこを見ればいいのかと考えてみると,まず一番わかりやすく目に見えるのは,こどもの[行動]である。しかし,[行動]だけを見てもわからないことがあるのは,その[行動]がこどものどんな[認知]すなわち,捉え方をもとに現れたものなのか,またこども本人自身がその[行動]をどう[認知],捉えているのかが大切なポイントになるからである。また,その[行動]はどのような[感情]が原因になっているのか,その[行動]からどのような[感情]が生じているのかも重要な理解ポイントとなる。例えば,「暴れる」という行動をしているこどもは何に[認知]―気づいて「暴れた」のか? 教師の言動なのか(目前の行動認知)? その場の雰囲気なのか(状況認知)? 家での出来事を思い出したのか(記憶認知)? ― それぞれのこどもの状態を理解していないと適切な支援ができない。また,

その際どんな［感情］が生じているか？──明確な対象のある「怒り」なのか？　漠然とした「不安」混じりの不快感情なのか？　そしてそもそも，こども本人はその感情をしっかり認知しているのか？──によってもこどもの状態理解と支援が異なってくる。また，［行動］の後，いつ，どんな［感情］変化が起こるのか？──それをこども本人はいつ自覚できるのか？──によっても，いつ，振り返り等の支援を実施すべきなのかの重要な参考情報となるだろう。

　こうした点を踏まえて，［図2-1］に，こども理解と支援の視座として示した[17]。こどもの［認知］は［行動］と［感情］の要であり，［行動認知］がなければ，行動変容や改善は永続しない，［感情認知］がなければ，感情のコントロールは困難であることも，この図で説明が可能であり，支援，指導する者は，この視座を忘れてはいけないというのがポイントである。またその「行動」が「認知」「感情」によって生じるものか，それらとは関係なしに生じるものかという観点でのこども理解も，後述するようにADHDを正しく峻別するために

図2-1：こども理解と支援の視座
●認知という手がかりと生活・こころの基盤
［状況・背景＝生活基盤・こころの基盤］

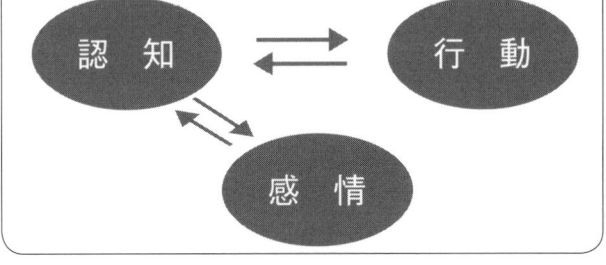

認知　⇄　行動
　　　↕
　　感情

＝行動（ことばを含む）と感情の背景にこどもの認知があり，その背景には生活・こころの基盤がある。
→学び支援には，これらを位置づける必要
○年齢を問わない⇒行きつ戻りつの支援
　　認知（捉え方）支援
　　行動（実　行）支援
　　感情（気持ち）支援
　　環境（居場所）支援　の区別

重要である。

　こうした観点から，筆者は，まさに対象の年齢を問わない支援，従って「遅すぎる」とは決して言わない支援を心がけ，実施してきたが，加えて図示したように，どんな特性や障害も環境要因に左右されやすい。愛着障害のように環境要因が極めて強く影響するものもあれば，発達障害のように，本来，特性起因，脳機能の障害であっても，環境要因に左右されやすい部分は多々ある。そこで，[図2-1] には,状況・背景という環境を加え,こども［認知］［行動］［感情］［環境］の理解と（もちろん，支援者・教師・保護者のそれも同様に理解すべきである）それらへの支援,すなわち［認知（捉え方）支援］［行動（実行）支援］［感情（気持ち）支援］［環境（居場所）支援］として，整理，分析してきた。

　その際，支援者，指導者，保護者が行った支援は，支援，指導した本人にはどう認知され，対象であるこどもにとってはどう認知されているのか，どう受け止められているのかをしっかり踏まえる，受け止め方をモニターすることが非常に大切であることを自覚,指摘してきた[18)][21)][22)][23)][24)]のである。それは「こう言ったはず」「こう指導したはず」「こう育てたのに」という残念な誤解，行き違いを未然に防ぎ，また，現実にそうした行き違いが起こってしまっている場合にはどう修復していくかという面でも重要な視座であり，利用可能な情報だからである。そうしなければ，指導・支援したのに変わらないのは，こどもが悪い，対象者のせいであると責任転嫁したり，逆に支援者自身が自分を不必要に責めてしまうことが往々にして起こりがちとなる。支援・指導は「すればいい」のではなく，「受け止められて，受け入れられて初めて意味を持つ」のである。愛着形成においても然りであり，現実に養育する親がいて，適切な支援をしているように見えても愛着障害が起こる理由もここにある。

　そして，実はこの理解と支援の視座を表す連関図が，発達障害と愛着障害の根本的違いを理解し区別する上でも，非常にわかりやすいのである。項を改めて説明したい。

b. 発達支援の視座2：混同されやすい発達障害との比較のために

　前項の［図2-1］において,こども理解と支援の視座として設定した［認知］［行動］［感情］［環境］をキーワードに，発達障害，愛着障害はそれぞれ，［認

知］［行動］［感情］［環境］のどの問題も抱えているように見えるが，どの問題が一番のポイント，本質であり，従って，どんな支援が必要かを［表2-3］にまとめてみた[20)][25)][26)][27)]。

表 2-3：発達障害と愛着障害の本質的違いと支援の違い

- ●注意欠如多動性障害：Attention-Deficit/Hyperactivity Disorder（ADHD）：実行機能の問題（目標完遂困難・振り返り困難・抑制制御の困難・遅延報酬への嫌悪）＝［行動］の問題⇒［行動］の支援
- ●自閉症スペクトラム障害：Autism Spectrum Disorder（ASD）←広汎性発達障害：Pervasive Developmental Disorder（PDD）：社会的（対人）コミュニケーション障害：Social Communication Disorders（SCD）・限定的興味と反復的（常同）行動 ＝［認知］の問題⇒［認知］の支援
- ●愛着障害［Attachment Disorder］＝［感情］の問題⇒［感情］の支援

★いずれの場合にも，［環境］支援は必要。他の問題と併存して，愛着の問題が発生している場合，例えば，発達障害と愛着障害が併存する場合（見解の相違があり説明が必要である。4章で詳述する）は，支援のアレンジが必要。

本来，「感情」は，「認知」されて初めて，本人に意識され行動に影響するものである。しかし，感情が混乱しやすいことも，特に愛着障害や愛着に問題のあるこどもは，「感情」を認知，理解する学習経験が乏しく，感情発達の問題を抱えていることが多い。なぜなら，そもそも愛着関係とは，感情学習のチャンスでもあり（怖いと抱きつく），支えでもある（安心できると感情を喚起・認知してもいいと思える）からである。「感情」の学習や発達に問題・支障があるが故に，「行動」と「感情」があたかも直結したような暴発的行動も生じやすく，また，「行動」をしっかり「感情」を交えて振り返ることも困難となるのである。ちなみに，精神医学界では捉え方が違い異論もあるので，章を改めて4章で取り上げるが，「感情認知」が苦手である自閉症スペクトラム障害のこどもが愛着の問題を抱えやすいこともこの図から示唆される。そして，そういうこどもは，自閉からくる「感情認知」の問題と，愛着形成不全から来る「感情学習・発達」の問題を併せ持つが故に，その問題は深刻であることだけをここでは指摘しておきたい。

次節以降では，愛着障害との併存がある場合の支援に活かすために，また，

愛着障害への支援との異同について考察する意味でも，ADHD，ASD，学習障害（Learning Disorder, Learning Disability：LD）を個別に取り上げ，その支援について若干の説明を加えておきたい[26) 28)]。

3. 愛着障害との違いから見た発達障害の正しい理解と支援

a. 注意欠如多動性障害（ADHD）の理解

> **事例** 2-1：ADHD のその場しのぎ行動（衝動性）→中学校教師への CS 事例
>
> ＊事例で CS と表記する場合は，一般教員・保護者へのコンサルテーション，SV と表記する場合は，専門性のある教員・指導員・心理士等へのスーパーバイズを意味している。また，事例はプライバシー保護のため，個人を特定できない情報提供とし，いくつかの架空の設定や情報の統合等が含まれている。
>
> 中学 2 年生の A 君は ADHD 診断あり。その場しのぎの行動が目立つ。してしまった不適切なことを指摘すると，その時は「そうか」とわかるが，すぐに忘れて同じような行動をまたしてしまう。

ADHD は，その名称から，多動・落ち着きのなさを特徴として理解されることが多いが，次節で説明するが，多動だけからは ADHD とは断定できない。わかりやすい行動的特徴は，衝動性である。これは，よく攻撃性と混同されており，すぐに暴力行為をしやすいことを衝動性と誤解している場合も多い。衝動性が周りから受け入れられず，阻害され，結果，2 次障害として攻撃的な衝動性になる場合はあるが，衝動的攻撃行動を ADHD と誤解，もっと言えば，誤診されているケースは枚挙に暇がないほど多いのが現状である。これは 4 章で触れるが，自閉傾向と愛着の問題が併存している場合なのである。

衝動性を理解するのに格好の事例が［事例 2-1］である。衝動性とは，実行機能（Executive Function）の弱さであり，深く考えず，その場しのぎの行動をしてしまうことを指す。そして，ついやってしまったことを指摘されても，すぐに気がつき，反省できる。しかし，実行機能の改善がなければ，また同じ失敗を繰り返してしまう。ここが特徴として重要な部分である。こうして，こどもと指摘，指導する大人との関係が悪化し，「何回言ったらわかるんだ！」と

不適切に叱ってしまうと，衝動性が攻撃性に転化する可能性は高くなるのだが。

ADHDのもう1つの主要特徴である不注意も含めて実行機能の問題という側面から，次のようにまとめることができるだろう。実行機能の問題とは，前頭帯状経路機能不全から来る脳機能障害としての行動制御の障害と注意と運動のコントロールの障害による実行失敗のことである[25)][28)][29)][30)]。

そして，ADHDの実行機能の問題は，①目標完遂困難 ②振り返り困難 ③抑制制御の困難 ④遅延報酬への嫌悪が特徴として挙げられる。設定した目標を完遂するまでその接近努力を持続することが実行機能の主機能であるが，それが難しく注意が逸れやすい，しかも，バークレイ（Barkley,R.A.）が指摘したように[29)]，振り返りが苦手なため，何が問題で目標完遂できなかったかに気づけず，気づいても次回に教訓利用することが困難である。

また，特に，「してはいけない」ことを「しないですませる」という抑制制御が困難なために，「してはいけない」とわかっていても（後述するように，ここが愛着障害や自閉症スペクトラム障害と異なる点である），つい「してしまう」のである。従って，「してはいけません」という指導は意味がない。もっと言えば，無駄なのである。1章1節b項の［表1-1］の親子関係のウソ・ホントクイズの①の質問が何故×なのか，その説明の1つがここにある（もう1つの説明は，3章1節g項参照）。その無駄で効果のない指導を続けたらどうなるか？ 指導する側は「何度言っても聞かない」「どうしようもない」と腹が立ち，諦めたくなる。指導される側は「何度もうるさいな」「嫌な思いばかりさせられる」とやはり不快な気持ちになる。このマイナス効果は，「何をして叱られたか」ということはよく覚えておらず，「よくわからないことで叱られて嫌だった」という「わけのわからないストレス記憶・不快な思い」としてだけ記憶される（叱ることの悪影響として，5章で再度触れたい）。

こうして，こどもにとっては二次障害が発生し，親子，教師―こども，支援者―被支援者の関係性が悪化するのである。また，集中が苦手なADHD児に，「あとでこれあげるから」「あとで遊んでいいから」と何かに集中させるために，よかれと思って遅延報酬を用意すると，後まで待てないADHD児は，すぐにその褒美を欲しがり，遊びに出かけて行ってしまうことになるのである。

b. 注意欠如多動性障害（ADHD）への支援

事例 2-2：ADHD 児への支援→小学校教師への CS 事例

小学校4年生の男児。何も考えずに瞬発的に相手を傷つける暴言をはくことが多い。多動で落ち着きがない。集中してものごとに取り組むことができず，立ち歩き，友達にちょっかいを出す。授業中もみんなにむかって雑談的にしゃべることが多く，他児の言動に反応しやすい。計算はできるが，不注意なミスが多い。自分の考えに基づいた解決が苦手。学習したことの記憶定着が課題である。課題に集中させようとして，「ここまでするとシールをあげる」と言っても先に欲しがる。

[事例2-2]は，こうしたADHDの特徴を持っているこどもへの支援事例である。不注意，目標完遂・振り返り・抑制制御の困難，遅延報酬の嫌悪の特徴がすべて揃っている。このようなこどもに，どのような支援が効果的なのであろうか？ これらの特徴の中で，不注意あるいは衝動性，時には多動に対しても，タイムアウト，すなわち報酬（正の強化子）を与えない，無視するという方法が採られることがある。確かに，ADHDの特徴だけを持つこどもには，「先生と不用意に呼び掛けて来ても返事をしない」という無視の方法は継続すれば効果が出ることがある（消去抵抗があるので，継続しないと意味がなく，また，いつも返答すなわち報酬があったわけではなく，今まで時たま返事をするという間欠強化がなされていると，消去抵抗が大きく，その行動がなくなるまで極めて多くの時間を必要としてしまう）。しかし，この方法は，もしその行動が愛着障害から来るものであれば，全く効果はない（むしろ，注目欲求行動である場合は，その行動を増やしてしまう，あるいは「さっきから呼んでるだろ！」と激怒する等，行動を激化させてしまうこともある）。

従って，これらの行動特徴を変容させるためには，一番注目すべきなのは，遅延報酬への嫌悪という特徴である。「遅すぎる報酬は意味がない」のだから，「報酬は遅くならないように，すぐ与える」と工夫しやすいからである。いつぞやの流行語大賞に沿って言いかえれば，「報酬はいつ与えるの？ 今でしょ！」となる。すなわち，これが即時強化という有効な支援である。実行機能強化のために「していること」をすぐに強化する。「プリントの計算問題，全部で20

問できたら，外に遊びに行っていいよ！」では遅すぎるので，「プリントを受け取ったら褒める」「名前を書いたら褒める」「問題を読んだら褒める」というように，できるだけ行動を細かい行動単位に分割すれば，すぐに褒められる。「これしておいて」というアバウトで長い時間を必要とするミッションは出さないことが肝要である。

　こうして，望ましい行動の強化が浸透すると，結果として，相対的な問題行動発生確率の低下，すなわち，抑制制御の困難への支援効果が期待できる。つまり，立ち歩くこどもを無視しても，叱って「座りなさい」と指導しても抑制制御が困難な ADHD 児は，またすぐその不適切な行動を「してはいけない」とわかっていてもしてしまうし，無視してもその立ち歩き行動が減るには時間がかかる。一方，つい教師はいつでも立ち歩いているわけではないその子が座っている様子を見ても，「よかった！」とスルーしてしまうが，その時こそが即時強化のチャンスであり，すかさず「座ってるね！ すばらしい！」と褒めるのである。そうすれば，45分の授業中，40分立ち歩いていたこどもは，5分座っていたことになるが，その時間に座っていることを褒められると，座っていられる時間が6分に増える。そうすれば，立ち歩きは何と，39分に減るのである。「たったそれだけ？」と思ってはいけない。劇的に立ち歩きを減らす方法はないのであるから，これこそが支援の王道である。これは，行動消去ではなく，別の行動を褒めて強化するという弁別強化の法則に適うことなのである。こうした，即時強化が成功するには，「すぐ褒める」だけでなく，「何のために」の目的支援と「どのように」の手段支援を付加すると成功しやすい。特に，行動を言語化することは，記憶定着を促進し，人間関係も促進する効果があるが，この工夫は，愛着障害への支援で効果を検証しているので，その際に紹介することにしたい。

　こうした実行機能の問題は，メタ認知機能不全と関連しており，振り返りが苦手だが，バークレイの支援でも実施されたように[29]，振り返り支援のために，行動の様子をビデオに撮っておき，それを見ながら振り返りを実施すると，「あっ，この時，こんなことしていたね」と気づかせることが可能になる。しかし，いつでもそうしたビデオ撮影ができるとは限らない。そこで，工夫できる方法が，振り返りのスコープ設定支援である。最低の振り返り支援は，「今，

何やったの？ わかってる？ 全部言ってごらん！」というものである。このようなアバウトな指示は，振り返りの苦手なこどもには全く効果がなく，振り返りできないと，反省できていないとまた叱られるのがオチである。そこで，振り返りしやすいように，実際の行動を細かいシーン，行動単位に区切る支援を実施する。「最初,ここに座ってた時,何してた？」「鉛筆持って回していたよね？」というように。いろいろな人がいる場面では，「誰は何をしていたか」「その時,あなたは何をまずしたのか」と区切って聞くのである。手がかりとなるような具体物（例えば，持っていた鉛筆等）は，必ず目の前に用意して振り返る。これは，状況（状態）依存記憶[31)32)]と言われる現象を応用している。記憶は，実際，記銘・符号化する（覚える）際に経験した状況と再生（思い出す）する状況が一致している方が，再生率が高い（よく思い出せる）のである。さらに，こうしてしっかり細やかに振り返る支援をすると，単に記憶再生支援，振り返り支援として効果があるだけでなく，自分のしたことを誰かと一緒に振り返ることになり，その誰かである，親・養育者・教師・支援者との人間関係の構築，修正にも多大な寄与効果がある。この点も愛着障害支援に応用しているので，後述したい。こうして振り返りができるようになると，少しずつ目標完遂が可能になっていく。その際も，「今，こうしたのよかったね。じゃあ，次はこうできるね。そうそれでいい！」と細かい行動単位ごとに，その都度，即時振り返り・即時強化することが，不注意の発生を防ぎ，目標完遂に近づく支援となるのである[26)28)]。

このように，④遅延報酬への嫌悪への即時強化支援⇒③抑制制御の困難への発生確率低下⇒ ②振り返り困難へのスコープ設定支援⇒ ①目標完遂困難の克服とADHDの特徴を支援しやすいところから遡って支援を積み立てていくことが肝要なのである。感情そのものに問題の少ないADHD児には，この積み立てを根気よくしていくことが支援成功への鍵となる。後述するように，愛着障害では，その積み立て基盤が期待できないのである。従って，こうした地道な積み立て支援が効果がない時，それは単に行動支援に重点を置きすぎた失敗であり，その障害はADHDではなく，愛着障害ではないかと疑うべき根拠となることも付け加えたい。

c. 自閉症スペクトラム障害（ASD）への理解

　DSM-Ⅳ-TR[6]では，広汎性発達障害［PDD(Pervasive Developmental Disorders)］と呼ばれた分類の中に，自閉性障害（Autistic Disorder）は含まれていた。ここには，アスペルガー障害（Asperger's Disorder；ICD-10ではアスペルガー症候群）・PDDNOS（Pervasive Developmental Disorder-Not Otherwise Specified, Including Atypical Autism：特定不能の広汎性発達障害，非定型自閉症を含む）・レット障害（Rett's Disorder：ICD-10ではレット症候群）・小児期崩壊性障害（Childhood Disintegrative Disorder）が含まれ，特に知能の発達遅滞が見られないものを高機能（hyper functional）自閉症と呼んだりもした。自閉性障害の特徴は，ウィングの3つ組みとも呼ばれ，社会性の障害・コミュニケーションの障害・想像力の障害であるとされていた。それに対して，DSM-5[7]では，自閉症スペクトラム障害（Autism Spectrum Disorder：ASD）という分類となり，アスペルガー障害等の区別がなくなり，原因遺伝子が特定され精神障害ではなく精神疾患としか言えないレット障害は外れた[33]。その特徴は，①社会的（対人）コミュニケーション障害（SCD：Social Communication Disorders）・②限定的興味と反復的（常同）行動の2つに整理された。

　この意味は，まずアスペルガー障害の概念が曖昧であり，実はPDDNOSと判断されるよくわからない障害が多く見られたことへの対応であり，3つ組みとされた特徴は，社会性障害とコミュニケーション障害は重なる所が多く，想像力の障害という言い方は具体的ではなく，わかりやすくなったと言える。診断的には難しくなったとの意見もあるが，実はこのスペクトラムという捉え方こそ，こども理解の際に重要な捉え方である。というのは，「ここからこっち」は自閉障害であり，「ここからこっち」は違うという明確な線引きは，自閉という特徴では困難なのである。自閉傾向という言い方を筆者もしているが，こどもによって，その自閉傾向の程度は多かったり，少なかったりと量的差異として比較しうるもので，絶対的に自閉である，ないという判断は難しいだけでなく不適切である。これも4章で後述するが，精神医学的には認められない自閉障害があって愛着障害があるこどもの行動は，自閉傾向という程度と愛着の問題という程度のかけ算で決まるというのが，たくさんの事例を体験してきた筆者の実感である。自閉傾向の強いこどもは愛着の問題が少しでも問題行

動が現れ，愛着の問題の多いこどもは自閉傾向が少ししかなくても同様の問題行動が現れるのである。その意味で，自閉症スペクトラム障害という捉え方は適切である。また関連して，これも現場でたくさんいるにもかかわらず，今まで認められていなかったADHDとASDの併存もDSM−5では正式に認められた。このように診断基準は現場の後追いに過ぎない。遠からぬ日に，精神医学界でも，ASDと愛着障害の併存が認められる日が来ることを期待したい。

さて，社会的（対人）コミュニケーション障害は，社会—情動的相互作用障害とも位置づけられ，コミュニケーションは言語や言語外伝達だけの問題ではなく，情緒面の問題から関係性維持発達の障害としても様々な人間関係の問題となりやすい。また，興味と行動の限局性・反復性は，具体的に一番わかりやすいのは，行動において［常同行動］という繰り返しの行動が出やすいことである。これはすべきことがなく退屈な時，自分がそこにいていい，それをしていていいと感じるのを［居場所感］というが，その居場所感が喪失あるいは危機に瀕した場合（何をしていいかわからない，ここにいていいかわからない時。昂ずればその場からの飛び出しが起こる），ストレスを感じた場合等に起こりやすく，机を叩く，手を振る等の繰り返しの行動が出るものである。その場に無関係なことを何度も大声で叫ぶ，あるいは，つぶやくエコラリアもこの一種である。こうした顕在的常同行動だけでなく，繰り返しとは見えなくても，その行動を持続している（指を反らす）等，潜在的なものもあり，見逃さないことが肝要である。それは［知覚異常］・［感覚異常］として現れることが多い。音を気にする等，知覚過敏と言われることが多いがこの捉え方は不十分である。ある音，例えば金属音は気にするのに，それ以上の大きな音でも別の音，叫び声は気にならない等の特徴こそが正確な理解であり，これは知覚過敏と知覚鈍麻が恣意的に発生するという意味での知覚異常である。このように考えると常同行動も一種の知覚操作であることにも気づかされる。その行動をすることで，その音をたてることで，他の知覚を遮断しているのである。

自閉性のこうした認知の問題[27]は，そもそも，プレマック（Premack,D.）が発見し[34]，バロン＝コーエン（Baron-Cohen,S.）が広めた[35]「サリーとアンの課題」等の「誤った信念」課題でなじみ深い「心の理論」でも明らかにされている。他者の立場に立つには，他者の認知と自分の認知が違うことに気づか

なければならないが，そうした認知の転換が苦手なのである。ASD児の認知の問題は，［同一性へのこだわり］という特徴では，もっとわかりやすく出ていると言える。他者にとってはどうでもいいことでも本人には大事なこだわりであり，モノを並べる順番，行動の順番等にこだわり，それらは，ある意味，自分なりの［執着行動］として現れる。「園で配られるスモック，先生が用意した体操服を着たがらない」「この鉛筆でなければ，答案に書けない」という執着行動も，ある意味で潜在的常同行動と言える。そして，それを自らの行動様式に組み込んでいる場合，［儀式行動］として現れる。就寝儀式，学習儀式等，何かを始めるには，しなければならない行動が順番に用意されているのである。そして，認知の問題として，一番わかりやすいのは，［集中化・焦点化された限定的興味］であろう。「これだけしかしない」という行動の背景には，そうした嗜好を支えている「これだけしか見ていない」という認知があることを忘れてはいけない。「これが好きなんだな」という安直な理解では，支援・指導を過つことになるからである。次項で述べるが，その認知を置き去りにして，「こうしなさい」という指示をし過ぎると，自分の思い，認知をわかってもらえなかったという思いを与えてしまうのである。いわゆる集団生活でみんなに合わせて行動の切り換えをする，「もう朝の読書の時間が終わったので，本をしまう」ということが苦手な理由もここにある。

d. 自閉症スペクトラム障害（ASD）への支援のポイント

　自閉傾向のあるこどもには，認知の支援が必要であるということを踏まえて，事例を紹介しながら，支援のあり方を少しまとめてみたい。

事例 2-3：ASD児の特異な認知→小学校教師へのSV事例

　小学3年生の男児。授業中，よく机を叩いたり，鼻歌を歌ったりしている。こだわりも強く，授業中，指示による切り換えが困難である。砂場で砂遊びをしていた際，後方1mほど離れたところに本人が置いておいた木の枝を友だちが拾うと，取られたと思っていきなり怒り出した。

　この［事例2-3］は，まさに，本児の「認知」の問題がわかりやすく出ている。

常同行動もあり，こだわりがあるのも自閉性を表しているが，こうした，対人トラブルというコミュニケーションの問題は，本児の特異な認知，スキーマの理解から出発した支援が必要である。単に，トラブルを起こしたことを叱責し，もうしないようにという指導は論外であるが，対人トラブルを丁寧に指導しようとする教師ほど，当該トラブルを起こした2人を同時に呼び，公平を期すために，いわゆる対質尋問をして，事情を双方から聞き，互いに悪かったところを言わせ，もうしないと謝らせ，納得させたつもりで支援を終わることがありがちである。しかし，この事例でそのようなことをすると，次の［事例2-4］のような事態を生じさせかねないのである。

> **事例** 2-4：ASD児の特定のこどもへの攻撃行動→小学校教師へのCS事例
>
> 小学校3年生のA君は，B君に会うと，蹴ったり，突然，暴力を振るう。展示していたB君の作品も攻撃して壊してしまった。

　こうしたフラッシュバック的攻撃は4章で取り上げる自閉傾向があり愛着障害のあるこどもの特徴だが，そもそも，事情を伺うと，2年生の時に最初の2人のトラブルがあり，その際，上述の教師立ち会いの仲直り支援をしてしまっていたのである。本人は納得していない仲直りを強要され，自分の認知や気持ちをわかってもらえなかったという思いは，相手の顔を見る度，思い出してしまうのである。そのうち，名前を見ただけで思い出し，作品攻撃にまで至っている。この場合，当該コミュニケーションの相手への攻撃なので，比較的，原因追究が容易であるが，その仲直り式の場に立ち会っただけ，周りにいただけのこどもが攻撃対象となる例もある。大人の認知が苦手だったりするので，校門で注意された黄色いジャンパーを着た登校支援の保護者を見間違い，黄色いジャンパーの人を見る度，誰にでも攻撃した例もある。
　こうした攻撃行動が起こってしまった場合の支援方法は，4章に譲るとして，そもそも，最初のトラブルの時にどうした対応が必要だったのだろうか？　［事例2-3］で言うと，対質尋問は，絶対避けるのが鉄則である。1人ずつ呼び出し，1対1で事情を聞く。その際，したことを責めてはいけない。なぜ，棒を持っていこうとしたこどもを攻撃したのか，本人の認知を探るべくしっかり聞

き取る必要がある。そうすると，本人は，「棒を砂場で遊んでいる自分の背中側，後方に置いて，これでキープしているつもりだったこと」「後で，またその棒で遊ぼうと楽しみにしていたこと」「その置き方が人にはキープしているとは見えないとわかっていなかったこと」等，大切な認知の食い違い，それからくる行動のスキーマの食い違いに気づくことができるのである。そうすれば，教師はその捉え方を認め，その気持ちに共感することがまず必要である。そうしなければ，本児にとって，教師は自分のことを認めない「敵」と認知される。自閉症スペクトラム障害児は，対人関係を敵か味方かという「1か0」で判断しやすいという認知的特徴もある（「したい」と言ってる時はそれにこだわるが，「しない」と一旦決めるとてこでもしないというように，「するかしないか」という「1か0」判断も多い）。従って，まず，味方（後述する人間関係の居場所支援に該当する）にならない限り，コミュニケーションも指導もできないのである。その後で「もっといいキープの仕方を教えよう」と，代替行動支援を行えば，次からこうしたトラブルの発生確率を抑えることが可能となる。「もうしてはだめよ」という支援は，ここでも効果がない。なぜなら，「これをもうしてはだめだよ」と言われた自閉症スペクトラム障害児は，その認知の特性から，そうしたいというこだわりを持っていれば，いくら言っても棒をまた後ろに置いてキープするだろう。そうでなくても，言われた不適切な行動に認知的に焦点化してしまい，意識から消すことが難しいからである。この点も愛着障害と併存している自閉症児の支援として4章で取り上げたい。要は「こうしようね」という具体的にそれをしなくてすむための行動を教えることである。

　この状態をもう一方の当事者の棒を持っていこうとした児童に見せるわけにはいかない。2人いるとそんなことをすると，えこひいきとしか見えないからである。当然，もう一方の当事者の児童も1人だけで呼んで，「誰が見てもあれでキープしてるとは思わないよね」と気持ちを認めた上で，「今度からは，この子の場合は特にキープしてるのかどうか確かめてから取ってね」と指導すればいいのである。こうした個別支援は，お互いに2人だけの秘密にしておくことが肝要で，後で話がばれてしまわない配慮も必要である。

　こうした1対1支援，個別支援は，自閉傾向のあるこどもに必要なことで，一度に支援を済ませてしまおうとコストをカットしてしまうと，後でより多く

の時間をとられることになるのである。さらに言えば，教師として，こうしたトラブルをクラス全体の教訓にしたいと考え，クラス全員の前で指導することがよく見受けられるが，それは自閉症スペクトラム障害のこどもにとって，極めて不適切であるのは言うまでもない。現に，たまたま目が合ったこどもへの攻撃事例がよく起こっている。クラス支援としてどうしていくかは，改めて5章で取り上げたい。

そして，1章1節b項の［表1-1］の親子関係のウソ・ホントクイズの②の質問の意味も改めて確認しておきたい。コミュニケーションの問題を抱えるこどもである自閉症スペクトラム障害のこどもには，1対1での支援でも丁寧に実施しないと難しいのに，集団にいきなり入れてうまくいく道理がないのである。これは，親の対応ばかりを責められない。学校現場でも，クラスになじめないこども，問題を起こすこどもを，クラス替えという単なる気晴らし効果しか期待できない反面，また集団への丁寧な支援をしなくていけなくなる方法を緊急避難的あるいは非建設的思いつきで行ってきた例がないわけではないのである。このようなことをしても問題が増幅こそすれ，解決はしないのである（たまたま，そのクラスにその子の居場所となるベストパートナーがいるという出会いの提供になった例はないわけではないが）。

e. 自閉症スペクトラム障害（ASD）への支援のまとめ

自閉症スペクトラム障害への支援については，これまでも事例検討[18) 28)]や，その分析・分類[26)]をしてきたが，ここでは，そのまとめの表を再掲して支援のまとめとしたい。

表 2-4：ASDへの4つの居場所支援[26)]

---

❶**物理的居場所支援＝環境不安の防止**：固定椅子・指定席・囲い⇒クールダウンの場所。クールダウンの場所確保。自分で行けるのが完成形。連れ出す時は，他から連れ出しに来る方が効果的（環境変化・行動スイッチによるリセット支援）。儀式参加等でも入り方より退出法を意識する。

❷**時間の居場所支援＝予定不安の防止**：時間計測による作業の切替・絵時計による予告支援など生活を構造化する（区切る）。

❸**作業の居場所支援⇒常同行動・エコラリアの防止**：お絵かき・塗り絵・制作等，

熱中できる作業があることが安心に。
❹**人間関係の居場所支援：最重要**（信頼できる人のいうことは聞く，役割があれば動ける，感情コントロールに寄与）。
（ⅰ）**信頼できる人＝捉え方を認めてくれる**：抱きしめて受容（≠引き留め・連行）・一緒にする相手・活動報告する相手・そばにいるだけで何もしない相手。
（ⅱ）**役割意識＝そこにいていい理由**：他者や生き物の世話，クラスの係（毎日，給食係等），地位的関係（親分子分）。
（ⅲ）**特異な認知に共感するサイン＝信頼確認**：お守り・決め言葉（トーマス出発！・四字熟語）・ミラーリング［逆模倣］（その子の言動を真似る）。

まず，❶物理的居場所支援は，いつもと環境が変わると不安が高まる環境不安の防止のために実施するもので，いつも同じ席を確保する固定椅子・指定席の支援，それでも不安な場合は，周りと遮断し，自分だけの環境を確保できる囲いを使用する。クールダウンの場所の確保も重要である。クールダウンとは，そこに逃げ込めれば大丈夫という場所のことで，最終的には，自分で行けるのが完成形である。そこまで連れ出す時は，その場にいる人より，他の場所から連れ出しに来る方が効果的である。なぜなら，その場の人は今までの本人の場所認知の中に入っており，切り離すのが難しい。他の認知に振り替えるには，その場と切り離された人が誘うのが効果的である。こうした支援は，環境変化の際に人も変える，環境変化に移る際に，「まず深呼吸」等の行動スイッチ等の支援で，今までの行動や環境をリセットするリセット支援もこれにあたる。また，よく相談があるが，入学式，卒業式等の儀式参加等でも，入り方も個別椅子等の物理的居場所を確保するが，意識すべきは，いつでも退出できるように，退出しやすい席の確保とそこからの退出法の練習，サインの確認等の退出を意識した支援である。

❷時間の居場所支援は，予定が突如変更されると不安になる予定不安という特徴の防止のため，実施するものである。授業の流れを視覚的に黒板の横や机の上に明示し，今，どこをしているかも矢印等で示すといい。また「計算問題5問2分で」と明確に指示した後，大きなデジタル時計を掲示し，時間計測による作業の切替に利用する。保育園，幼稚園では，動物が時刻の替わりに使われている絵時計を利用して，「針がぞうさんのところに来たらお絵かきはおし

まい」等の予告支援を行う。また，学校園所での生活を構造化し，授業も45分を最低15分単位で区切って，作業を明示した構造化が望ましい（話合いの授業，何が起こるかわくわくする授業は，授業者のポリシーもあるだろうが避けた方が無難である）。生活も構造化し，[7時—歯磨き]のように，時間と作業をわかりやすく対連合し，呈示し，クリアするたびに明示的に記録呈示するとよい。

❸作業の居場所支援は，退屈感，ストレス感を防ぎ，常同行動やエコラリアの発生を防止するのに効果的である。お気に入りの作業をする時間，場所を確保することが大切で，お絵かき・塗り絵・制作等，熱中できる作業があることが安心感につながる。その作業を終える予告，どこまでするかのゴールの予めの呈示，終わるサインの確認等，物理的居場所支援の工夫と連動させる。

❹人間関係の居場所支援は，愛着支援との関係で，筆者が一番重要視している。4章でいくつか事例をあげるが，「信頼できる人のいうことは聞く」「役割があれば動ける」ということがポイントで，こうした居場所感が感情コントロールに寄与するのである。具体的には，ⅰ) 信頼できる人とは，どんな人かというと，絶対的信頼感や直観的信頼感の形成は難しいのだが，逆にこうすることが信頼関係なのだと具体的に明示することで，そのレベルまでの信頼感を獲得することを共通目標にするのがよい。そうすることで，支援者もこどもも高い目標を持ち過ぎて疲れない。具体的には，本人の捉え方を認めてくれる人，本人の許す範囲で抱きしめて受容してもいい人（これは決して，嫌がる本人を強く抱きしめたり，引き留めたり，耐えずつきまとう連行ではないことに留意したい。そうすると正反対に信頼できない人の烙印を押されやすい），一緒に好きなことをする相手，こんなことをしたよと活動報告をする相手（しばしばこの相手は活動を共にする相手とは峻別され，区別される），そばにいるだけで何もしない相手（本人の自由を認めて，ただ場を共有しているだけの人でこういう存在が喜ばれることも多い。なぜなら，本人の嫌がることをさせない，本人の世界に突然入り込んで，それを否定したりしないから安心できるのである）等である。また，ⅱ) 役割意識の喚起により，本人に，そこにいていい理由を意識しやすくして，居場所感を高めることができる。他者や生き物の世話係をすることで，クラスの係をすることで，親分子分的地位的関係を意識することで（あいつはこれでいいとお互い自覚する。ただし，この関係で非行に走らされる場合があるので，きちんと親や

教師が望ましい相手の関係づくりにかかわる必要がある)、居場所感は強く喚起しやすくなるのである。さらに、ⅲ）特異な認知に共感するサインを使うことで、この居場所感は増幅される。信頼確認のために、「このお守りがあれば、大丈夫」と石のお守りやペンダントを持ち続けて、新奇事態を乗り越えた支援事例が多々あった。また、決め言葉は、例えば「トーマス出発！」等の行動スイッチ、「唯我独尊！」等の四字熟語によるコーピング効果等、よく用いている。また、ミラーリング［逆模倣］として、その子の言動を真似るのも効果的である。

その他にも、①ASD児に行動の理由を聞いてもこちらからみると変に思えることを言うだけに見える。加えて愛着障害があると理由はコロコロ変わり言えなかったりするので、理由は聞かない。②してはいけないことをいちいち叱るとキリがない、親・養育者・教師・支援者にとってもストレスとなる。本人にも多大なストレスが溜まりパニック的攻撃行動をしやすくなる。してはいけないと叱ってはいけない。③環境的にも、快適（密集・高温・多変を避ける）を保つ。④みんなと一緒のことをさせないことが大切。結果としてみんなと調和した行動をめざす。⑤認知スコープ支援として、「ここだけを見よう」と見るべき、認知スコープを限定させる支援、等である。その他にも愛着障害がある場合、必要な支援があるが、これらも併せて、4章で触れたい。居場所支援の事例をいくつかあげてみよう。

事例 2-5：ASD児への支援→小学校教師CS事例

小学校1年生男児。手遊び、独り言が多い。自分の世界に入り込んで、授業を聞いていないことが多々あり、声かけでは戻らず、肩をとんと叩くと、はっとびっくりして意識が戻る。歪んだ字に特徴がある。一斉指示が通らない。並ぶ時に自分の位置がわからない。1日の予定を気にする。今、何の時間か、時間割表を何度も確認する。

この場合、予定不安もあり、時間と作業の居場所支援を1対1支援を意識して実施するようアドバイスした。さらに、自分の世界を禁止せず、こちらの世界に戻って来た時に「何してたの？」と責めるのではなく、「よく戻って来たね」と褒めることを勧めて、人間関係の居場所づくりに結びつけた事例である。

> **事例 2-6**：ASD児の認知変容支援→小学校教師CS事例
> 小学校2年生男子。担任の支援と家庭の協力もあり，できることが増えて来た。担任も母親も喜んでいるし，褒めているが，本人は，しんどいと不満が多くなった。どうしてか？

これは，自閉症スペクトラム障害児と周りの認知が食い違うよくある例である。本人には，「先生の口車に乗って頑張ったら，以前より課題が増えた！ 騙された！」という思いが芽生えているのである。こうした場合，認知・捉え方の支援が居場所支援につながる。増えた課題を見るのではなく，できた成果が増えている方を見ようという認知スコープ支援を実施する。別のパターンで，勉強しようとするとあれもこれもしないといけないと全部が見えてしまい，意欲が低下する場合もあるが，その場合は，「今日する，ここだけを見よう！」という支援も実施する。できたことへのわかりやすい報酬を意識させることも重要である。さらに，気持ち支援も実施したが，それは4章で触れたい。

> **事例 2-7**：PDD児の学習支援→特別支援教育等研究協議会での教師へのCS事例
> 自分のしたいことはいつまでもやり続けるが，一斉指導についていけないこどもの指導について教えて欲しい。

これは，よくある質問であり，「みんな一緒のことはさせない」という鉄則を堅持するのが大切である。個別に課題を与えて，ここまでやると予め約束し納得させて終わるという1対1対応をすることが，自学自習という学習スタイルの確立こそが適切であるという意味でも，学習支援としても適切であり，居場所支援としては，約束したことをできたら褒めることで教師との関係づくりにつながる。この2つが有機的に結びつけば，自分勝手な個別学習ではなく，真の自律的学習となるのである。

> **事例 2-8**：自閉症の4歳男児への連携対応→保育所保育士CS事例
> 担当する保育士によって，朝，自分から着替えをしたり，着替えずに遊んだりする。ピアニカや歌の練習の際，体操などは他児と全く一緒にしようとし

ない。一緒にさせようとすると嫌がり，部屋の中を走り回ったりする。製作やペン習字などは好きで，自ら進んでやっている。自分の服でないもの（衣装）などを着る時や，クラスごとの歌の発表をする時，（人前に立つ時を）とても嫌がって暴れたりする。

対応する保育士によって，できたりできなかったり，同じことを違う人が言うとできないというように，合う人と合わない人がいて，人を選ぶのが自閉の特徴である。自分のものでない衣装を着たがらないのも特徴である。衣装は必ず，本人の前で，親や保育士が作っている様子を見せ，「あなたのものよ」と予め納得させることが肝要である。この事例でも，みんなと同じことをさせないことが大切である。結果として調和的にそこにいることができればいい。発表場面では，個別に段取りを教えて，入場の仕方の予習（入場順は後ろから2番目が適切。みんなの真似ができるのと，最後尾では離脱しやすいため）と予定不安への対処として，いつでも退出可能であることをわからせるための退出の合図を学習する。こうしたことを可能とする人間関係の居場所となる保育士がいつも付き添うことが大切である。

事例 2-9：ASDのマイペースへの対応→中学校教師CS事例

中学校2年生男子。時間が守れず，開始時間に遅れる，いつまでも前の作業に固執して終われない。苦手な活動を拒絶して，突っ伏してしまう。後でしようということも受け入れられない。

納得の儀式が必要である。「後でやろう」という支援も効果がなく，「あと10分でやめよう」という予告支援も効果が見られないとのことなので，「これをやりたい気持ちよくわかる」と先生との間でやりたい気持ちを認め合い，その後で，「あと10分」を試してみる方法をアドバイスした。その際，そのアドバイスをする立ち位置を変える，本人の座席を席替えしてから実施して，場所を変える効果を使う，もしそれでもだめなら，誘う人を担任から別の人に代えるのも手であるとアドバイスしたが，そこまでしなくても効果は見られたとのことである。これは，認知を変える支援であり，4章でその応用編を取り上げ

たい。

f. 学習障害（LD）への理解

　学習障害［Learning Disorder］については，DSM－IV－TR[6]では算数障害，読字障害，書字表出障害，特定不能の学習障害に細分されていた。DSM－5[7]では，限局性（特異的）学習障害（Specific learning disorder：SLD）と呼ばれ，それぞれの障害形態は，読み（with impairment in reading）・書き表現（with impairment in written expression）・算数（with impairment in mathematics）という領域を示す識別語を付加して示される[20]。また重症度は軽度・中度・重度の3段階に評価される。また，教育現場において大切なのは，学習障害を［Learning Disability］として捉える観点である。能力的に充分発揮できない部分は，教育的支援で補いうる。一方，低出生体重児と学習障害の関連も指摘されており[36]，医学界と教育界の更なる連携の必要性も指摘できる。

　学習障害は，情報処理・認知機能の一部が苦手なため遂行ルートが滞り，バランスとして欠陥が生じるが，ADHDと比較して，その実行機能の問題にアプローチした研究[37][38]では，実行系機能には，抑制（inhibition）［無関係習慣行為の抑制］・シフト（shifting）［課題・状況に合わせ注意をシフト］・更新（updating）［入力情報符号化・モニタリング・旧情報の新情報置き換え］があり，前2者の問題がADHDであり，最後の更新機能は，ワーキングメモリ（working memory）の問題であり，学習障害と関連が強いとされる。ワーキングメモリ（WM）には，言語性WM・視空間性WM・言語性短期記憶（short term memory：STM）・視空間性短期記憶（STM）の4種類のワーキングメモリがあるというのが最新モデルである[39]が，ワーキングメモリには，STM（短期記憶）の操作にかかわるものとLTM（長期記憶）にかかわるものを想定するべきである。STM操作WMができて，LTM操作WMができない子は，社会性の問題を抱え，意志を伝える会話ができない，概念形成，定着の問題を抱え，都度都度は，指示通り動くことができ，前の指示，スキーマを活性化した理解が苦手。流動性知能が得意であり，結晶性知能に問題がある可能性がある。LTM操作WMができて，STM操作WMができない子は，意志を伝えることができ，係活動や役割活動ができ，経験したものの定着の可能性が高く，スキーマ

を使うことはできるが，今ここの指示が理解できない，結晶性知能が得意であり，流動性知能に問題がある可能性があると捉えると有益である．

g．学習障害（LD）への支援：学習場面での学習障害への支援

　ワーキングメモリの支援で言えば，言語性と視空間性をつなぐ力に問題があるこどもが多いので，つなぐ支援が必要で，得意な方を支援して，不得意な方をカバーする支援が有効である．

　例えば，見本合わせ法（絵と単語呈示→絵と同じ単語の選択→音声呈示と絵＋単語のマッチング→音声呈示と単語のマッチング→絵と文字数分の□内に文字を入れて単語完成）の取り組み[40]などが，その効果を報告しているが，読み・書きの支援で言えば，単語・読み・対象図の3点セット（鳥・トリ・鳥の絵）をどこからでも言えるようにすることがポイントだろう．

事例 2-10：LDへの対応→小学校教師へのCS事例
　小学校2年生のA君は，漢字が書けない．

　漢字が書けない原因は様々に存在する．単なる「漢字を書きなさい」という再生テストはどこに問題があるか把握するのに適さない．テストを工夫して，入力（字の形態認識），出力（運動機能）等，どこの問題なのか把握する必要がある．読みの混同なら，よく似た読みの字の選択問題，形態認識の混同なら，形のよく似た字の選択問題，意味の類似した字の選択問題等，再認テストを効果的に使うことが必要である．現状と目標がかけ離れている学習は，学習障害児にとって意欲減退を生みやすく，加えて，愛着障害があると学習忌避に必ず陥るものである．

事例 2-11：LD支援→児童福祉施設SV事例
　漢字を書いているうちにどんどん変形して変な字になる．間違いを指摘すると意欲がなくなり，完璧を求める．6以上の数を数えられない．

　まず，正しい字選び等の再認テストによるアセスメントで，形態認識力を確

認する。斜め線，複数線，くっつき度，曲がり，ハネ等が苦手なこどもが多い。字をパーツに分けて，それぞれ学習するのがよい。このパーツ分析・パーツ学習法という方法は，完璧を求めて，間違いを指摘して訂正したり書き直しを命じるとやる気をなくすこどもにも使える。また，字の変形が生じるのは，パーツの構成の問題の場合も多い。これは，枠組み意識のなさの問題で，WISCなどの知能検査では，理解・類似・積み木・絵画完成・絵画配列・語音整列等の下位検査に現れる。理解は常識的枠組み，類似は言語概念的枠組み，積み木・絵画完成は視覚的構成による枠組み，絵画配列は文脈的枠組み，語音整列は文字的枠組みの形成が影響しているからである。枠組み意識のなさには，必ず，枠組みとその要素のペアで学習する支援が必要である。例えば，「斜め線は何と一緒になってどんな形を構成するか」「鉛筆もクレヨンも何かを書く時に使うと意識させる」等である。また，本児も背景に愛着障害があり，意欲支援が必要である。ひき算が可能かどうかは，「3つ持ってきて！ あっ，間違えた，4つだった」と修正して，最初の3つに1つだけ加えることができるか（数の合成・分解）を確かめるとよい。これができたらひき算の概念形成，理解ができているのである。このアセスメントはひき算をさせて失敗経験をしなくても確かめられ，意欲減退を生じないのが利点である。

事例 2-12：基準支援の必要性→LD児の保護者・教師へのCS事例

（保護者）中学校1年生女子。空間認識が弱い。計算苦手。漢字の間違いも多い。表現も苦手。注意力が足りない。手を振ると人に当たると想像できない。歌やダンスは得意で好き。絵は幼い。人間関係の問題や日常生活の問題はない。片付けができない。

（教師）明るい子。どの教科も学力的に難しい。数学では，計算の繰り上がりに課題。国語では，ひらがなはOK，漢字苦手。文字のはみ出し，大きさの不統一が目立つ。鏡文字はない。英語は文字バランスに問題。入りきらない。dとbの間違いあり。理社は記憶定着に課題。美術では，塗り絵ではみ出しあり。音楽は元気にダンス等頑張っている。体育は，教師が話している時にキョロキョロしてしまう。家庭・技術は積極的。身の回りの整理に課題。本・ノートを積み上げ，服装は着崩れに無頓着。離席行動なし。

本生徒には，枠組み・基準の支援が必要である。枠組み・基準がないので，

字が書けない，塗り絵ができない。体育で話が聞けないのも開放的な空間で聞く枠組みがないからである。整理ができないのも整理の基準がないからである。支援は，文字を書く支援としての一字ごとの枠の□を明記する。塗り絵の枠組みも立体化する（絵を描く範囲を立体的に盛り上げた縁をつける）。計算では，繰り上がりの数字を書く場所を作る等の支援が必要である。保護者と教師が連携できているのが，支援には有益である。

事例 2-13：LDへの対応→小学校教師へのCS事例
　小学校3年のA君は，板書を写すことができない。

　板書を見る支援は，「黒板見て！」だけでは，黒板のどこを見るのかわからないこどもがいるが本児もそうである。「ここ見て支援」が必要であるが，これは学習障害が認知の問題を持っている場合にあたる。板書の書写が困難な理由は，「板書の文字を見てから，ノートを見て」という文字認知の際の視点移動の問題である。従って，視点移動の距離が少なくて済むよう，板書内容を書いたプリントを配布して，横に見ながら書く支援，それでも無理なら，板書内容を薄く書いたプリントをなぞり書きする支援が効果的である。こうした支援に抵抗を示す教師や保護者はいるが，それは，書写こそが学びであるという間違った学習観に基づく誤信念である。学びとは書くことではなく，知識として定着することでしかないのであるから。

h. 学習障害（LD）への支援：生活場面での学習障害への支援

　次の事例からは，いわゆる学習場面での学習障害（場面と症状が一致しているからわかりやすい）ではなく，日常的場面で起こる学習障害の問題である。

事例 2-14：状況が理解できない子→小学校教師へのSV事例
　小学校3年生のB君は，教師が「来週の遠足のことを話します。……明日，必ず体操服を持って帰りましょう」というと，「えっ，明日，遠足なの？」と聞き返した。

本児は,「来週の遠足」と「明日の体操服」を勝手に結びつけて,「明日が遠足」と勘違いしたのであるが,この勘違いこそが,理解に問題がある推論のLD児である。日常会話の理解には,発話者(話し手)からすべてが情報として伝えられるわけではないので,受話者(聞き手)は伝えられていない情報を推論して補って理解しなければならない[談話理解]が,本児は,その推論で橋渡しする材料を間違えたわけで,推論の問題を抱える学習障害である。

このような場合,教師や保護者,支援者は,こどもに伝える時に,細かい行動単位(できれば1行為・事象)に短く区切って伝える「区切る」支援が必要となる。その際,「体操服を持って帰ります。持って帰るんですよ,体操服を。はい,ここ! ねっ! わかりましたか?」と,都度都度,念押しをしつつ,必ず話の区切りを明示したあと,話をわかっているかを確認することが肝要である。

そして,そもそも,「明日持って帰るべき体操服」の話を今日しなければならないだろうか? 都度の確認には,話すべきタイミングも大事なのは言うまでもない。

この確認の際,序章2節a項で指摘したように,「みなさん」と呼び掛けられては,自分のことと気づかなくなっているこどもたちであるから,「みなさん,わかりましたか?」と全体に確認しないことが大切である。個別に1対1支援を心がけるのは,自閉症スペクトラム障害,学習障害,ADHDを問わず,そして,3章で詳述するが,愛着障害でも必要な基本である。

> **事例** 2-15:言いなりになってしまう子→小学校教師へのSV事例
> 小学校2年生のC君は,砂場で遊んでいて,友だちに「スコップを隠せ」と言われて,その通りしてしまう。

この事例は,状況が読めず,人の言いなりになりやすく,いじめの対象にされやすい,想起・振り返りのLDである。教師に事情を訊ねられてもうまく言明できず,友だちからは,「おまえが隠したじゃないか!」と表面上の事実を言い立てられ(命令されたにもかかわらず,そのことは当事者の友だちは決して言わないのが普通である),それでも「友だちに隠せ」と言われたと言えず,事実確認でも不利な状態に追い込まれ,それでも自分で納得していないから,謝罪

もできないことを教師に責められるというパターンである。このようなことが繰り返されると、そういう展開を狙ったいじめとして定着してしまうのである。

　こうした場合、まず、しっかり背景を聞き出す必要がある。当事者以外の目撃者をまず探すのが肝要であるが、普段の様子から、教師は事実の推測をしつつ（本当は周りのこどもに嵌められた可能性を視野に）聞き取りをすべきである。本児からしっかり聞き出すためには、まず、実際に行った行為を叱ってはいけない。その上で、ADHD児へのスコープ設定支援を利用しながら、「○○していた時、何をしたの？」と状況・行動単位を細かく区切って尋ね、想起の支援をする。さらに、ASD児への絵カード支援または気持ち言語対応支援を利用しながら、表現できるような言語化支援も組み合わせるとよい。適切な推論をしておけば、見逃しやすい些細な情報から真実の手がかりを得ることができるのである。

事例 2-16：理解力に課題の子→小学校教師へのSV事例

　小学校4年生女児。地道に努力していて漢字は得意だが、読解力が弱い。算数も理解が遅い。問われていることに対してトンチンカンな回答が多い。友達と一緒に居ようとし依存しがち。全般的に行動が幼い。困っていても何に困っているかわからないしうまく表現できない。イエス・ノーで答えられるクローズドな質問や単語による会話がほとんどである。

　理解力に課題があり、そのことが表現力の乏しさにつながっている事例である。知的処理力の詳細な分析、どういう状況で、どういう回答が生じるのかの分類分析が必要である。その上で、どのような情報があれば答えられるかがわかってくるので、回答に必要な具体的な文脈支援を実施することが必要である。そのために、授業時間内に個人活動、班活動を取り入れ、その中で、個別支援・文脈支援しながら、分析するとよい。考える時間の付与・発問の繰り返し・回答の選択肢の用意などの支援も効果的である[40]。

事例 2-17：マイペースな児童への支援→小学校教師へのCS事例

　小学校3年生女児。勉強をさせてもマイペースで中々取り組まない。

マイペースには、いろいろな場合があるが大きくは、①やりたくない逡巡行動：中々本題に進めない、やりたくない、②こだわりによる儀式行動の必要性：それをやらないと次に進めない儀式行動が多くある、③ペースが遅い：本当にペースが遅く、他者のペースと比較しない、の3種類である。

①の逡巡行動の場合は、その思いを受け止め、気持ち受容すること、②の儀式行動の場合は、そのこだわりを認めて、構造化して順番を明示し、やりやすくしてあげ、行動スイッチ等で切り換えを促進すること、③の本当のマイペースには、キュー刺激を1つ用意して、意識化支援を行い、これがあったら何をするという行動パターンを決めてそれをきっかけに行動始発支援を行い、行動促進に使うとよいだろう。

事例 2-18：LDへの対応→保育所保育士へCS事例
年長児のA君は、ことばで意志を伝えるのが苦手で、うまく発音できない語もあり、字も変な形になって書けない。

ことばの発達と認識機能・運動機能の関係に留意すれば、ことばばかりに注目しないで、この年齢では、ストローによる水吸い等の口の運動や目と手を使った協調運動機能の習熟に努めるのが効果的である。発達検査でも使われるが、閉じた円を描くという行動は、形の認識だけでなく、線で区切られた枠組み意識、すなわち、線の内と線の外を区別するという意味で、字の形態認識や運動機能の習熟だけでなく、概念獲得（その概念に属するか属さないかは内と外の峻別である）にもつながる大事な認知習得なのである。保育園、幼稚園で、早くから学習支援・指導を保育に取り入れる試みが増えているが、こうした認知・学習機能の発達、向上の前提に、豊かな生活体験、あるいは活動体験が必要なことは、以前、調査研究でも明らかにしたことがある[41)][28)]。そうした体験を経た知的発達は、年中児に一時的に停滞し、年長児後半に飛躍的に向上することも、これらの研究で確かめられている。また、こうした個別作業に1対1で付き合うことは、愛着形成にも効果的であることは言うまでもない。学習支援に特化しない、様々な経験を（もちろん、ただ経験させればいいわけではなく、意識化・振り返りによる定着化が必要である）、寄り添う形で支援するのが、望ま

しい就学前教育のあり方ではないだろうか？　この観点から，保護者，保育者として，こどもとのかかわりについて必要な点については，5章で改めて触れたい。

4. 発達障害との違いから見た愛着障害の正しい理解

a. 愛着障害・愛着の問題を抱えるこどもを発見するためのチェックポイント

　愛着障害児とまでは言えなくても，愛着に問題を抱えるこどもは，筆者の臨床経験，支援経験から言うと，最大クラスの30％くらいに上るケースもあったが，平均しても10％を下らないというのが印象である。発達障害は文科省調査でも，たかだか6％程度であり，明らかに愛着の問題の方が多いと言わなければならないと捉えている。では，残り70％～90％は関係ないのかというとそうではないことは，序章2節a項で少し触れたが，終章で取り上げることにしたい。

　まずは，この項では，愛着障害とよく混同される発達障害との違いを見分ける方法を，様々なこども観察と支援から実践的に得た，愛着の問題発見チェックポイントとして紹介したい。愛着の問題は感情発達の問題であり，行動だけでアセスメントすることは難しいが，低年齢ほど行動の問題として現れやすい（年齢が進むにつれてわかりにくくなる）。保育園・幼稚園・小学校・中学校・高等学校・特別支援学校等の現場でかかわった数千の支援・助言事例から，こうした行動特徴は，［表2-5］のようにまとめることができる[42)][43)]。この行動リストだけで判断するのは危険であるが，まず，気になるこどもを見つける簡便な枠組みとして，こうした行動リストは，学校園所等の現場でのこども理解にも利便性が高く，的確な支援に寄与できるのではないだろうか？

表 2-5：愛着の問題を抱えるこども発見のためのチェックポイント［簡略版］

❶ 多動：AD・ADHD・ASDの違い＝［ムラ］［いつも］［居場所感］
　　（月曜日に多動・週後半に多動・時間帯や教科による多動）
❷ ［モノ］との関係⇒愛着の「移行対象」の問題
　　（さわる・囲まれる・さわりながら歩く・振り回す・なくす・壊す）

❸ [口] の問題⇒口唇期・自律課題 [取り入れ] の問題
　（口にモノや指を入れる・モノや身体，衣服を舐める・噛む）
❹ [姿勢]・[しぐさ] の問題
　（崩れ・揺らぎ・伸びきらない指，膝・身体を触る，動かす・服装の乱れ）
❺ [人] への接触⇒脱抑制タイプ [脱抑制性社交障害] に特有
　（べたーっと抱きつく・まとわりつく・飛びつく・潜り込む・体当たり）
❻ [床] への接触：接触感欲求と包まれての安心感の欠如
　（靴や靴下を脱ぐ・すり足・寝転ぶ・這い回る・寝技的に蹴る）
❼ 危険な行動：[高所]・[投擲]・[痛さ] への鈍感
　（高い所に登る・高い所からモノを投げる・飛び降り・注目欲求でないと痛がらない）
❽ 愛情欲求行動：注目されたい行動 [自作自演の事件]・[愛情試し] 行動・[愛情欲求エスカレート現象] ⇐ [馴化：habituation]
　（自分で事件を起こし報告・叱られるか試す・大人を注目比較・満足不能・静寂潰し）
❾ [自己防衛]：ウソ・[否認]・[他責] ⇒ [自己正当化] ＝基地欠如感
　（目撃されても認めない・自分のせいにされるのを恐れる・人のせい・解離）
❿ [自己評価の低さ] ＝ [自己否定]・[自己高揚] ⇒ [意欲] の低さ
　（どうせできないという無力感・自信のなさ・根拠と実績のない自信⇒学習指導困難・低学力）
⓫ 片付け：ADHDとの違い＝ [行動―できる―] と [気持ち―したい―]
　（片付け支援の効果？・片付けできていない状態認識⇒規範行動指導困難）
⓬ 自閉系の愛着障害：[籠もる] ＋ [執拗な]・[フラッシュバック] 的・[パニック] 的攻撃＝ [居場所感] の危機⇒焦点的・混乱的・爆発的攻撃／[固まる（シャットアウト）]
　（フードや帽子，タオルを被る・不必要なマスク・カーテンやロッカーに隠れる）
⓭ 関係性の視点：しっかりかかわる養育でも生じる理由 [愛情の行き違い]
　（欲求と授与の食い違い・タイミングのズレ・気持ちの確認と定着化）

　感情的な問題がなぜそのような行動に，どのようにして表れるのかについて，それぞれ13の特徴について，項を改めて解説したい。

b.「❶多動」の違いの理解

　ADHDは，注意欠陥多動性障害もしくは注意欠如多動性障害という名称なので，いわゆる多動，落ち着きのないこどもを見ると，すべてADHDであ

ると誤解してしまうことが多い。実際，現場でもそうであるが，医療機関がADHDと診断した場合でも，注意深く行動の様子を観察し，日頃の様子を様々な人から聞き取ると，そうではないというケースが多いのも実情である。医療機関の診断では，保護者の訴えだけを判断材料にすることもないわけではない。また，そういう場合も含めて，保護者にとってありがたい診断なのである。なぜなら，愛着障害という診断は，1章でそうではないと指摘したが，やはり親のせいであると思われているので忌避されやすい。しかし，ADHDという診断は自己責任でないという帰属がしやすいので受け入れやすく，コンサータ，ストラテラ等の投薬治療も確立しており，安心しやすいのである。愛着障害には，一時的に効果があるオキシトシン投与という方法も開発されつつあるが，基本的に投薬治療は難しく，心理的治療しかなく，それも気が遠くなる意味で忌避しやすいのだろう（そうではないという修復方法を3章で紹介する）。

　さて，多動という行動面から，その障害を理解する際の規準は，ADHDであるなら，実行機能，「行動」の問題である以上，何を「認知」したかやどんな「感情」であるかに関わらず，多動は「いつも」起こるものである。ある時は多動だが，ある時は多動でないという「ムラ」のある多動は愛着障害，愛着の問題を疑わなければならない。愛着の問題による多動は，感情的に落ち着かない，安全・安心基地を求めて探し回るという気持ちの揺れによって生じるものなのである。そうした気持ちの落ち着きのなさ，揺れは，「いつも」ではなく，「たまに」しか訪れないからである。もちろん，愛着障害症状の強さによってその頻度は「いつも」と見間違うほど，頻発するので注意が必要である。

　例えば，「月曜日の朝」に非常に多動になるこどももいる。これは，土曜日，日曜日にずっと家庭で過ごしたことが，この子にとって極めてストレスフルであり，その憂さ晴らしもあり，また，しっかりかかわってもらっていないため，多動になりやすいのである。学校で教師がしっかりかかわり，友だちとかかわることで落ち着いてきて多動でなくなるなら，これは明らかに愛着の問題から来る多動である。また，週の後半になると多動になるこどももいる。これは，週の前半は「頑張ろう」と思っており，その基盤となるエネルギー（愛情）もまたあって，維持可能である。しかし，週の後半になり，エネルギー（愛情）の補充を誰にもしてもらえず，エネルギータンク（後述するが，これを「愛情の器」

と呼びたい）が空っぽになると，コントロールが利かず，多動になりやすくなるのである。午前中に多動が多い，午後に多動が多いこどももこの2例の亜型である。前者は主にその日の朝，または昨夜の家庭での出来事を引きずっている場合が多い（登校した時の顔の表情を見ればわかる）。後者はエネルギー切れである。後で，事例として紹介するが，学童保育の場でよく起こる多動も学校で頑張ったことによるエネルギー切れというパターンが多い。「算数」の時間は多動で動き廻っているが，「図画工作」の時間はじっと座って黙々と工作に勤しんでいるというこどもも多動の「ムラ」であり，愛着の問題の可能性が高い。

　また，多動で教室を飛び出した際，それを追いかけるのは，支援としては適切でない（どうすればいいかは3章で述べる）が，1度だけ追いかけてみると，その多動が愛着障害かどうかがわかるのである。どういうことかというと，愛着に問題があるこどもを追いかけると，この子たちは必ずと言っていいほど，追いかけて来ているか確かめるため，追いかけている方を見るのである。追いかけて欲しいのである。しかし，ここで追いかけて欲しがっているからといって，追いかけては支援として失敗なのである。1度だけでやめていただきたい。また，こっちを見て笑う子（後述する事例にある）もいる。これは後述する愛情試し行動も含まれている。

　一方，ASDのこどもも多動を示すが，その理由は，そのこどもから［居場所感］を奪った場合に多動を示すというのが見極めのポイントである。例えば，「朝の読書の時間が終わったのに，まだ本を読んでいるのを教師が咎めて本を取り上げると，教室内をぐるぐると動き廻り，それを叱ると教室から飛び出す」というパターンである。これは，本児の作業の居場所（2章3節e項の表2-4参照）が奪われたと感じたため，落ち着く居場所がなくなり，居場所を探して動き廻るのである。従って，ASD児が多動を示していれば，支援が妥当でない，適切でないと判断する材料となると言えるだろう。

c.「❷モノとの関係」の理解

　愛着は，その対象である養育者がいると安全，安心を学習した後，対象者がいない場合，［移行対象（transitional phenomenon）］を母親機能代わりとして必要とする時期がある。ウィニコット（Winnicott, D.W.）[44]は移行対象として，

1次的（6ヵ月～1歳の移行期＝毛布・タオル）と2次的（3歳～＝おもちゃ）があるとしている。つまり,「母がいれば大丈夫」が「母がいなくても代わりのモノがあれば大丈夫」→「母が内在化してそこにいなくても大丈夫」という形で愛着が形成されるのである。

ということは,こどもがどうしてもおもちゃを抱えて貸せない現象,すなわち,「おもちゃを譲れない理由」は「見捨てられる不安」であり,親の「〇〇ちゃんに貸してあげなさい」という一見,まともそうに見える指示は,こどもの不安を無視しており,愛着形成にとって問題のあるかかわりとなる[18]。もちろん,いつまでもそれを持っている必要はないこと,「手に持たなくてもそれは自分のものである」「母はいつもそばにいなくても心の中にいてくれる」と学習することこそが,愛着形成である。そのために,ただモノを持たせるのではなく,モノに込められた意味,モノを媒介にした関係づくりの支援[18]が必要である。

モノを母子で同時に注目する共同注意（joint attention）[45]には,同じモノを同時に見るという「同時注視」,同じモノを見たお互いに気がつくという「相互理解」,そこから感じた感情を確認し合う「情緒の共有」の側面があり[46],だからこそ,感じた気持ちをことばに表したくなる。共同注意チェックがことばの発達,コミュニケーションの発達のチェックに使われる所以である。このチェックが多くの自治体で1歳6ヵ月健診で導入され,ASDの早期発見にも寄与しているのは周知の事実である。

そして,ここからコミュニケーションの3項関係の重要性につながるのである。モノが媒介することで言語やコミュニケーションが発達するが,同時にこれは愛着形成にも寄与しているのである。「やりとり」ということばがあるが,モノの受け渡し,手渡しができるのは人間だけであり,野生のチンパンジーはできない（霊長類研究所の特訓を受けたチンパンジーは可能らしい）[47]とのことである。こうした「やりとり」こそが,人間関係をつなぎ,紡いでいるのである。

筆者もコミュニケーション支援で,この共同注意を意識した「三項化」支援を実施している。「ここ見て！」という働きかけ,あるいは,「それっ！」と言わせる働きかけを意識しての支援である。

以前,筆者が指導している大学院生が不登校児のメンタルフレンドとして支援した際,こどもがひと言もしゃべってくれなくて困って,筆者にアドバイスを

求めたことがある。その際，こどもが好きでいつもやっていたカードゲームを大学院生にも購入持参を勧め，わけがわからないままでいいから，こどもの横に座って（この立ち位置が大切である。向き合っては共同注意を妨げる）カードゲームをするようにアドバイスしたことがある。この作戦は見事に当たり，「お兄ちゃん，それ，違う！」としゃべってくれたのである。その後，好きな魚を水族館に一緒に見に行くことになったが，ここは共同注意の宝庫なのであり，急速に人間関係をつなぐことができたのである。

そして，そうしたモノを通した愛着形成が行われていれば，モノを持ち続ける必要はないが，不安だからモノを持ちたくなるのである。モノを独占して貸せないという現象も当然見られる。そして，いつでもモノを触りまくる。授業中に関係ない今使わないモノ，具体的には，鉛筆，筆箱，衣服，消しゴム，教科書の縁，コンパス，ハンカチを触っている。自らの身体も触る。髪の毛，手慰み等である。その際，印象で言うと，べたーっと触っているのが，脱抑制タイプ，いじる感じが抑制タイプで，時間つなぎ的印象がある。

関連して，よく，⓫片付けできない現象として誤解されるというか，片付けられない理由でもあるのだが，モノに囲まれたいという特徴がある。教室の座席の周りにモノが散乱していて，片付けられない現象のように見えるが，事実，片付けられないのだが，片付けない理由が，モノに囲まれたいという心理なのである。モノに囲まれていると安心するのである。後で，事例でも取り上げたい。

また，次々にモノを触りながら歩く，具体的には，教室内で机を触りながら，黒板を触りながら，廊下の壁を触りながら歩くのである。感触を確かめるように。もちろん，自閉傾向があって，そうすることにこだわりを持っている場合もある。モノを独占して貸せないという前述の第1反抗期の特徴も持続している場合がある。その一方で，モノをなくすことも多く，本当にモノを大事にできないのである。ただ，本人にとって大事ではないと思うものは，乱雑に扱い壊したりする。モノを力任せに押し付けたり，投げる。渡されたものを落としたりする。せっかく描いた絵を消したりすることもあるが，これはこんな絵はどうせ大したことないと言われると思う評価不安，もしくは，描いても納得がいくものがどうせ描けないと思ってしまう発揮不安が背景にある。「それでいいよ」「それがいいよ」と言ってくれる対象がいなかったのである。

モノを振り回したりするのは，かなり愛着の問題が重度の場合，愛着障害の場合が多い。教室内でも，持っているモノを振り回す，特に，紐状のモノを振り回す場合がある。学校の校庭で棒切れや傘を振り回しているこどもがいるが，これは武器的なものを持っているという虚勢も加わっていて，たいていの場合，授業に参加できていない。

d.「❸口の問題」の理解

口は，愛着形成については，二次動因説と代理母[48]による接触快説（一次的）との論争があったが，愛着に問題があれば，接触の問題だけでなく，愛情の取り入れ口として，口の問題が残るのは当然だろう。なぜなら，口そのものも乳首に触った感触からして，接触快も実現している箇所である。こどもは刺激を確認するために何でも口に入れる時期があるが，口唇期の名残だろうか，愛着に問題があるこどもは，安定を求めていろんなものを口に入れるのである。

指を口に入れる場合，指を吸う，爪を噛む，指を乱暴に口に突っ込むの順に問題が大きい。舌で唇を舐める，腕，髪の毛などの身体をビショビショにする，等も見られる。人を舐めたり，噛みついたりすることもあるが，かなり問題が多い場合である。

食事の時もいわゆる「がっつき食い」が見られたりする。口の問題は，何かを自分の中に取り入れることの問題であり，そのコントロールができないのが過食にもつながる。ということは，排泄の方の問題も抱えやすい。所構わず，遺糞，遺尿する非常に問題の大きいこどももいるが，いわゆるトイレの後始末，すなわち，お尻をしっかり拭き取る，または尿排出の後始末が不十分のこどもは結構いる。すなわち，これは「自分のことは自分でする」という自律課題の問題であり，愛着の基地なしにそれは難しいことなのである。

e.「❹姿勢・しぐさの問題」の理解

姿勢の問題は，観察において，そのだらっとした姿勢，崩れた身体的印象から来る雰囲気が特徴である。フラフラする等の姿勢の揺らぎ，あるいは，崩れ，倒れ込むように机に突っ伏す様として，よく見られるものである。モノとの関係で述べた，触る対象として，自らの身体の一部である場合，たいてい姿勢は

崩れ，揺れる，崩れるという形態を伴うものである。また，身体全体，もしくは一部を絶えず，あるいは，間歇的(かんけつ)に動かしていることもある。椅子漕ぎ等，座りながら椅子を前後に揺らしていることもよくある。ASDの常同行動との違いは，常同行動は，自分の世界の中で，認知を遮断しているのに対して，愛着の問題を抱える場合は，何かを求めて，探しての繰り返し行動である点と言えるだろう。椅子を用いてと言えば，椅子を1つの足だけ，床につけて，アクロバット的なバランスをとって座っていることもある。これは，❼危険な行動に通じる部分であるが，こうした危険なバランスを好むのである。

　服装の乱れ，崩れた着こなしも特徴の一つで，シャツがズボンからはみ出ている，ボタンが外れている，季節と合致しない服装，たくさんの服を着込んでいる場合と寒くても半袖シャツ1枚というようなこともある。これは，❻床への接触のところでも触れるが，ガードを固くするか，全くノーガードにさらけ出すかのどちらかになりやすい。ガードを固めても守りきれないと思えば，むしろ，さらけ出す方が安全のような気がしたり，気が紛れるのである。

　また，手の指がきちんと伸びきらず，伸縮しない，ぎこちない，膝も伸ばさないのも特徴の1つである。姿勢と関係させて述べると，シャキッと伸びきらないというのが身体的特徴の1つなのである。気持ち的な張りのなさ，成就感のなさが身体表現として表れているのではないだろうか？　抑制タイプでは，伏し目がちで，顔が歪んでいる特徴も見られる。

f.「❺人への接触」の理解

　人への過剰な接触は，脱抑制タイプ（脱抑制性社交障害）に特有とされているが，ジーナの指摘した「安全基地の歪曲」等，他の愛着障害，あるいは愛着の問題を持っているこども，愛着形成で言うと，アンビバレントな愛着のこどもにもよく見られる。

　距離が近かったり，側にいたがる，近づきたがるという軽度のものから，昂ずると，人にべたーと抱きつく，まとわりつく，衣服の中に手を突っ込むといったものが特徴となる。まとわりつくのは，それこそ，おんぶにだっこ，しがみつき，両足の下，股の部分に入り込む，手を巻き付ける等の濃密なものもある。また，近づき方も，ジャンプして来る飛び込み，足下に潜り込みをしたり，ア

ンビバレント型・無秩序・無方向／混乱型の場合，後ろ向きに近寄る，体当たり的に抱きつきながら，同時にパンチをしたりして攻撃する等の行動も見られるこどもがいる。なお，他のこどもを叱るとしがみつくのは被虐待児の可能性が高い。これは，そうした場面を多く体験していて，トラウマ的に恐怖感を抱くからである。

なお，総じて，みんなの前，あるいは最初に出会う時は接触欲求が激しいが，1対1になって落ち着くと，比較的おとなしくなることも多い。

g.「❻床への接触」の理解

教室に行くと，まず筆者は後ろからこどもたちの足下を見る。再度，授業の半ばでも確認する。それは，（上）靴を履いているか，靴下を履いているかの確認である。愛着に問題のあるこどもは，靴や靴下を履いていない特徴がある。知覚過敏によるASD児もそういう行動をとることがあるが，原因が違う。包まれた安心感を知らないため（包まれる安心感の欠如），束縛を嫌い，床との直接的な接触を欲しがる（接触感欲求）からである。靴を脱いだ足を机の一部に押しつけたりもしている。履かせようとしても，ごまかしたり適当に扱ったり，いい加減なやり方をすることもある（抑制タイプや自閉傾向の場合に多い。脱抑制タイプはそれで構ってもらえるとまたわざと脱いだりする）。

歩き方を観察していると，足をしっかり上げて歩かない，すり足になっていることが特徴である。これも接触感欲求であるが，すり足歩行のこどもの割合は近年非常に多く，半数を超えるクラスも少なくない。

さらに，接触感の欲求が昂ずれば寝転ぶ。寝転べば，安定感も感じることができる。こうして，教室の床に寝転ぶ，這い回るという行動となる。友だちに攻撃行動をする場合にも，側まで歩いて行かず，まず，寝転んで，這いながら近づき，寝転びながら「寝技的に蹴る」のである。愛着の基地機能がないまま，攻撃していることを示す象徴的，特徴的，行動と言えるだろう。

h.「❼危険な行動」の理解

危険な行動をするのも重要な特徴である。教室やマンションの窓から出入りする，ジャングルジムのてっぺん，普通ぶら下がって遊ぶ雲梯の上に登る，教

室でのロッカーの上や机の上に立つ，休憩時間，ベランダ等にたむろする，建物の屋根の上に乗る，フェンスをよじ登る等，高い所に登るのである。ASD児でもそこが居場所と感じると同様の行動をすることはある（自閉と愛着の問題が併存していれば，２つの意味で起こりやすい）が，ADHD児の特徴として，この行動を指摘するのは根本的に誤りであると考える。行動の問題を持つADHD児に，その刺激についシフトしてしまって登ってしまうことがあっても，高い所に必ず登らなければならない理由は存在しない。愛着障害，愛着の問題を持つこどもにとって，高い所に登るのは，安全・安心基地を求めての行動であり，それらを求め歩いた多動の行き着く先でもあり，接触快感的な刺激は昂ずると類似刺激を欲するが，高い所の爽快感・気晴らし感は，それを満たしてくれる。また，❽愛情欲求でも取り上げるが，注目しやすい行動をとって，こっちを向いて欲しい注目欲求でもあるからである。

　高い所からモノを投げる（投擲(とうてき)），飛び降りるのも特徴である。前述の高い場所からモノを投げるに関しては，教室や自宅の自室が２階以上に位置していれば，その窓から下にモノを投げるのはこれに該当する。この行為も，こっちに気づいて欲しい注目欲求に加えて，そうした場所を確保できていることを示す示威行為，下にいるものに対しての優越感でもあろう。その意味では，この行為は，❿自己評価の低さとも関係すると言える。

　また，❽愛情欲求としての注目欲求でない場合は，相当なケガでも痛がらないという痛さへの鈍感という特徴もある。抑制タイプによく見られる。これは，アピール材料として意識しない場合，痛さを適切に感じて治療してもらうことで，安全基地を感じとる経験のなさに起因していると思われる。

i.「❽愛情欲求」の理解

　満たされていない愛情欲求は，様々な形でアピールされることになる。まず，注目されたい行動のわかりやすい行動として，「自作自演の事件」が挙げられる。例えば，「トイレの便器に上靴を突っ込む」という行為を自分でしておいて，「先生！　誰かトイレの便器に上靴を入れたヤツがいるよ！」と報告に来るのである。事件を起こさないと，先生を呼びに行く口実ができないので，自分が起こすのだが，後述する❾自己防衛があるため，自分がやったとは絶対認められ

ないので，誰かがやった事件としてでっち上げるのである。こうすれば，自分を守るだけでなく，そうした事件を報告した自分の評価が上がるという意味で，❿自己評価の低さへの対抗策ともなり，一石三鳥くらいの効果が見込まれるのである。ちょっとしたケガでも，❼危険な行動と逆に大げさに痛がり，手当てを要求すると注目されることになる。よく，授業の前にケガをして保健室に行きたがるのも，これにあたる。教室ではその他大勢の1人にしかなれないが，保健室で手当てを受けている時は，注目されるからである。授業中，わざと友だちにちょっかいを出したり，いじわるをするのも注目欲求である。授業中，黙々と勉強していても，当たり前と先生からスルーされる可能性は高いが，悪さをすると確実に教師は注目してくれるからである。従って，周囲が静寂な場合で，自分がすべきことがないと感じると，突然騒ぎ出すという「静寂潰し」を行うのである。愛着に問題があると，静寂より刺激の多い騒然とした状態を好み，また注目も得られるからである

また，大人の様子をよく見ているのが特徴で，筆者が観察に赴くと観察者のメモを気にして，「何しに来たの？」「何してるの？」「何書いてるの？」とよく質問をしてくる。❶多動で触れた，こちらを見ながら逃げる心理にもこの点が関与している。そして，この特徴は，「愛情試し行動」として顕著に現れる。これは許されるかを試す行動であり，わざと悪いことをして許されるかを試すのである。OKとわかるとさらに悪いことへとエスカレートしていく。また，「別の先生は許してくれた」「前の担任はこうだった」，中学校以降の教科担任制でよく出てくるが，「国語の時間はこうしている」という言動も加わる。大人を比較しながら，自分にとって有利な状況を何とか作ろうと画策するのである。これも試し行動の一種であり，疑心暗鬼，大人の反応を探りつつ，アドバルーンを上げて，反応を見て行動をエスカレートさせるのである。

甘える行為もこれは許されるかを必ず試す。「これして！」といろいろ要求してくる。最初，これくらいいいかなと思って要求に応えていると，抱っこをせがんだり，おやつを要求したり，どんどんエスカレートしていく。これは，「愛情欲求エスカレート現象」である。この現象を説明するためにも，3章で後述する「愛情の器」モデルを構築したのである。ここでは，人は最初，刺激を感じても，同じ強度の刺激が続くと［馴化（habituation）］と呼ばれる現象が

起こり，刺激と感じられなくなる。そのため，愛情を貯められず，愛情をもらう快感だけを求めるようになり，そうした刺激を刺激と感じるには，より強い刺激が欲しくなる現象としてまとめておきたい。

j.「❾自己防衛」の理解

　愛着障害，愛着に問題のあるこどもは，よくウソをつく。ウソをつかれて嬉しい人はいない。従って，そのことでまた叱られ責められる。こうして人間関係がさらに悪化するというパターンは，非常に多く見られる現象である。しかし，この子たちの保護者，教師，指導者，支援者として，ウソをつかれたことにショックを受けたり，腹を立てたりしてはいけない。それは，そのウソの理由がわかれば，納得できるはずである。

　この子たちのウソは，❽注目欲求のための虚偽，虚勢の場合もあるが，そうでなければ，たいていは実際に自分がした悪いこと，問題な行動を他者に目撃されても，絶対に認めず「やっていない」と言い張るものであることが多い。指導者は，たいてい「見ていた人がいたよ」と目撃者を指摘しながら，素直にやったことを認めさせようとし，認めれば許そうと思っているのに，頑として認めないので腹立たしく思うという形になってしまう。ひどい場合には，教師や親の目の前で，例えば，「となりのこどもの頭を叩いた」ので，「見ていたよ」と指摘しても，「していない」と否定するのである。これらは，自己防衛と呼ばれる特徴なのである。これは，自分のせいにされることを恐れる特徴である。後で事例に挙げるが，やったと指摘もされていない前から，「自分ではない」と抗弁するこどもさえいる。

　なぜ，こうも認められないのだろうか？　それは，自分がやったと認めても，愛着形成ができているこどもは，自分が責任を取らなければならないピンチをしっかり受け止めて，「大丈夫！」と守ってくれる責任の肩代わりをしてくれる安全基地，「辛かったね！」と癒してくれる安心基地の愛着対象があるのである。だから，安心して自分がやったと認めることができる。しかし，こうした基地機能がないこども，期待できないこどもは，自分がやったと認めてしまえば，自分が全部責任を負わなければならない。そんな恐ろしいことはできないから，入り口でシャットアウトする，これが自己防衛というものなのである。

よく誤解があるのは,「親にだけはこのことを知らせないで欲しい」と訴えるこどもは,親のことを気にしてるので親との関係ができていて,愛着の問題がないのではないかと捉えてしまうことである。これこそ,ジーナの言う「安全基地の歪曲」にあたる愛着障害である。本来,どんな悪いことをしても,「そうか」とわかってくれるのが安全・安心の基地である。もし本人が,余計叱られることを恐れていれば,それは論外の基地機能のなさだが,心配をかけたくないからと言う場合,心配をかけていいのが安全・安心の基地だが,その機能を充分果たせていない証拠なのである。

こうして,自己防衛は,自己正当化という様相を呈する。攻撃こそ最大の防御であるから,自分を守るには,ただ,「やっていない」と言うよりは,自分の都合や思いを,たとえ人から見て破綻した論理であっても,言い立てる方が自分を守れると思ってしまい,ウソにウソを重ねてつじつまが合わなくなったり,「そんなつもりではない」「いつも俺ばかりしたと疑われる」「わかってくれない」と自己主張してしまう。そして,ついには,他責,人のせいにするという形でも自己正当化しようとする。例えば,ついに自分がやったと認めてしまわざるを得なくなっても,「俺だけではない。あいつもしていた」「みんなやってる」「あいつが先にやった」等である。

こうなっては,教師や親に余計に叱る口実を与えているようなものであるが,本人たちは自己防衛のための必死の抗弁なのである。どうだろうか? ウソの正体,自己防衛という気持ちを理解すれば,杓子定規な警察や検事のような,事実を認めさせることを目標に「取り調べ」的対応をしては,関係性を壊すだけであることがわかるだろう。この子たちを叱ってはいけない,責めてはいけないのである。なお,注意すると余計暗い顔になったり,咳き込んだり(咳は表出行動なので,受け入れたくないが,それをことばで言えない時の代替身体表現として利用しやすい)という反応も,ささやかな自己防衛の一種である。目が泳ぎ,意識が飛んで,固まる,ウトウト寝てしまうという解離現象もこれにあたる。実際,記憶まで飛んでしまうこどももいる。追いつめてはいけない。そして,この自己防衛は,学校関係者にとっての保護者対応,保護者にとっての学校対応にも,非常に重要な現象であるので5章でも取り上げたい。

k.「❿自己評価の低さ」の理解

　愛着の問題は，安全基地・安心基地・探索基地機能不全であることを1章で述べたが，探索基地機能とかかわる現象が，この自己評価の低さである。わかりやすい自己評価の低さの現れ方は，自己否定である。発言は自信なさげで，自ら建設的なことを提案したり，しようとしないばかりか，「どうせ自分はできない，無理」とやる前から決めつける。これは，学習性無力感（learned helplessness）[49]と呼ばれる現象で，何度もできない経験を積み重ねると，「いくらやってもできない」という無力感を学習してしまう現象である。愛着の問題があると，失敗体験が少なくても，失敗していないのに簡単にダメと判断しやすくなる。昂ずると自信を喪失し，「自分は何もできない」「私はダメな子」という自己否定感となる。従って，「やってみよう」という意欲が生じない。これは学習指導にとって，非常に指導困難感をもたらす問題である。しかし，考えてみると，愛着の探索基地機能が働かないこどもには意欲は生まれにくく，失敗体験を支えてくれる安全，安心基地機能が当てにならないのでは，失敗の自己責任感による心の傷は大きくなる。これらはある意味，素直な反応でわかりやすい。

　しかし，自己評価の低さは，自己高揚（self-enhancement）という一見，正反対の現象で現れることも多いので注意が必要である。自己高揚のこどもは，なぜか自信たっぷりであり，「俺はすごい！」とよく言いふらしているし，褒めると嬉しそうに「やっぱり！　すごいもん！」と高揚するが，一瞬だけで，持続的な努力や行動とは全く結びつかない。いわゆる，単に褒めて行動を促そうとして失敗する例がこの場合なのである。自己高揚とは，何ができるという証拠や根拠のない自信と何ができたという実績のない自信なのである。できた経験ときっとできるという感触は，自己効力感（self-efficacy）として，確かな自信と意欲につながるが，そうした根拠のない自己高揚は，虚勢に過ぎない。もちろん，多少の自己高揚は，ポジティブ幻想（positive illusion）として，精神的健康や意欲の喚起につながることもある[50]が，この子たちのそれは，❾自己防衛のためのそれであり，前向きな要素として，機能することは期待し難い。

　しかし，そうせざるを得ない気持ちを理解し，受け止めることは必要なのである。自己否定，自己高揚という自己評価の低さをどう支援していくかは，学

校教育にとっての根幹である学習指導と深く関係する。低学力の問題とその学習指導の困難さの問題であるが，その支援のあり方については，3章，5章，終章で取り上げたい。

　これらの現象は，何も愛着の問題を持つこどもたちだけに言える現象ではなく，愛着という現象の特徴である。愛着の程度と意欲の強い関係，そして，その結果である学校教育の成果としての学力との関係については，終章で触れたい。

1.「❶片付けできない」理由

　ADHD児も片付けができないという特徴があり，愛着障害児も片付けができない特徴がある。どこが違い，どこで見分ければいいのだろうか？ ADHDは実行機能，行動の問題であるから，端的に言えば片付け方がわからない，片付けていても他のことにシフトしてしまい，片付け行動が完遂しないという「片付けができない」問題である。従って，適切な片付け支援，すなわち，片付ける場所をまず作り，机の中に仕切りを入れ，「左側は教科書，右側は筆記用具」と決め，そこに片付ける順番を決めて行動支援をする。片付けのための枠組みを作り，その枠組みに行動を当てはめる支援を徹底して，都度都度，「はい，教科書を左側に入れて！」と行動始発を喚起し，できれば「よくできた」と即時強化する支援を繰り返し行い，定着を図ればいいのである。

　ところが，こういう行動支援をしても，一向に改善が見られないのが，愛着障害，愛着に問題のあるこどもの特徴である。それは，「片付けようとする気持ちがない」問題なのである。従って，仕切りを無視して，教科書を押し入れようとしたり，そもそも片付けようとせずにほったらかし，片付けるように言うと，これでいいと言い張る。忘れ物でも，忘れて平気，教科書を出すように言っても出さない上に，出さなくてもいいと自己正当化する（自己防衛にあたる）という形になるのである。このように片付け支援に効果があるかどうかを検証すれば，また，片付けていない状況をどう捉えるかを問えば（ADHDならその状態を正当化せず，片付けないといけないとしっかり言える，言えるができないのである），峻別しやすいのである。

　付け加えれば，3章，4章でも触れるが，学校での生徒指導での問題となり

やすく，その意味で指導困難となる．規範行動が守れない，何度言っても違反行動をしてしまうケースについても，次のように区別ができる．「してはいけない」「こうすべき」とわかっていても，ついしてしまう，ついし忘れるのがADHDであり，そもそも，なぜ規範行動をしなければならないのか，そういう気持ちになれないのが愛着障害のこどもなのである．なお，ASDのこどもは，納得できない規範行動はできないし，拒絶するのが特徴である．

m.「❷自閉系の愛着障害」の理解

　抑制タイプの愛着障害，あるいは自閉症スペクトラム障害，あるいは自閉傾向があると「籠もる」という行動をしやすい．冬期には発見しやすくなるが，教室内でも，自席でフードや帽子を被ったり，夏期にはタオルや衣服で頭を覆ったりする．風邪をひいていないのに不必要なマスクをつけている．衿を高くしている，ズリ上げている場合もある．抑制タイプの場合は，不信感から来るガードであり，たいていの場合ここまでであるが，自閉傾向から来る場合は，そこに居場所感，居心地のよさを感じての自己の世界への逃避であるので，加えてカーテンの裏，狭い戸棚の中，ロッカーや掃除用具入れの中に籠もるというような囲い行為をする．ベランダや特別教室等の避難場所に立て籠もることもある．なお，脱抑制タイプ，ADHDが併存する場合，あるいは自閉傾向がある場合にもあるのだが，逆に，❹姿勢・しぐさで触れたように，裸足，衣服を脱ぐ，寒い冬でも半袖等の非常に薄着になるという刹那的開放的感触を求めることもある．

　そして，自閉症スペクトラム障害，自閉傾向があり，愛着障害，愛着の問題があるこどもの最大の特徴がその特異な攻撃性にある．先にも指摘したが，医療的診断でも，単にそれを衝動性としてADHD診断を受け，それが昂じて来ると，［表2-2］で示した，DMDD，ODD，CD，IEDというよくわからない原因不明の攻撃的障害として診断されるこどもたちの大部分が，この自閉性障害と愛着障害が併存するこどもたちであると筆者は捉えている．実は，こうしたこどもたちへの対応に苦慮してのアドバイス，コンサルテーション，スーパーバイズ依頼が大変多く，しかも確実に増えている．学校でも家庭でも，教師が，親が困っている，もちろんこども自身が一番困って，「助けてくれ」と叫んで

るのが，この現象なのである。

　具体的には，「頭を机に打ちつけ続ける」「ペンで人をつつく」「ペンを折り続ける」「傘でつついて壁やコンクリートの地面に穴を開ける」等，執拗な攻撃が特徴である。まさに，繰り返す常同行動的攻撃であるが，後の支援事例にもあげるが，こだわりから，眼鏡をかけている人を見ると必ず眼鏡を壊すまで攻撃するこどももいた。

　執拗さで言うと，［事例2-4］で紹介した，その子を見かけると，その時に何をしていなくてもいつでも攻撃するのは執拗な攻撃とも言えるが，これはもう1つの特徴のフラッシュバック的攻撃でもある。その子を見ると嫌な思いがフラッシュバックのように蘇り，つい攻撃してしまうのである。これも支援事例で取り上げるが，一旦収まった攻撃が，何かのきっかけで突然ぶり返すことはよく見られる特徴である。これは衝動性ではなく，自閉特有のフラッシュバックと捉えるべきなのは，この攻撃が衝動的というような偶然ではなく，何かの認知がきっかけとなる必然であり，執拗に繰り返されること，また，その繰り返しは何かの拍子で切り替えがあると，一切出なくなるというような1か0的であることからも裏付けられるのである。

　3つ目の特徴が，暴発的で手がつけられないほどのパニック的攻撃であるという点である。中学生くらいになると，暴れ出すと教師3人掛かりでも抑えるのに苦労するくらいであり，この時期の問題としてよく支援を求められる。残念なのは，ある意味，警察沙汰になってしまって，支援のチャンスからは遅すぎるということも多い点である。もう少し踏み込んで言ってしまえば，支援の術を持たない教師にとっては，警察沙汰にするしかないと諦めている節がある場合もあり，そう思いたくなる気持ちは痛いほどわかるが，非常に残念ではある。実は，保育園児でも，暴れ出したら手がつけられないという訴えはよくある。マイナスの対応をたくさん経験する前に，早めに支援する方が成功しやすいのはここで言うまでもない。中学校等での生徒指導の転換の必要性に気づいてのオファーも多くなっている。そしてこの攻撃が表しているのは，まさに，攻撃しているこども自身がわけがわからないことをわめきながら暴れていることからもわかるように，自分で自分がわからない，自分の気持ちがわからない状態になっている。これは，あまりに何かに執拗に認知が焦点化したため，しかし，

その適切な処理の仕方，感情のコントロールが自閉傾向故に苦手であり，愛着の問題故に学習・発達のチャンスが乏しく，混乱状態となり，いかんともし難くなって，爆発しているという状態と言える。居場所感，基地感の危機からくる，焦点的・混乱的・爆発的攻撃なのである（シャットアウトして固まる場合も）。

　そして，こうした焦点的・混乱的・爆発的攻撃の程度，頻度は，自閉症スペクトラム障害として捉えられる自閉度と，愛着スペクトラム障害とでも名付けるべき[12]愛着問題の程度のかけ算で決まるというのが，多くの事例を経験した筆者の実感である（2章3節c項参照）。愛着の問題を多く持っていれば，少しの自閉傾向で，こうした攻撃を起こしやすく，自閉傾向が強ければ，少しの愛着の問題で，やはり同じような攻撃行動を起こしてしまうのである。このようなこどもたちへの支援については，4章で取り上げたい。

n.「❸関係性の視点」：しっかりかかわる養育でも生じる理由

　聞き取りや観察，情報を総合して，一見，親あるいは養育者が愛着的かかわりをしてるように見えても，愛着障害や愛着の問題は生じる。これは，「愛情の行き違い」現象と呼ぶことができる。

　例えば，こどもの欲しがっているものと親が与えるものがずれる，欲求と授与の食い違いは，アンビバレントタイプのこどもに多い。「これでがまんしなさい」「こっちの方がいいよ」と，親はそれでこどもが納得したと思い込んでいるが，こどもには不満が残っている場合が多い。そもそも，アンビバレントのこどもの特徴を思い出してみると，ストレンジ・シチュエーションにおいて，親との再会というのは，何事にも替えがたい嬉しいできごとのはずなのに，一旦置き去られた，見捨てられたという思いが強くて，それを素直に受け入れられないというズレが生じていることに留意したい。こうした気持ちのズレが愛着の問題であり，1章で指摘したように，今のこどもたちの問題は，物理的に親がいない問題と同じくらい，いや，それ以上に親がいるのに期待どおりに自分の思う通りに構ってもらえない不満であり，期待が大きく当然視するほどその落差は大きく，実際のかかわり方が不適切かどうかより，その期待と捉え方の認知の差の方が影響度が強い場合も多いのである。

　こどもをアンビバレントにしてしまう，親の不適切な対応のわかりやすい一

例を挙げよう。親にはぐれて彷徨って、やっと親を見つけて喜んで駆け寄ったこどもに、親が「もう！どこに行ってたの？」と叱ってしまう場合である。心配のあまり、ついそう言ってしまう気持ちはわからないではないが、再会の喜びを一瞬にして叱咤というマイナスの出会いにされたこどもの気持ちは、まさに「会えてよかったのに、叱られて嫌だった」とアンビバレントになる。

このように、親がこどもの期待に添えないのは、親が子育てに関心を持てないネグレクト傾向のある養育でも当てはまるのは当然だが、親がこどもの期待に添おうとするあまり、過保護、過干渉にかかわり過ぎる場合にもそうなることに留意したい。自然と自分の思いを受け止めてくれるのが、まさに期待通りであって、根掘り葉掘り、「こうじゃないの」「こうでしょ」とかかわるのは、こどもの期待に添おうとしているのではなく、親がこどもを期待通りに動かしたいのだと、こどもにも察知できることであり、そのズレに気づいた時のショックは計り知れないものであり、そこまででなくても、何となくそういう雰囲気を察知すると、わざと困らせる等の「安全基地の歪曲」的行動につながるのである。

また、タイミングのズレもよくあるケースである。こどもが欲しい時に愛情をくれないで、もう欲しくなくなってから、お仕着せがましく与えようとしたり、欲しがる前に手回しよく、先に与えてしまう場合（過保護・過干渉にあたる）がそれである。これは、こどもにとっても嬉しくないばかりか、親にとっても、こどもが嬉しがるという報酬をもらえず、こどもとかかわる意欲を失いかねない。例えば、こどもがおもちゃを欲しがったが、何度訴えても親はダメと買わなかった。しかし、何度も訴えてるうちに、誕生日が近づき、仕方がないので買ってあげるよと根負けして買ってしまうというようなことはないだろうか？これは、どうせ買い与えるなら、本当に欲しがった時にすぐに与える方が報酬感が高くなるのに、そのタイミングがズレているという意味で効果が低くなる問題がある。もちろん、欲しがったらすぐにもらえるという学習をさせないように留意することは別途必要だが。また、実はこういう経緯で与えると、こども自身は、端的に言えば、「自分が粘ったから親に買わせることができた」と自分の手柄として、その報酬を捉えるチャンスを与えてしまう可能性も高めてしまうのである。「何度も謝れば許す」という対応も同様に、「本当に反省したら許しても

える」ということではなく,「何回も謝ったフリをすれば親に自分を許させることができる」という学習につながることもあり得るのである。

こうしたタイミングのズレは認知のズレであり,自閉傾向のある愛着の問題を抱えるこどもにこうした問題は起きやすい。自閉傾向があれば,特異な認知が特徴として想定される。後述の事例がそうであるが,本人の思い,捉え方とズレた,叱るタイミング,叱り方は,❶自閉系の愛着障害の攻撃性の問題を起こす原因となりやすいのである。それは,本人が悪いと思っていないのに,「校則だから」「常識だから」と叱ってしまう場合にも起こるので注意が必要である。本人にとって,その規則は当然ではなく納得できていないという認知のズレを踏まえた対応が必要なのである。こどもの認知,気持ちに気づくことの大切さが指摘できるだろう。

こどもの捉え方を察知し,気持ちの状態に気を配ること,それは大切なことだが,それだけでは親や教師は疲れてしまう。見逃してしまうこともあり得るだろう。どうすればいいのだろうか？

表 2-6：関係性の視点から見たこども理解とこども支援のポイント

①観察の精度を上げる工夫：
　　自身の行動の理解⇔こども理解⇔周囲の出来事の理解
　　　　　　　　（認知）　　　（認知）
②捉え方，気持ちの持ち方を学習支援：
　　行動の共有⇒認知の共有⇒感情の共有
　　　　　（ズレ）　　（ズレ）

［表2-6］にまとめたように,2つの方向性が指摘できる。1つは,観察の精度を上げる工夫である。ズレに気づくには,こどもだけをしっかり見ていたのでは不十分であって,同時に周りで何が起こっているのかをしっかり見ること,加えて,その周りの様子のどこに対象のこども（以後,支援対象としてのこどもを年齢的には,乳幼児,児童,生徒と幅広い発達段階を対象とするので,まとめて,「対象児徒」と表現する）は一番注目し,反応しているかを捉えようとすること,そして,かかわっている自身の行動をしっかり意識することである。「何をし

たから，どうなったのか」と「こどもの行動に自分はどう反応したか」を捉えておけば，ズレに気づきやすくなる。そして，2つ目は，捉え方，気持ちの持ち方を学習する支援をしていくことである。いつ起こるかわからないこどもの反応にいつも寄り添うのが疲れるなら，そのズレをなくすための学習をこちらから仕掛けることである。同じ行動を共にし，その捉え方を互いに確かめ，違いに気づき共有できるところを探し，そこから感じた感情の違いに気づき，共有できることを探すという取り組みである。これこそが，支援の根幹であることに改めて気づけるのが，関係性の視点から，行き違い，食い違いに気づくというチェックポイントなのである。

　以上のように，丁寧な観察と背景の理解があれば，愛着に問題を抱えるこどもを発見し，支援することは可能なのである。

o. 愛着に問題を持つこどもの事例

　前項までに紹介した特徴を持つこどもの実際の事例をいくつか紹介してみよう。支援については，章を改めて3章で解説したい。

事例 2-19：愛着障害児への支援→小学校教師 CS 事例

　養護施設から通う小学校3年生男児。授業中，目についた物をさわりまくり，女の子の髪の毛を引っ張るなどの迷惑行為が出る。強く叱ると逃げようとしたり暴れたり。他のこどもを叱っているとしがみつきにくる。ことばも幼く，繰り返しのことばが多い。担任の先生にはべたーっと甘えてくる。ロッカーの上に乗る。精神科医により，衝動性抑制，向精神薬等を処方されている。

　この多動は，明らかに愛着の問題である。べたーっと甘えるところから，脱抑制タイプだろうが，二次障害で誰彼なくには甘えられなくなっている。担任教師を慕っているのだろう。叱っている時のしがみつきは虐待経験がある可能性が高い。診断こそ，ADHD とは断定していないが，衝動的な部分があるとの認定をして投薬治療をしているが，衝動的行動と見える部分を抑制するための避難的対症療法に過ぎず，眠気，脱力感が副作用として出て，明らかに活動性が落ちることで，結果的に，落ち着いているように見えるだけである。これ

では，根本的な治療とは言えない。この事例は，心理的支援により数カ月で不適切行動が激減し，学校適応ができた例である。

> **事例 2-20：愛着障害への対応→児童福祉施設 SV 事例**
>
> 小学校5年生男子。衝動性が高いとして，ADHD・反抗挑戦性障害との診断。身体的虐待，ネグレクト経験がある。他児の些細な行動を気にしてトラブルが多い。無断下校も多い。部屋のベッドの周りにフィギュアをびっしり並べてその他のものを境界に並べている。指導員にべったり甘える。

ADHDとの診断は誤診，もしくは作為的な診断と言わざるを得ない。それは，指導員に甘える様子に加えて，ベッドの周りにモノを敷き詰めて，囲まれたい行動が愛着障害を示している。また，他児との些細なことでのトラブルは自閉傾向のためと思われる。ペーパークラフトなどの作業をしている時は，落ち着いているのもその証拠である。この事例では，男性の指導員が愛着の対象として，取り組んだ例である。

> **事例 2-21：注目して欲しい行動をするこども→保育所保育士 CS 事例**
>
> 4歳児年少男児。何もされていないのに他児を噛む。高い所に登ったりして注目して欲しがる。抱っこ〜と甘える，気持ちがわかるよと伝えると抱きついて泣く。2歳の弟も同様な行動をしている。

高い所に登るのも，抱っこと甘えるのも，注目を求めての行動であり，こうした行動は叱ってもなくならない。本児は幼少なので，抱っこの要求に応えると比較的その場は満足するが，それでも何度もそれをせがむことになるし，その回数は減るどころか，むしろ増えていくのである。弟も同様な行動を示しており，本児たちの親の不適切な，あるいは不十分なかかわりが想定される。叱っても受け入れてもだめなら，どうすればいいのか？ どのような対応が必要かは3章で述べたい。

事例 2-22：通常家庭の抑制型愛着障害児→小学校教師 CS 事例

小学校5年生男子。母は育児忌避感とその罪悪感からの溺愛。教師が教室に入って来た際、椅子が転がっていたので、「誰だ？」と聞くと、いきなり、指摘もされていないのに「俺ちゃうわ〜」とわめく。モノを投げたり、暴言は頻繁に発する。寝転びながら蹴るという寝技的攻撃をよくする。

母親の溺愛という自己都合で本当に本児を愛していない無責任な愛情に敏感故に、自分は本当に守ってもらっている感がなく、自己防衛的になっているのだろう。母親は、仕事でこどもと同居時間が少ない故に、甘やかしている。また、その一方で、自分がいない時に何かがあると、本児がやったと決めつけて、叱っている。教師には犯人捜しの意図がなくても、本児は誰の責任かの追及と捉えやすいのが自己防衛傾向である。従って、「何があったのかを知りたい」と事実を問う姿勢が大切である。その上で、どんなことにもそれをした気持ちがあるはずなので、それが知りたいとして、「どんな気持ちだったから、そうしたの？」と聞き、その気持ちを受け入れることから始めるべきである。そうした対応、感情のコントロール支援については、3章と4章で後述する。なお、本人との間で関係性ができてきていれば、自分がやったか、やらなかったかのサインを決めておく支援は簡便で効果的である。それを見たら、本人との間でだけ確認し「わかった」と伝え、本人がやった場合は、個別に対応し謝れば許されることを学習するのがよい。本人がやっていない場合も、他の犯人捜しをしない方がいい。なぜなら、犯人捜しはやっていない本人の自己高揚感しか高めず、愛着修復にはマイナスだからである。

事例 2-23：暴言を発する児童への支援→小学校教師 CS 事例

小学校4年生男子。以前、父からの身体的虐待経験あり。母子家庭。しなければいけないことができない。他児を責める暴言が多い。「どうせオレなんて」が口癖。自分の考えは曲げない。母はお手上げ状態。知識は豊富。家に帰ると頑張れないからと、宿題をしてこないので残しても、友人と遊んでできない。

自己評価の低さが自己防衛のための攻撃に転じている事例である。この場合のように、せっかく宿題のために居残りをしているのに、他児がかかわっており、後述するような教師との必要な関係性を確保できていない事例である。

> **事例 2-24：愛着障害への対応→中学校教師 CS 事例**
>
> 中学校2年生男子。服装がだらしない。上靴を脱いで横座り。人の視線を感じると集中できるが、普段は多動で立ち歩き、よそ見。校外で万引き等のグループで使い走り、盗み役をさせられ巻き込まれ、利用されやすい。

愛着の問題から女性への不信があり、女性教師に反抗しているが、仲間志向性から非行グループに巻き込まれている。こうした不適切な行動やグループに紛れる形で、愛着の問題を紛わせているのが非行の問題である。こうした不適切な関係性に勝る強い関係性の構築こそが必要な支援である。

> **事例 2-25：自閉傾向があり愛着の問題を抱えるこども→母親への CS 事例**
>
> 中学校2年生男子。自室の机の下に、ゴミや要らないものをため込む癖がある。いつも、母は注意しつつ片付けていた。ある日、本人は、もうそれはやめようと思い、しないで3日ほど経った。しかし、以前ため込んだものを週末に片付けようと思って放置していた。それを母が先に見つけて、また同じように注意をして片付けようとして、本人が激怒。母をケガさせる暴力を振るうほど、大暴れしてしまった。

本人には自閉傾向があり、母親は、「ここに置いてはだめよ。片付けなさい！」という、いつもの対応をしただけのつもりなのに、そのタイミングが本人の「もうやめている」という思いと食い違ったため、「わかってもらえない！」という思いが爆発した攻撃行動の例である。決して、虐待等の不適切なかかわりだけが、愛着障害を生むのではなく、通常の家庭でこうした問題が多く発生しているのである。

[引用・参考文献]

1) Ainsworth, M.D.S. & Witting, B.A. 1969 Attachment and exploratory behavior of on-year-olds in a Strange Situation. In B.M.Foss (Ed.) *Determinants of infant behaviour (Vol.4)*. Metheun, pp.113 – 136.
2) Ainsworth, M.D.S., Blehar, M.C., Waters, E., & Wall, S. 1978 *Patterns of Attachment: A psychological study of the Strange Situation*. Hillsdale, NJ：Erblaum.
3) 遠藤利彦 1998 乳幼児期の発達　下山晴彦（編）教育心理学Ⅱ―発達と臨床援助の心理学―　東京大学出版会.
4) 数井みゆき・遠藤利彦 2005 アタッチメント―生涯にわたる絆　ミネルヴァ書房.
5) Main, M. & Solomon, J. 1990 *Procedures for indetifying infants as disorganised/disoriented during the Ainsworth Strange Situation*. In M.T.Greenberg, D.Cicchetti & E.M.Cummings（Eds.）*Attachment in the preschool years*. Chicago：University of Chicago Press, pp.121 – 160.
6) American Psychiatric Association 2000 *Diagnostic and Statistical Manual of Mental Disorders Fourth Edition Text Revision*. American Psychiatric Pub. 高橋三郎・大野裕・染矢俊幸（訳）2003 DSM-Ⅳ-TR 精神疾患の診断・統計マニュアル（新訂版）医学書院.
7) American Psychiatric Association 2013 *Diagnostic and Statistical Manual of Mental Disorders：Dsm-5*. American Psychiatric Pub. 日本精神神経学会（監修）高橋三郎・大野裕・染矢俊幸・神庭重信・尾崎紀夫・三村將・村井俊哉（訳）2014 DSM-5 精神疾患の診断・統計マニュアル　医学書院.
8) World Health Organization（WHO）2003 *International Statistical Classification of Diseases and Related Health Problems*. 融道男・小見山実・大久保善朗・中根允文・岡崎祐士（訳）2005 ICD-10 精神および行動の障害―臨床記述と診断ガイドライン―　医学書院.
9) 近藤清美 2012 きずなの発達　米谷淳・米澤好史・尾入正哲・神藤貴昭（編著）行動科学への招待―現代心理学のアプローチ―［改訂版］　福村出版. pp.84 – 96.
10) Zeanah, C.H. & Boris, N.W. 2000 *Desturbance and disorders of attachment in early childhood*. In C.H.Zeanah（Ed.）*Handbook of infant mental health（2nd ed.）* Guilford Press. pp.353 – 368.
11) Zeanah, C.H., Boris, N.W., & Lieberman, A.F. 2000 *Attachment disorders of infancy*. In A.J.Sameroff, M.Lewis, & S.M.Miller（Eds.）*Handbook of developmental Psychopathology（2nd ed.）* Kluwer Academic/Plenum Publishers. pp.293 – 307.
12) 岡田尊司 2011 愛着障害―子ども時代を引きずる人々―　光文社新書.
13) Levy, T.M. & Orlans, M.O. 1998 *Attachment, Trauma, and Healing：Understanding and Treating Attachment Disorder in Children and Families*. CWLA Press. 藤岡孝志・ATH研究会（訳）2005 愛着障害と修復的愛着療法―児童虐待への対応―　ミネルヴァ書房.
14) Prior, V. & Glaser, D. 2006 *Understanding Attachment and Attachment Disorders：Theory, Evidence and Practice*. The Royal College of Psychiatrists. 加藤和生（監訳）2008 愛着と愛着障害―理論と証拠にもとづいた理解・臨床・介入のためのガイドブック―　北大路書房.
15) 数井みゆき・遠藤利彦 2007 アタッチメントと臨床領域　ミネルヴァ書房.
16) 岡田尊司 2012 発達障害と呼ばないで　幻冬舎新書.

17) 米澤好史 2013 愛着障害・発達障害への「愛情の器」モデルによる支援の実際　和歌山大学教育学部紀要（教育科学），63, 1-16.
18) 米澤好史 2011 学校教育における発達支援の事例検討—発達障害と問題行動への対応—和歌山大学教育学部教育実践総合センター紀要，21, 31-40.
19) Frances, A. 2013 *Essentials of Psychiatric Diagnosis : Responding to the Challenge of DSM-5*　大野裕・中川敦夫・柳沢圭子（訳）2014 精神疾患診断のエッセンス— DSM-5の上手な使い方—　金剛出版.
20) 森則夫・杉山登志郎・岩田泰秀（編著）2014 臨床家のためのDSM-5虎の巻　日本評論社.
21) 米澤好史 2004 子育てと子育て支援のあり方に関する心理学的考察　和歌山大学教育学部教育実践総合センター紀要，14, 113-122.
22) 米澤好史・平野直己・稲垣秀一 2007 子育て支援研修のためのサポート体制構築に関する調査研究　こども未来財団平成18年度児童関連サービス調査研究等事業助成研究報告書，財団法人こども未来財団，全83頁.
23) 米澤好史・米澤稚子 2003 教育環境における「学習の場」理論の提唱と実践　和歌山大学教育学部教育実践総合センター紀要，13, 37-46.
24) 藤田絵理子・米澤好史・柳川敏彦 2012「トリプルP」グループワークでのファシリテーター・受講者・受講者の子どもという三者関係における認知，情動の相互影響力についての分析の試み　和歌山大学教育学部教育実践総合センター紀要，22, 183-192.
25) 岡崎慎治 2011 ADHDへの認知科学的接近　心理学評論，54(1), 64-72.
26) 米澤好史 2014a 愛着障害・社交障害・発達障害への「愛情の器」モデルによる支援の展開と意義—愛着修復プログラムと感情コントロール支援プログラムの提案—和歌山大学教育学部紀要（教育科学），64, 9-30.
27) 高橋英之・宮﨑美智子 2011 自己・他者・物理的対象に対して構えを変える脳内メカニズムと自閉症スペクトラム障害におけるその特異性　心理学評論，54(1), 6-24.
28) 米澤好史 2012 こどもの学習意欲・人間関係に与える受容の効果—調査研究と発達障害への支援事例から導かれる「愛情の器」モデル—和歌山大学教育学部紀要（教育科学），62, 1-8.
29) Barkley, R. A. 1997 *ADHD and the nature of self-control*. Guilford Press.
30) 宇野宏幸 2003 注意欠陥多動性障害と行動抑制—認知神経心理学的モデル—特殊教育学研究，40(5), 479-491.
31) 村上晴美 2012 記憶　米谷淳・米澤好史・尾入正哲・神藤貴昭（編著）行動科学への招待—現代心理学のアプローチ—［改訂版］　福村出版　pp.183-194.
32) Godden, D. R. & Baddeley, A. D. 1975 Context-dependent memory in two natural environments : On land and underwater. *British Journal of Psychology*, 66, 325-331.
33) 宮川充司 2014 アメリカ精神医学会の改訂診断基準DSM-5—神経発達障害と知的障害，自閉症スペクトラム障害—椙山女学園大学教育学部紀要，7, 65-78.
34) Premack, D. & Woodruff, G. 1978 Does the chimpanzee have a theory of mind? *The Behavioral and Brain Sciences*, 1, 515-526.
35) Baron-Cohen, S., Leslie, A. M. & Frith, U. 1985 Does the autistic child have a "theory of mind"? *Cognition*, 21, 37-46.
36) 金澤忠博 2007 超低出生体重児の行動発達　南徹弘（編）発達心理学［海保博之（監修）

朝倉心理学講座3］　朝倉書店　pp.128-143.
37) Miyake, A., Friedman, N.P., Emerson, M.J., Witzki, A.H., Howerter, A. & Wager, T. D. 2000 The unity and diversity of executive functions and their contributions to complex "frontal lobe" tasks: A latent variable analysis. *Cognitive Psychology*, **41**(1), 49-100.
38) 湯澤美紀　2011　ワーキングメモリと発達障害―支援の可能性を探る―心理学評論, **54** (1), 76-94.
39) 湯澤正通・湯澤美紀（編著）2014　ワーキングメモリと教育　北大路書房.
40) 湯澤美紀・河村暁・湯澤正通（編著）2013　ワーキングメモリと特別な支援――人ひとりの学習のニーズに応える―　北大路書房.
41) 米澤好史　2008　幼児の認知活動特性・学習発達到達度・人間関係特性尺度と教師，親の教育方針態度尺度・子育てこども観・指導方針尺度の作成　和歌山大学教育学部教育実践総合センター紀要, **18**, 69-78.
42) 米澤好史　2014b　愛着障害・社交障害・発達障害への「愛情の器」モデルによる支援の効果―愛着修復プログラム・感情コントロール支援プログラムの要点―　和歌山大学教育学部教育実践総合センター紀要, **24**, 21-30.
43) 米澤好史　2015d 「愛情の器」モデルに基づく愛着修復プログラムによる支援―愛着障害・愛着の問題を抱えるこどもへの支援―臨床発達心理実践研究, **10**, 41-45.
44) Winnicott, D.W. 1986 *Babies and their mothers*. Addison-wesley, Reading.
45) Butterworth, G. 1995 Origins of mind in perception and action. In C. Moore & P.J.Dunham（Eds.）, *Joint attention : Its origins and role in development*. Lawrence Erlbaum. pp.29-40.
46) 田中信利　2000　こころの共有と理解―共同注意がもたらすもの―　保育者と研究者の連携を考える会（編）　保育における人間関係　ナカニシヤ出版　pp.24-25.
47) 竹下秀子　2009　あおむけで他者，自己，物とかかわる赤ちゃん―子育ちと子育ての比較行動発達学―発達心理学研究, **20**(1), 29-41.
48) Harlow, H.F. 1959 Love in infant monkeys. *Readings of Scientific American*, 92-98.
49) Seligman, M.E.P. & Maier, S.F. 1967 Failure to escape traumatic shock. *Journal of Experimental Psychology*, **74**, 1-9.
50) 小林知博　2012　異文化と自己　米谷淳・米澤好史・尾入正哲・神藤貴昭（編著）　行動科学への招待―現代心理学のアプローチ―［改訂版］　福村出版　pp.56-69.

3章

愛着修復プログラムの実際

1.「愛情の器」モデルの構築

a.「愛情の器」モデルの発想の着眼点1：体制の問題「バラバラな対応」

　こどもの問題行動への支援でうまくいかないパターンのいくつかを紹介し，なぜ，その支援では成功しないのかを説明するために，「愛情の器」モデルを提唱する。その上で，そのモデルに基づく，学校および家庭で愛着障害のこどもを実際に支援する愛着修復プログラムを紹介したい。なお，一部は既に様々な論文に紹介したので，適宜，参考にしていただきたい[1)2)3)4)5)]。

> **事例 3-1**：友達にいつも暴力を振るう子→児童福祉施設心理士SV事例
> 　養護施設の5歳年長男児，些細なことで友人に暴力を振るうトラブルメーカー。しかし，訪問者には誰彼なくなついて甘えたがる。

　本児は，大人と見ると誰彼となく甘えることから，脱抑制タイプであることがわかる。その反面，同年代のこどもの人間関係に問題を起こしやすい特徴から，自閉傾向もあることが推測される。愛着障害は，前述したように，物理的に親の養育を受けられないこどもにも当然起こりやすい。それは，産みの親と切り離された問題というよりも，児童養護施設での養育環境の問題も多々ある。特に，以前の児童養護施設の様々な環境的問題は，筆者もかかわって調査したこと[6)7)]を1章2節a項で述べたが，愛着障害への支援を考えた際の問題は，大人数のこどもを少数の指導員が指導，養育する体制にある。これは何も児童養護施設に限ることではなく，児童福祉施設一般にそうであり，また学校園所でも共通のことで，このことが愛着の修復支援の障壁になっている。

　1章2節f項で述べたように，愛着修復を1人から始めるための1対1関係を作るための体制として，施設，学校は最初からその困難性を持っていると言

わざるを得ない。家庭でも，次子誕生以降に，長子の愛着の問題や今までできていたことができなくなったり，赤ちゃんのように甘えたり泣いたりする，いわゆる赤ちゃん返りという現象が生じるのも，長子の1対1の関係の危機感なのである。

　加えて，1対多の関係だけでなく，児童養護施設では，職員の休日確保のため，指導員の交替等により，こどもの関係性認識はより混乱する。複数の指導者がかかわる体制では，必ず2章4節i項で述べた「愛情試し行動」が生じてしまい，愛着障害は修復と正反対の方向に進んでしまう。指導についての一貫性の確認や連携が行われておらず，指導員が各自の判断で指導，対応しているような施設では，そうした問題がより増幅されやすい。

　これは，学校や家庭でも起こっている現象である。学校では，クラス担任が決まっていて責任の所在は体制上は明確であるが，学年団で対応を統一したり，学校として対象児徒への対応を統一，連携できていない場合も多い。特別支援教育では，校内委員会の設置がされ，対応が統一の方向で進んでいるが，それが愛着障害にまで適切に機能していない場合はまだまだ多い。家庭では，例えば，父親と母親でのかかわり方の話合いや役割分担ができておらず，それぞれが自分の思い通りに接している例はたくさんあり（母親の相談等で，父親がそうした話合いに応じてくれないとの訴えは多い），祖父母がたまに来ては，何でも買い与えたりして不適切な甘やかしをしたり，昔ながらの厳しい叱咤をしたりして，統一的かかわりを乱す例は枚挙に暇がない。また，親自身も不安になって，こどものペースに乱されて，対応をコロコロ変えて，かえって混乱させている例もある。

　この事例でも，調査研究の際にもアドバイスしたが，できるだけ各児の担当者を固定し，交替勤務の場合は副担当者を固定してあてるようにし，主担当者が不在時の情報は，必ず勤務復帰時に口頭もしくはメモでもいいので，主担当者に集約することが肝要である。こうしたフォーマルな関係であっても，それをこども支援体制にとって有益な形に構造化する工夫が必要なのである。児童養護施設では，その後，グループホーム等，家族形態での養護形態が進み，体制は著しく改善されていることも申し添えたい。

b.「愛情の器」モデルの発想の着眼点2：指導の問題「生徒指導の困難さ」

　　事例 3-2：発達障害児の愛着の問題による二次障害→教師CS事例
　　暴言，器物破損，暴力等の生徒指導上の問題についての指導困難性。何度注意しても，どうしても繰り返してしまい，規範行動が身につかないのはどうしてか？（小学生高学年・中学生・高校生・特別支援学校生の攻撃行動）

　2章4節k項，l項，m項で述べたが，生徒指導上の問題は，まさに感情未発達，未学習の問題であり，当たり前のことができない，してはいけないことをしてしまうという問題に繰り返し対応しても成果が見られないため，体罰とは言わないが，その指導がエスカレートするか，諦めて，放置するかのどちらかになってしまいがちなのである。自閉傾向がこれに加わると，指導はさらに困難を極める。
　この理由を改めて解説すると，規範行動も含めて，「こうしなさい」と言われたことを「そうしよう」という気持ちとともに，どこかにしっかり保管できていて，いつでも取り出して思い返すことができれば，「そうする」ことができる。「してはいけない」と言われたことを「しないでおこう」という気持ちとともに保管して，取り出し可能であれば，不適切なことを「しない」でおくことができる。後者の方が圧倒的に難しい点は支援方法のところで触れるが，こうしたことを実行するのが苦手であるのが，実行機能の問題を持つADHDである。学習障害でも，保管や取り出しという記憶機能の障害で困難になるが，愛着障害は，そういう気持ちになれないということ，なっても一時的で持続できないという一番やっかいな問題を抱えるのである。
　この気持ちの保管の場所が，「愛情の器」になる。こうした「愛情の器」ができていないこどもに，いくら指導しても難しい。規範行動を学習するチャンスもなかったが，愛着形成の学習成果を受け止める準備も維持するエネルギーもない状態では，規範行動は学習されないのである。愛着がこどもの行動の枠組み・土台となっていて，受け入れられるという経験がないために，その枠組み・土台が形成されておらず，規範行動とその時の気持ちを学んで蓄積する場所がないのである。愛情は，貯めておくと行動のエネルギーとして使うことが

可能となるが，それも期待できないのである。このエネルギーは学習指導では，2章4節k項の学習意欲の問題と関係するのである。

　それと比較して，嫌な気持ち，ムカつく気持ち，ストレスを溜める器は，学ばなくても，誰でも最初から持っている[8]。そして，ムカつく，嫌な気持ちがその容器一杯になるまでに溜まると，突然，外に溢れ出す。これが突然，「キレる」という現象である。[図3-1]にそのメカニズムを図示した。

図 3-1：「ムカつく」から「キレる」へのモデル

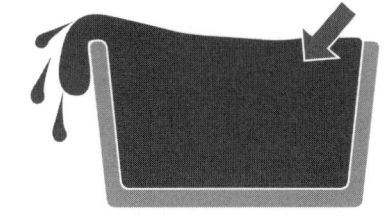

＝ムカつく気持ちを入れる器は元から誰にでもある⇒ムカつく気持ちを溜める容器が一杯になると流れ出す⇒高反芻＝欲求不満より自尊心脅威で敵意満タン。
cf.) 愛情を貯める器は作ってあげないとできない

　不安・ストレス・ムカつく気持ちが溜まった場合のはけ口としての攻撃であり，こういう攻撃行動は，「間接的攻撃」と呼ばれる攻撃行動である[9)10)]。いわゆる「直接的攻撃」が，攻撃対象である相手にその主な原因があるのに対して，「間接的攻撃」は，そういう気持ちを溜めてしまった自己に攻撃の主要な原因があるもので，「自己原因性」が特徴である[8]。本人のストレス等のはけ口として行われる攻撃なので，相手は誰でもいいのである。従って，ムカついて「キレる」対象は，ムカつく原因を作った人に向かうとは限らない。その場にいたぶつけやすい対象が選ばれる[8]こともある。ある意味，混乱的な攻撃行動である「キレる」の特徴である。また，例えば，指導中のついでに，服装，態度等の気づいた点を注意として付け加えると，こどものキレやすさを助長する経験をした教師も多いかもしれない。このモデルではその理由も説明できる。指導という嫌なことをされている最中に嫌なことが付け加わると，この容器の中の嫌な気持ちは，泡立ち，かき乱されて，満杯でなくても溢れ出すのである。こうした現象は，4章で取り上げる自閉傾向と愛着障害併存のこどもの攻撃行動と相通じるものがあるのは，メカニズム的に同じだからである。そして，

「キレる」という現象は，ある意味，感情の未発達，未学習の状態を表しているが，複雑な現代社会では，感情のコントロールが不能なことが多く，「キレ」やすくなるのかもしれない。

c.「愛情の器」モデルの発想の着眼点3：指導の問題「恐怖政治の落とし穴」

　ここで，生徒指導上の問題と関連して，いわゆる「恐怖政治」の問題を取り上げたい。ことばは悪いが，「恐怖政治」という表現がわかりやすいので使わせていただく。先述の指導困難なこどもに，諦めずに対処しようと思ってのこととは思うが，強圧的に押さえつける抑止力を行使した統制的指導を「恐怖政治」と呼びたい。ただ，行動の強制と抑制を成功させるためだけに強い指導で押さえつけることが，たまたま成功することもある。もちろん，4章で述べる自閉症スペクトラム障害と愛着障害を併せ持つこどもには，高圧的にかかわればかかわるほど，パニック的攻撃行動を誘発しやすく，いわゆる手がつけられない状態になる。そうして，今までの生徒指導では対処できないこどもの出現に気づき，手立てを考え，アドバイスを求めていただくきっかけになるのだが（前述したように，そうならず警察のお世話になるしかない場合もある）。

　そこまででない場合，こうした恐怖政治が成功してしまう場合がある。問題は，「その後」なのである。翌年違う教師が担任となり，その教師が前年度の担任とは異なり，こどもに共感的にかかわるタイプの教師で，こどもにとって物わかりのよさそうなフレンドリーな教師に見えると，前年度に恐怖政治の下で封印していた攻撃行動が，何と次年度に表れてしまうのである。こうして，問題行動が続発するようになると，挙げ句の果てには，今年度の担任の指導力が問われたり，責任論に発展してしまうケースもある。そうならなくても，今年度の担任にとっては，何とも言い難いやるせない思いに捕らわれるに違いない。

　この原因は，恐怖政治を実施して，一見何事もない形でその年度を勤め上げた前年度の担任にこそある。この年度に溜め込まれたこどもの不満やストレスは，目の前の怖い教師の前では出せなかったのに，優しげな今年度の教師には，「これは出せる」と思って出してしまうのである。「こちらの先生の方が気持ちをわかってくれるかも」と思えるほどの余裕もなく，いや，そう思うほど，かえっ

てそれに甘えて出してしまうのが愛着障害の特徴である。こうした状態が次年度に生まれるということ自体，前年度の指導は表面的抑圧にすぎず，心の発達には何の貢献もしていないばかりか，悪影響を与えていたことを示している。数年間担任が続いた後の場合，荒れは余計酷くなる。それだけストレス，ムカつく気持ちが溜められたことの証拠となる。にもかかわらず，前年度までの担任は，その後の荒れを見るにつけ，聞くにつけ，むしろ自分の指導力と指導方法に自信を持ってしまい，またその指導を続けてしまう。こうした理不尽な巡り合わせを，筆者はたくさん見聞きしている。その様子を見た，愛着の問題を少し持っている周りのこどもたちが，我も我もと騒ぎ立て（あれが許されるなら，これもというパターン），たちまち学級崩壊状態となり，荒れが生じるパターンも少なくない。指導や支援の成果は，当該のこどものその場限りの行動で評価されるのではなく，こども自身にどんな永続的な学習が成立し，力として身についたかが問われなければならないと，いつも思わされる。

　家庭でも同じことが起こっている。例えば，父親があまりにも理不尽な暴君で，厳しく体罰まがいにこどもに接している場合，その対象となったこどものストレスのはけ口は，温和な母親に向けられ，母への暴言，暴力が起こる場合が多々ある。こういう場合に限って父親は協力的でなく，自分がいるからこどもをコントロールできていると自負してしまっている点がよく似ている。この場合，こどもは父の前だけ，おとなしくするという行動の学習しかできておらず，こうした「恐怖政治」が愛着形成に悪影響を与えることがわかるが，これはある意味，そうした父親の恐怖刺激に対して，母親が安全基地機能を果たせていない，守り切れていないことにあるのだろう。この場合，物理的に安全基地機能を完全に果たせなくても，すなわち母親のかかわり次第で父を変えなくても愛着形成は可能ではある。3節の事例で触れたい。

d.「愛情の器」モデルの発想の着眼点4：指導の問題「暴言に傷つく」

　事例 3-3：暴言を吐く生徒への支援→教師CS事例
　　言葉の暴力，暴言で「バカ」「死ね」などの否定的な言葉への対応，受け止め方は？

実際，こどもとの対応に苦慮されている先生方から愚痴めいてうかがうことが多いのが，この暴言の問題である。しっかりかかわっているこどもから，「死ね！ 消えろ！ クソ○○！」と，何故言われなければならないのかと傷つき，落胆してしまうのは当然かもしれない。しかし，ことばは字句通りの意味を伝えているのだろうか？ 本当にこどもは目の前の教師に死んで欲しくて，「死ね！」と叫んでいるのだろうか。

　筆者の大学時代の恩師，清水御代明は，ことばには3つの機能があると指摘している。すなわち，伝達・思考・行動調整の3機能である[11]。ことばに伝達機能があることは誰でも知っているが，「死ね」と言われたことを伝達機能として捉えるからショックなのである。

　思考機能は内言として心の中でつぶやくもので伝達されないものだが，これを漏れ聞くことは少ない。

　ことばに行動調整機能があることは，ヴィゴツキー（Vygotsky,L.S.）[12]，ルリア（Luria,A.R.）[13]等の発達心理学者によって指摘された（自閉症児の言語機能獲得やADHD児の実行機能にも関係する）が，暴言は，実はこどもたちの「へたくそ（不適切な表現だが，敢えてこう表現したい）」な行動調整機能なのである。誰にぶつけていいかわからない混乱した気持ちを，目の前にいる教師や親にぶつけてしまう。もしかして，教師や親が「勉強しろ！」ということば掛けで，そのきっかけを誘発しているかもしれないが，基本的にはそれまでこども本人に溜まっていたストレス，ムカつく気持ちが表れたに過ぎない。我々大人も，疲れた時，「ああ，疲れた～」とつぶやきながら椅子に腰掛けたり，「よし！ やるか！」と掛け声をかけて，気を奮わせているのも行動調整機能の一種である。愛着の問題を抱えるこどもたちは，よりストレスフルで他責的なので，「そこにいる他者」に攻撃的なことば，暴言を発してしまうのである。もちろん，そこには，威嚇による自己防衛や強制的介入への拒絶，虚勢等も入っているが。そもそも，攻撃的態度には，「生活習慣の枠組みのなさ」「適切な関係性のなさ」「自己評価の不当な低さへの不満」などが関連している[14]。

　事例 3-4：暴言を吐く生徒→中学校教師CS事例
　　中学校2年生男子。教室から飛び出すと，廊下の床を殴りながら，「この廊下

のクソ野郎！」と怒鳴り続けた。

　［事例3-4］をどう受け止めたらいいだろうか？「廊下が何をしたの？　廊下に罪はない！」とあたり構わず，ストレスをぶつけているこどもを批判したい部分もあるかもしれない。しかし，彼はわざわざ教室を飛び出して，廊下を殴っているのである。本人がどこまで意識していたか，本人自身も思い出せないのだが，「ここで暴れてはまずい」という感情コントロールの一端がそこに見られる。そして，彼は決して対人的な暴言による虚勢，威嚇を行ってはいない。このように自己原因性の攻撃は，相手は誰でもいいから苛立ちをぶつけたいものなのだと改めて知らされる事例なのである。

　言語の行動調整機能で言うと[15]，2歳児までの「進め」と言うと「進む」行動を学習した段階では，「止まれ」と言っても「進む」が，3歳になると「進め」で「進み」，「止まれ」で「止まる」ことができるようになる。これは単なる外言に反応しただけで，4歳になるとそれを自分の内言に変換して，「止まれ」の合図に「止まらなきゃ」と思って「止まる」ことができるようになる。そのために合図から行動までに「間」が入り，ワンテンポ遅れる。これは，規律行動の学習にも言えることだが，愛着の問題を持つこどもたちは，この内言による行動調整ができないので，いきなり気持ちを暴言に換えて発してしまっているのである。そう考えると，この子たちの発達段階が想定できるではないか？　そう，「見かけは中学生に見えても，感情的にも認知的にも4歳にはまだ達していない」と心得なければならないのである。このように以前論考したことがある[16]が，認知機能の発達を行動や感情の発達上の問題への支援に応用することは有益であり，発達支援や愛着修復プログラムにもいろいろと取り入れている。

　繰り返して言うが，暴言を浴びせられた大人にその根本的原因はない。従って，暴言に傷ついている場合ではない。これはこどもたちの「助けて！」という叫び声が形だけ相手を非難する言明を借りて表明されているのだから，心して支援すべきサインと受け止めたい。そして，既に確認したように，何度言っても言うことを聞かないこどもは，叱り続けても言うことを聞くわけがない。どのような支援が必要かと考えた時，この「ムカつく気持ちを入れる器」に対

抗して,「愛情を入れる器」が必要である——と発想したのである [14) 17)]。

e.「愛情の器」モデルの発想の着眼点5：「愛情欲求エスカレート現象」

事例 3-5：要求がエスカレートするこども→学童保育指導員への CS 事例

暴れたりの問題行動も多く，また，かかわりを強く求めてくるので，それに応えて，特別待遇すると翌日はさらに要求がエスカレートして困る。どうしたらいいか？

[事例3-5]のような相談は，2000年頃から学童保育の場で多くなった。学校では問題を起こさない子が，学校でおとなしくさせられたストレスのため，学童保育の場で我が儘を言ってしまうというパターンである。ストレスフルでムカつく気持ちのはけ口として攻撃行動が起こるとわかって,「叱ってはいけない」と気づいた感受性が高い支援者や教師，親が，次に陥りやすい支援の落とし穴がここにある。こどもの要求を受け入れて，ただ優しく対応すれば，愛着の問題が解消するような簡単なものなら，愛着障害の支援で困った事例がここまで多く出て来るはずがない。

この事例にあるように，このこどもの問題行動の背景がわかる指導員は，こどもの要求に応えて，例えば「今日はおやつ2つあげるね！」と特別扱いする。この特別扱いは，指導員にとっては,「今日特別に愛情を注ぎ込めば，明日からきっといい子でいてくれるはず」という期待から来ている。しかし，この期待は，翌日儚く裏切られるのである。翌日のその子は，また暴れたり，かかわりを求めたりして効果が全く見られない。そこで，仕方なく，昨日同様の特別扱いをしようとして，指導員はさらにショックを受けることとなる。わかりやすくおやつで説明すると，昨日，他児の倍の2個おやつをあげたとして，今日も同じ2個のおやつをあげようとすると，その子は「おやつ2個じゃ足りない！ 3個くれ！」と要求する。それを拒絶すると，昨日以上に暴れてしまうのである。ここで,「おやつ3個」を認めたら？ そうである。翌々日は,「おやつ4個」でないと収まらなくなる。これが，2章4節i項で取り上げた，愛着障害の「愛情欲求エスカレート現象」である。

この場合，指導員の対応のどこに問題があったのだろうか？　まず，決定的な誤解は，「今日特別に愛情を注ぎ込めば，明日からきっといい子でいてくれるはず」という期待である。この期待の前提になっているのは，「今日，注いだ愛情は貯められ持続するはず」という思いである。しかし，「愛情は自動的には貯められないのだ」「どの子もはじめから愛情を貯められるわけではないのだ」ということに気づかなかった点にある。しかし，これは，気づけと言っても難しい。たいていの人間は，幼少期にこれを無意識のうちに経験してしまっていて，当然のように思ってしまっているからである。だいたい，こどもに優しくできる人は，自身が愛着形成ができていてそういう経験を無意識にしている人だけに，気づくのには苦労するのである。

　重要なことは，愛情は貯めないと満足感が満ちて安心できない，行動のエネルギーにもなり得ないということである。そして，その愛情を貯める器は，養育者が養育の関係の中でこどもの中に作ってあげなければならない。初めからあるものではないということだ。これが「愛情の器」の発想であり，この「愛情の器」がなければ貯められない。従って，ただ優しくしても，ただ愛情を注ぎ込むだけでも，それはこどもにとって文字通り，「甘やかされた」だけであって，事態は何も解決しないのである。

　さらに，こどもの要求に応えるだけというこどもペースでは，こどもの愛情不足が大きいほど，こどもの満足が得られないことをこの事例は示している。また，こどものニーズを全く無視した大人ペースでは，叱って抑圧する「恐怖政治」にしろ，溺愛型の過保護・過干渉にしろ，2章4節n項で取り上げた，こどもとの「愛情の行き違い」現象が生じ，こどもの欲求不満にきめ細やかに対応できない。こどもペース，大人ペースのどちらにも問題があり，それを乗り越えなければならないという点も愛着修復支援のポイントなのである。

f.「愛情の器」モデルの概要

　前項までを踏まえて，構築された「愛情の器」モデルを［図3-2］に示した。［事例3-5］で取り上げた学童保育のこどものように，通常家庭に育ち，父母の養育を受けているのに愛着の問題を持つこども，愛情の行き違い等で愛着形成不全（ジーナの安全基地の歪曲もこの一種）の状態のこどもを［図3-2］の

a図のように表してみた。せっかくもらった愛情を貯めておく器,「愛情の器」の底に穴があって抜けていて,愛情を貯めておくことができないため,いくら愛情を注いでも,その場の刺激だけが本人にとって快感となり,いつも0からのスタートになってしまう。貯めてある愛情と今もらった刺激としての愛情の合算が期待できないのである(実際の場合,貯めてある愛情があれば,この合算は単なるたし算を超えてかけ算的に増幅される)。

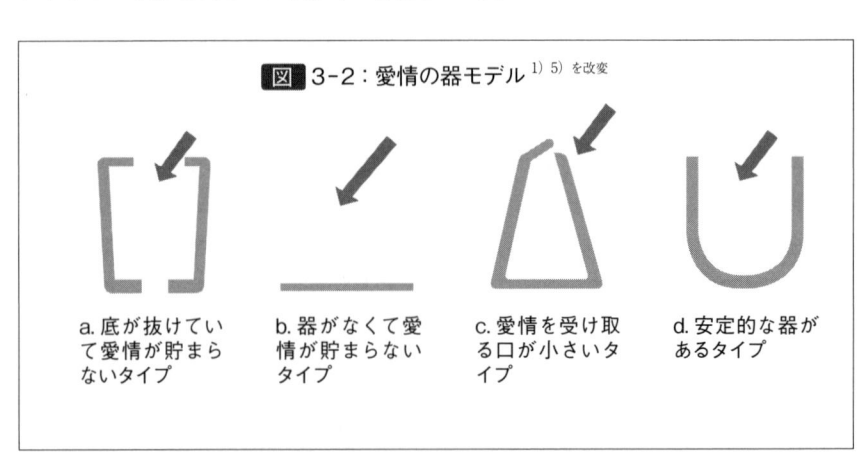

図 3-2：愛情の器モデル [1) 5)] を改変

a. 底が抜けていて愛情が貯まらないタイプ

b. 器がなくて愛情が貯まらないタイプ

c. 愛情を受け取る口が小さいタイプ

d. 安定的な器があるタイプ

しかし,愛情が貯められない状態では,実は0からのスタートとも言えない,もっと別の問題を抱えてしまうのである。それは,人は刺激に対して,最初は刺激と感じても,同じ強度の刺激が続くと,[馴化 (habituation)]と呼ばれる現象が起こり,刺激と感じられなくなる。この現象が愛情という刺激に対しても働いてしまうということなのである。例えば,部屋に入ってすぐなら,芳香剤の匂いに気づくだろうが,その匂いはしばらくすると,決して薄まっても消滅してもいないのに,さっき感じた匂いをあまり感じなくなるだろう。これが馴化という現象である。すなわち,愛情を貯められない場合,愛情をもらう快感だけを求めると,最初はもらった愛情刺激を愛情刺激と感じられるが,次に同じ量の愛情刺激をもらっても,もう愛情刺激とは感じられなくなってしまうのである。愛情刺激を愛情と感じるには,より強い愛情刺激が欲しくなる現象,これが[愛情欲求エスカレート現象]なのである。

こどもの要求に応えて,ただ愛情を与えるだけでは愛情刺激の快感のみを学

習し，馴化（habituation）が起こり，愛情要求はエスカレートする。かかわる親・養育者・教師・支援者の立場から表現すると，底の抜けた器に愛情を注いでいる状態だからこそ，いくらかかわっても手応えがない，こどもの行動は改善しないと感じてしまうことになるのである。

　b図は，ジーナが［愛着未成立障害］と呼び，ICD-10で反応性愛着障害と脱抑制性愛着障害，DSM-Ⅳ-TRでは抑制型愛着障害と脱抑制型愛着障害，DSM-5では反応性愛着障害と脱抑制性社交（社会関係・社会的関与）障害と呼ばれる愛着障害を表している。愛着が成立していないということは，「愛情の器」が形成されていないということになる。ただ，どちらかというと，抑制タイプがこのb図にちょうど合致し愛着を求めないのに対して，脱抑制タイプはbとaの中間的で，大人を求めてくる分，aよりも不完全だが何らかの「愛情の器」は形成されていると考えた方がいいように思われる。

　d図が，安定愛着タイプ，愛着形成されているこどもで，受け取った愛情を貯めておき，いつでもそれを使うことができる。大人はこどもがすべてこのタイプのこどもと誤解，期待してしまうが，そうではないのである。この「愛情の器」ができていないから，不完全だから，こどもとのかかわり，支援がうまくいかなかったのである。この「愛情の器」は親・養育者・教師・支援者がこどもと一緒に作らなければならないものなのである。頼まなくても初めからある「ムカつく気持ちを溜める器」と違って，初めからあるのではない，作らないとできないものであると今更ながら再認識すべきなのである。

　ところで，c図は1章2節c項で，愛着形成は「母子相互作用」であると述べたこと，また，2章4節n項で「愛情の行き違い」が愛着障害の一因になると述べたこととかかわって，そうした愛着の問題を持つ場合の「愛情の器」の特徴として表したものである。こどもの形成している「愛情の器」は，その取り入れ口がこどもの特性によって，あるいは養育環境の結果として，違っているのである。愛情を取り入れる口が狭ければ，親・養育者・教師・支援者が注ぎ込んだ愛情は入りにくい，受け止められないのである。これは，愛情を受け取るのが，愛着の発信行動が苦手なこどもがいることを表しているのである。もちろん，この図には，矢印を器の入り口から逸らすことで，親・養育者・教師・支援者がこどもに愛情が受け取りやすいかかわり方をしていない場合も表

している。もちろん，愛着の第一義である，こどもが助けてと逃げ込んだ時に拒絶するということも含まれる。

　c図の「愛情の器」の入り口にフタがついているが，これは親の愛情である矢印が，器の入り口に向けて発せられても，器の入り口が閉じてしまっていることもあることを示している。これがタイミングの問題を表している。そして，このc図とa図を組み合わせて，入り口が狭く，フタが付いていて，底が抜けている「愛情の器」を持っている場合が，自閉症スペクトラム障害と愛着の問題を併せ持つこどもということになる。なお，c図のような「愛情の器」を持つこどもには，[表3-1]（P105）の受け入れ口支援を実施する。3章3節i項で触れたい。

　「愛情の器」のないこどもに約束，規範遵守は難しく，3章1節b項で前述したように，「約束は守られない」「期待は裏切られる」。こうしたモデルを想定できるとどうだろうか？「なぜそうなるの？」と悩み，もやもやしていたものが，少しすっきりしないだろうか？ モデルとは，こうして事態と現象を簡潔にわかりやすく整理し，腑に落ちるためにある。そして，腑に落ちたら，「闇雲にこれでもか！」と力ずくの支援に走るのではなく，ではどうすればいいのか？ という支援方法も自ずと見えて来るのである。

g. 愛着修復プログラム構築のために ──「愛情の摘まみ食い現象」防止──

> **事例 3-6：通常家庭の愛着障害の女児への対応→小学校教師CS事例**
>
> 小学校2年生女子。床に寝転がったり，這ったりする。「こんにちは」とみんなにあいさつに回る等の立ち歩きが時たま出る（ムラのある多動）。父は厳しく叩かれた等の暴力の訴えも。母も厳しく褒められた経験が少ない。裸足で上靴を履いている。時々，上靴も脱いでいる。

　[事例3-6]は，通常家庭のこどもであるが，父母共に拒絶的で，愛情を求めてさまよっている脱抑制タイプの愛着障害の多動である。その他，床への接触等の特徴も見られる。ここで，1章1節b項の[表1-1]の親子関係のウソ・ホントクイズの①の質問に対するもう1つの解説を加えたい。ADHDの

場合，多動のこどもを叱っても，抑制制御の困難を持つため，意味がない・無駄であると，2章3節a項で指摘した。では，愛着障害の本児の場合はどうだろうか？　脱抑制タイプの場合は，叱っても意味がないばかりか，叱るとその多動は余計増えてしまうのである。叱られることも本児にとっては構ってもらえたと感じることであり，2章4節i項で述べた注目欲求行動と相まって，叱られるためにまた多動を繰り返すことになってしまう。もしこどもが抑制タイプだったらどうなるだろうか？　叱られたことで，不信感が増幅され，修復し難い人間関係の溝ができてしまう可能性がある。自閉症スペクトラム障害を併せ持つ場合に，不用意に叱ってしまうと，2章4節m項で述べたパニック的攻撃行動が起こってしまう可能性がある。どの場合でも，不用意に叱ってはいけないのである。もちろん，「叱る」という支援に全く意味がないわけではなく，「叱らなければならない」時もある。この点は，5章で触れたい。

　では，「褒めれば」いいのだろうか？　多くの学校ではそうなのだが，実はこの事例でも，決して頭ごなしに叱りつける教師ばかりではなく，優しく接しようとしていた。多くの教師が気に掛けていて声をかけたり，少しでもいいことをすると褒めたりして，何とか支援しようと試みていたのだが，みんなで優しくするとどうなるか？　実は事態は全く好転しないばかりか，多動や注目欲求行動は余計増えてしまうのである。ことばは悪いが端的に表せるので，この現象を「愛情の摘まみ食い現象」と呼びたい。この子も，ちょっと構って欲しくなったら，そこにいる教師にアピールして構ってもらい，少し愛情をもらったら，貯めずにすぐまた他の場所に移動し，また愛情が欲しくなったら，そこにいる教師に構ってもらうという状態を表現している。こうして，一向に「愛情の器」に愛情は貯まらず——いや誰にも「愛情の器」を作ってもらえず，特定の誰とも愛着形成できないまま，この子はさまよい続けることになってしまうのである。

　「愛情の器」モデルを使いながら，なぜ愛着形成ができていないのか，なぜ愛着修復が難しいのかの説明をしてきた。だいたい，材料は出揃ったと思われるので，節を改めて実際にどのような愛着修復プログラムとして支援しているのかの概要を説明したい。

2.「愛情の器」モデルに基づく愛着修復プログラムの概要

a. 愛着修復プログラム開発の意図

　愛着修復の試みはいろいろな指摘や実践も紹介されている[18)][19)][20)][21)][22)]が，筆者は，そうした実践研究を参考にして，「愛情の器」モデルに基づく愛着修復プログラムを構築したわけではなく，現場の思い，現場での実践からボトムアップ的に作られたプログラムであることをまず述べておきたい。現場での思いは，筆者には次のように受け止められた。

　すなわち，家庭での愛着形成ができていない，もしくは不完全な場合に，学校園所から家庭に「もっとしっかり家庭でこどもさんを見てください」と要請をすると，かえって「学校の問題なのだから学校で何とかすべきだ」という回答が返って来たり等，学校園所と家庭との関係が悪化するという問題が現場で多発している。こうした現状を見聞きするにつけ，こどもにとっても，学校にとっても，そして家庭にとってもいいことはないという三竦み状態，八方塞がり状態を何とか解決したいという思いから，この愛着修復プログラムの開発を試みたものである。

　また，こどもを養育する福祉施設の現場では，親の不適切な養育の結果の歪みを残したこどもたちとのかかわりに奮闘しつつも，困難を極めている現状において，また，いずれ親元に帰る場合，親が劇的に対応を変えることが期待できない現状で，同じ轍を踏まないようにこどもを成長させるにはどうすればいいか，あるいは親元ではなく社会に出て行く場合，様々なトラブルを起こさず，社会適応ができるだけの素地を育てるにはどうすればいいかという切実な思いに応えるべく開発を試みたものでもある。

　そして，保護者の心配や相談に寄り添い，どのようにかかわっても愛着の問題がどうしても残ってしまうこどもについて，今度は学校側に理解がなく，学校とうまく連携できない場合，保護者の立場で，より強固な愛着形成に寄与するかかわりはないのか，特に発達障害を併せ持つ場合，そのニーズは非常に高く，そうした声に応えるためにも開発を試みたものでもある。

　学校園所や福祉施設，家庭等の現場に様々な形で出かけ，実際にこどもを見，情報を収集し，教師・指導員・支援者・保護者・養育者の困り感を共有

し，こどもの困り感を受け止め，その橋渡しをする意図を持ってかかわり，何とか一定の方向性を持つかかわり方のプログラムとしてまとめたのが，このプログラムである。もちろん，こどもとその環境は多様であり，それぞれに応じたアレンジや工夫は必要で，その一端は後で事例として検討したい。いずれにしても，愛着形成・修復は，必ず親がやらねばならないわけではない。「いつでも・誰にでも」できるのである。必要だと感じた人がまず，率先して試みていただきたい。次項にそのプログラムの概要を示したい。そして，改めて，この「愛情の器」モデルに基づく愛着修復プログラム（Attachment Restoration Program based on "Receptacle of Affection Model"）を各英単語の頭文字をとって，ARPRAM（アープラム）と命名することとする。

b.「愛情の器」モデルに基づく愛着修復プログラム（ARPRAM）の4つのフェーズ

前節で示した「愛情の器」モデルに基づく愛着修復プログラムによる支援は，4つのフェーズ（段階）に渡って行う。フェーズと呼ぶのは，それぞれの段階がリジッドではなく，行きつ戻りつ融合アレンジして支援を行うことが必要な場合もあるからである。［表3-1］に4つのフェーズの愛着修復プログラムによる支援の概要を示す。なお，各フェーズは数個の支援プログラム実施単位からなり，番号で明示してある。

表 3-1：ARPRAM：「愛情の器」モデルに基づく愛着修復プログラム [1) 3) 5)を一部改変]

第1フェーズ）受け止め方の学習支援
① キーパーソン決定と役割分担によるわかりやすい支援体制の構築
　（1対1の関係づくり＝学習機会）→（キーパーソンに，つなぐ・情報集約）
② 受容による信頼関係の構築
　（行動・結果ではなく，まず意図・気持ちを受け入れる→情報として叱る）
　⇒演技・1人プレイ・連携プレイ
③ 感情ラベリング支援＝感情学習⇒気持ちの受け止め方支援⇒信頼関係確立
　（感情未学習⇒気持ちに名前をつける＝同じ対応は，幼児から効果的＋予告）
　図3-2：cタイプ⇒受け入れ口支援：愛情を与える予告＋今，これの意識化＋受け止め確認
④ 振り返り支援＝「行動」・「結果」・「感情」・「愛着対象」の対連合学習
　（具体的行動・その結果認知・付随する感情認知・キーパーソンとともに意識）
　＝「分けて」「つなぐ」支援：図3-2：aタイプ⇒欠落→刺激過多⇒各要素への意識化支援

⑤「愛情の器」づくり＝愛着は行動エネルギー源・揺るぎなき関係性構築
　（エネルギーを貯めて使うために「できたこと」をセットで意識化）

第2フェーズ）こども主体だが大人主導の働きかけへの応答学習
①（求めに応ずるだけ，後手対応では効果ない）⇔不適切行動を叱るのも後手
　⇒主導権を奪い返す方法＝「予知していた」「別の作業で＝握手」
②働きかけと報酬強化＝報酬意識への着目支援→自立のための支援
　（わかりやすい枠組み＋即時効果的に褒める／プラスのyouメッセージ）
　（行動の変化指摘支援：最近できるようになったことを褒める／なぜを問うな！
　いつを問え⇒代替行動支援）
③役割付与支援＝わかりやすい関係性＝関係意識化・行動の枠組み・報酬効果
　（関係意識化＝関係性意識の持続効果＋居場所感効果）
　（行動の枠組み＝わかりやすい関係性に埋め込まれた学習枠組み提供）
　（報酬効果＝報酬提供の必然性と効率的効果）

⇔［生徒指導上の問題行動が既に多発している場合は，第1フェーズ ①決定後，
②と平行しながら，第2フェーズの①〜③を先に実施する］
⇔他者評価を気にする場合，自己高揚的な場合，関係性を作る場合は，1対1の個別支援が効果的

④気持ちの変化意識支援
　（変化してきた感情に着目して褒める）⇒気持ちの予知・言い当てが効果的

第3フェーズ）他者との関係づくり
①橋渡し支援：キーパーソンを軸に他者とつなぐ支援
　（「もう大丈夫」といきなり本人の単独行動に任せず，細やかにつなぐ支援）
　・［正の橋渡し支援：キーパーソン＝通訳（行動モデル）］：両者の間で，意図・
　気持ちを認知伝達支援，行動支援
　・［負の橋渡し支援：キーパーソン＝歯止め（認知モデル）］：両者の気持ちを受け止め保留，伝達判断する認知支援
②相互の意図付加サポート：気持ちの通訳
　（行動では見えない意図・気持ちの通訳＋意図・気持ちの行動化支援）
③見守り支援：寄り添う移動基地
　（フォロー＝修正と確認「だったよね」）
④探索基地化：固定基地（基地の固定化）
　（「こうするんだね」と確認して行動始発→「こうしたよ」と報告を受け，評価）

第4フェーズ）自立に向けて・次年度に向けて
①参照ポイントづくり：参照視転換
　（参照視を参照ポイントに転換し，ここが行動のポイントと意識化）

②ツール意識の育成：セット学習のメタ認知
　（「こういう時はこうすればいい」という学習）＋グッズ・いつ・誰と・何を
③できる素地・基盤力を評価：行動の基盤づくり
　（「こういうことができてきたね」＋「その素地・背景・気持ち」を褒める）
④受け渡しの儀式：新・旧キーパーソンと本人の3者立ち会いで実施。
　・小学校中学年以降：**参照ポイントノート**の活用「いつ・誰と・どんな時」
　・幼児・小学校低学年：**参照視伝達**「これやったね，これなんです，やろうね」

　これらが，基本プログラムの全体像である。それぞれの具体的な支援の内容は，節を改めて，フェーズごとに詳しく説明したい。

c. 心理教育プログラム，ソーシャル・スキル・トレーニングとの違い

　なお，この愛着修復プログラムによる支援と，いわゆる，心理教育プログラム，ソーシャル・スキル・トレーニング（SST）との違いは，実際の生活に埋め込まれた活動にアプローチする点にある。学習のためのセッションやエクササイズは用いない。これは，エクササイズ等プログラムで獲得したスキルは，実生活に活かすという部分での困難性があり，そうした問題を克服するために，実生活での活動に直接関与，支援する形をとる。もちろん，実際の生活活動に介入することそれ自体の難しさはあるが，現場で絶えずこどもとかかわっている教師・支援者・親・養育者にとって，むしろ現実と違う状況での学習支援は違和感を感じやすく，こうした現実に埋め込まれた支援プログラムの方が馴染みやすい。そして，現実生活での様々な出来事のインパクトに負けない，効果的成果を得られるための工夫として構造化されたのがこの4フェーズの支援なのである。

　実際の現場では，それこそ現場のプロである教師や指導員，支援者は自分なりにアレンジして，工夫をさらに付け加えてやりやすいように使っていただいているし，そうしていただくのも制作者のねらいの一つである。なぜなら，雁字搦めに「こうしなければならない」と決めつけたプログラムでは，実施者も萎縮し，こどもへの効果もちぐはぐになりがちである。何よりも，実施者には伸び伸びと実施していただきたいからである。そして，実はそうした現場の実施者（教師・指導者・支援者・親等）の工夫，アイデアを参考に，取り入れ，吸

収して，このプログラムも成長・発展して来たのである。一方で，実施者の理解不足，誤解，取り違え等があり，失敗や挫折も経験してきたが，それもプログラムの修正に反映させ，やはり発展に寄与できてきたと，改めて受け止めている次第である。

3. ARPRAM：「愛情の器」モデルに基づく愛着修復プログラム第1フェーズ

a. ①キーパーソン決定と役割分担によるわかりやすい支援体制の構築その1：キーパーソンの決定の必要性

　第1フェーズでは，愛情を注いだだけではなぜ支援にならないかという問題に対応するための愛情の器の作り方に関する支援の工夫である。

　まず，大切なのは，せっかくかかわったことが，注ぎ込んだ愛情が，こどもに届かなければ意味がない。そのための体制づくりが，3章1節g項で指摘した「愛情の摘まみ食い現象」を防ぐことになる。思いついた時に，あるいは必要とされた時に，その都度，勝手にみんなでかかわったのでは，愛着形成，修復に寄与しないのである。そこで，まず最初に必要なことが，キーパーソンの決定なのである。1章2節f項で述べたように，「愛着形成は1人から」であるからこそ，みんなでかかわってはいけないのである。こどもが，誰と愛着を形成していいかわからない状況を支援者，かかわる側が作ってしまっているのである。そして，1人とかかわったからと言って，そのままその関係に留まるものではないので，「キーパーソンから一生離れられない」という状態にはならない。キーパーソンは，躊躇なくキーパーソンとなればいいのである。また，重要なのは，1章2節b項で述べたように母親機能は「誰にでも」担うことができる。また，[事例2-20]で紹介したように，実際にキーパーソンは，男性，女性，大人，こどもを問わず設定できる（基本的には，機能的可能性として，普通は大人の方が期待できるので，最初は大人のキーパーソンを設定しようとするが，こどもがびっくりするほど，その機能を担うこともある。また，こどもがその機能を担ってしまったことによる，その子の発達に与える影響も考慮すべきである）。

b. ①キーパーソン決定と役割分担によるわかりやすい支援体制の構築その２：キーパーソンの決定のために

　誰をキーパーソンにするのかの決定は，極めて重要な作業である。まず，第一に考慮しなければならないのは，対象児徒と１対１の関係を作ることができるかというポイントである。一緒にいる時間が多いことより，１対１の関係ができるかどうかの可能性をもとに決めるべきである。もちろん，家庭がそうであるように普通は一緒にいる時間が多いほど，１対１の関係にも移行しやすい。しかし，一緒にいてもバラバラな行動をして，愛着形成が難しい親子もいるように，一緒にいるだけでは意味がない。また，学級担任は１対多の関係を構成しているため不適かというと，そうではない。たとえ，学級で，授業で，１対多の対応をしても，都度都度，注視し，声をかけ，対象児徒と１対１の関係を確認することは可能だからである。この場合，一緒にいる時間が長いことが功を奏する。しかし，担任として一緒にいる時間が長くても，こうした個別の働きかけを一切しなければ，キーパーソンとしては不適なのである。

　特別支援学級担任，保健室養護教諭，リソースルームや取り出し授業担当教員，ティームティーチング（TT）担当教員，その他加配教員，介助員，支援員，ヘルパーであれば，対象が少人数であるため，比較的，１対１の関係を作りやすい。従って，キーパーソンの候補として挙がりやすい。その上で，担任がキーパーソンになった方がいいか，これらの立場の人がなった方がいいかの判断をするわけである。また，児童福祉施設等では，必ず対象のこどもの担当指導員を決めることが必要となる。家庭では，誰が母親役なのか，家族でしっかり話合い，決めることが肝要となる。１章２節f項で述べたように，完全分担制で，月水金が母親，火木土日が父親という機械的分担は，絶対に避けるべきこととなる。

　また，この１対１の関係は，こどもの学習機会の保証の意味もある。２章３節h項の学習障害児への支援で述べたように，１対多では学習困難でも，１対１では，きめ細やかな学習支援の機会を持ちやすくなる。もちろん，１対１でも，「ただ，市販プリントをやらせる」等の不適切な指導が行われる可能性は否定できないが――。

c. ①キーパーソン決定と役割分担によるわかりやすい支援体制の構築その3：
　　役割分担とつなぐ連携

　人間関係は，かかわる可能性のある人がたくさんいて，そのかかわりが様々であるというように，複雑なほどわかりにくい。前項までで述べたように，本来，愛着形成対象は1人しかいない。とすると，周りの大人とキーパーソンとの差別化，こどもにとって誰がキーパーソンかをわかりやすく呈示することが必要となる。これが役割分担の必要性である。キーパーソンのかかわり方については，次項以降に取り上げるとして，それ以外の人はどのようにかかわればいいのだろうか？

　基本的には，他の教師，指導員は，あまりかかわらないようにする。自ら，率先して声かけしたり，指導したりはしない。もし，対象児徒から何かを求められたら，「それは，○○先生に言ってね」とキーパーソンにつながるように誘うことが大切である。教師，指導員としては，ここで求められたのに，ある意味「断る」のに気が引けるだろう。しかし，実はこれは「断る」のではなく，キーパーソンに「つなぐ」のであるから，躊躇なく「つないで」いただきたいのである。実際にキーパーソンの所まで連れて行くのが一番望ましい。もちろん，殊更つっけんどんにしたり，冷たくする必要はないので，「（おせっかいせず）普通にかかわる」スタンスでいいと思われる。

　対象児徒に自閉傾向がある場合，もしくは，安全基地の歪曲等の捉え方の問題がある場合は，「叱り役」「遊び役」「○○教え役」というように，他の教師，指導員の役割を固定した方が，こどもにとってわかりやすく効果的である。

d. ①キーパーソン決定と役割分担によるわかりやすい支援体制の構築その4：
　　情報集約と連携体制

　3章1節a項の［事例3-1］でも述べたように，児童養護施設等，予め交替勤務等でキーパーソンが不在の時が想定される場合，対応として必要なサブキーパーソンの設定についても学校等で決めておくことは重要である。物理的にキーパーソンがそこにいても，緊急な状況でかかわれない，あるいは突発的事情で不在となることは，当然想定されるからである。そして，極めて重要なことは，そのサブキーパーソンは，キーパーソン不在の時に対象児徒に起こっ

たこと，どのようにかかわりをしたかを必ずキーパーソンに伝えることである。それだけではなく，他の教師，指導員は，見聞きした対象児徒にかかわる情報をキーパーソンに集約し，一元化することが大切なのである。対象児徒のことを，一番よく知っている人，何でも知っていることがキーパーソンたり得る条件なのである。そのために，5章でも後述するが，学校，施設内での教師間，指導員間，支援者間，家庭でも父母祖父母等家族間の情報共有と連携は極めて重要な支援体制の要素と言えるだろう。

　そして，これは4節の第2フェーズ①の説明で述べることと関係するのだが，キーパーソンが対象児徒の情報をすべて握っていると，対こども，対象児徒との関係性において，主導権を握る優位な地位を占めることができるのである。対象児徒のことをよく知らなかったり，対象児徒に聞かなければわからない状況では，こどもはキーパーソンは「自分のことを知らない」と受け止める。そう受け止めると，単に「わかってくれない」というマイナスの思いだけではなく，キーパーソンは「自分のことを知らない，自分より地位の低い人間だ」と歪んだ優越感を持って接してくることを許してしまうのである。人間関係でどちらが上だとか，優位性を競うのは不快な方もおられるだろうし，筆者自身もそういう捉え方は嫌で，したくはない人間である。しかし，愛着の問題を抱えるこどもは，自分の地位，位置関係に非常に敏感なのである。対こどもとの地位関係で優位な地位に立てないということは，こどものペースに巻き込まれる，主導権をこどもに握られることを意味し，それでは愛着修復，形成は不可能なのである。地位的に低いと認識されて基地機能が担えるか，基地として頼りにしてもらえるかと問えばわかりやすいだろう。

　このように，キーパーソンは，「私だけ頑張ればいい」とキーパーソンだけが1人で頑張るだけでは無理である。無理解な他の教師がいれば，せっかく築こうとしている1対1の関係を邪魔されることも多々ある。また，実は，後で5章の保護者対応で触れるが，キーパーソンが築き上げた関係性は，家庭での不適切なかかわりで，「作れども作れども壊される」という可能性も高いのである。キーパーソン1人では頑張れないのである。だからこそ，キーパーソンを組織ぐるみで育てていく，盛り上げていく連携体制があって初めて，キーパーソンはキーパーソンたり得るのである。愛着修復支援は効果を生むのであ

る。その際，管理職のリーダーシップと舵取り，調整が必要なのは言うまでもない。筆者の支援・助言経験からも，管理職に理解があり，リーダーシップ機能を果たしてくれる場合にこそ，支援は成功しやすい。なお，そうしたことを調査的に明らかにした研究[23]もある。

e. ②受容による信頼関係の構築：行動・結果ではなく意図・気持ちを受容

キーパーソンは，まず対象児徒との信頼関係を結ばなければ，かかわることも愛着修復支援を実施することもできない。どうすれば信頼関係を結ぶことができるのだろうか？

それには，まず教師としての役割の捉え直しが必要である。不適切な行動をしたこどもには，教師としては注意，指導するのは当たり前の役割として意識されているだろう。これは，教師として当然すべき指導であることは間違いないだろう。また，心理学的に見ても，5章でまとめるように，限界と問題は多々あるにしても，その意義はもちろんある。しかしここで，対象児徒であるこどもの立場から見直してみよう。今までずっと，親や大人に注意，指摘され続けてきたこどもの立場から，その注意，指導は，また自分を否定し，傷つけるマイナスのかかわりにしか見えないだろう。それを自分を育てるプラスのかかわりとして捉えよという方が無理である。どうして，このような食い違いが起こるのだろうか？　それは，指導する側は「してはいけない」ことを教えているという捉え方だろうが，指導された側から言えば，「ついしてしまった」「そうしたくなってしまった」自分の気持ちなど，「全然わかってくれない」「踏みにじられた」という思いを抱きやすいということなのである。そういう思いを持たせて，関係づくりができるはずがない。

ではどうすればいいのだろうか？　悪いこと，不適切なことでも「していいよ」と認めればいいのだろうか？　それがとんでもない間違いであることは，何の異論もないだろう。そんなことをすれば，「これもしていい」とこどもはある意味，増長し，したい放題，いわゆる無法状態になってしまう。様々な学習をしていないこどもに，「何をしてもいいんだよ」ということほど，無策な支援はないだろう。それを恐れて，「してはいけない」と教師は指導したくなるのだが，ここで生じた受け止め方の違いはどこにあるのかというと，教師は，

「してはいけない」と「行動」を制止しようとしているのに対して，受け止めたこどもは「思いを踏みにじられた」と「気持ち」が受け入れられなかったことに苛立ち，「感情」の問題として捉えている。この食い違いなのである。

とすれば，キーパーソンが信頼関係構築のためにすべきことは，「行動」あるいは「結果」を受容する，認めることではなく，例えば，「ガラスを割ろうとした」のではなく，本当は「わかって欲しいというアピールをしたかった」という「意図」，「つい腹立たしい思いが湧き出てきてしまった」という，そうしようと思ってしまった「気持ち」をこそ，受容し認めることなのである。「意図」「気持ち」を受容しても「行動」「結果」を受容，認めることではない，この峻別，区別は非常に重要なことである。もちろんこどもは，この区別に気づいていない場合が多いし，多くの大人もつい気づかない，忘れていることなのである。これが重要なポイントなのである。

f. ②受容による信頼関係の構築：叱り役と受容役の連携プレイ

具体的には，「わかるよ！ そういうつもりだったんだね」と意図，気持ちを明確に理解していることを伝えることをまず優先するのが，キーパーソンの役目である。その際，それがしてはいけないことであったということは，最初は叱り役の別の教師が行い，それとは別にキーパーソンがフォローする役割分担がうまくいきやすいことが多い。これも教師間の連携が必要な部分である。叱るという行為は，これも5章でまとめるが，対象児徒にとって効果的な部分は，いけないことを情報として教える意味もあるが，周りのこどもたちを納得させるための演技の意味も含まれている。不適切なことをしても叱られないと，周りのこどもが不満に思い，また対象児徒にとっても，叱られない自分をアピールできてしまい，「俺は何をしても叱られないほどすごい！」という本人の自己高揚感を高めるだけである。なお，5章で述べるが，クラスづくりが適切に行われていたら，他児には，これは特別扱いであることを認めさせ，叱らないでおくことも可能ではあるが，クラス開設当初は難しいことも多い。

上記のように，叱り役の人間と受容役のキーパーソンが違う場合，キーパーソンとの関係ができていれば，先に受容した上で，キーパーソン同行のもと，叱り役の所まで一緒に赴き，打ち合わせ通り，叱り役に叱ってもらうのがベス

トである。この場合，事前の打ち合わせが大切で，叱り役が勝手に叱り出すとぶち壊しになりやすい。キーパーソンが言っていた通りの叱り方と謝り方で叱り役が収まれば，「先生の言った通りにうまくいった」というように，対象児徒のキーパーソン評価が向上し，キーパーソンとの関係性が向上することにもつながる。

　キーパーソンとの関係ができていない場合，あるいは関係づくりに使う場合は，先に叱り役が叱り，すかさず受容役がフォローすることが効果的である。この間のタイムラグが長くなってはいけない。こどもが自分で叱られたことを，強くマイナスに受け止めるチャンスを与えることになるからである。家庭では，叱り役の親と気持ちを受容する親の分担が必要ということである。

　このことが必要な理由は，してはいけないことは何であるかの学習も必要だからである。もちろん，こどもによっては，キーパーソンが両方行うことはあり得る。その場合でも，次に示した順番が大切になる。家庭では，ひとり親の場合，あるいはその場で対応できる親が1人しかいない場合がこれにあたることになる。

　それは，先に気持ちに共感した後で，「でも，その気持ちのまま，こうしてしまうと，こんな結果になるんだよね〜」と起こった結果に注目を促し，結果についての振り返りが可能な場合，実施する。これは必ず気持ちの受容の後でなければならない。これを先にすると，後からいくら気持ちを受容しようとしても，そのように受け止められない可能性が高くなる。

g. ③感情ラベリング支援その1：感情未学習なこども

　こどもの身体も大きくなり，いろんな場面で，一人前以上の口の利き方をし，生意気な口ぶりをしているのを見るにつけ，つい大人は，こどもの心に大人を期待してしまう。どういうことかと言うと，ある意味，大人風を吹かせながらこどもを説き伏せようとしているのに――そこでこども扱いしているのに――，こどもの受け止め方，心の処理が大人になっていることを手前勝手に期待してしまっている，いや，そんなことを意識もせず，当然わかるはずだ，できるはずだと，高をくくっていないだろうか？　暗黙の前提として期待していることは，こどもの心の中の感情処理，感情のコントロール，いや，それ以前の問題

として，感情認知ができると判断しているのだが，それは妥当ではないのである。中学生は，見かけが中学生以上の大人の身体をしていても，心の中はまるで赤ちゃんだと思うべきなのである。

　ルイス（Lewis, M.）の情動発達モデル[24]等でも示されているように，生まれてすぐの赤ちゃんは，充足，興味というような快感情と，苦痛という不快感情くらいの違いしか持っておらず（原始感情），その後，生後一歳くらいまでには，喜び，驚き，悲しみ，嫌悪，怒り，恐れのような一次的情動に分化するとされている。照れや羨望，共感というような感情は自己意識が成立する1歳後半，当惑，誇り，恥，罪悪感という二次的情動は，規準やルールを獲得する2歳後半〜3歳くらいとされているのである[25]。4章で取り上げる暴発的攻撃で混乱している中学生の心の中は，怒りが発生してきて，どうしたのかと混乱している1歳未満の赤ちゃんと，ちょうど同じではないかと思えばいいと言えるくらいである。

　こどもの見かけに騙されず，感情学習・発達ができていない，すなわち，感情が未分化なこども，分化していても愛着の問題で，その感情認知が歪んだり，恣意的な誤学習がされてしまっているこども，興奮状態や混乱状態で，自らの感情認知が困難になりやすいこども，として受け止め，その子たちに再度正しい適切な感情学習の機会を提供することが必要なのである。

h. ③感情ラベリング支援その2：感情学習の実施

　感情，気持ちに名前をつける支援，それが感情のラベリング支援である。これは，感情が未分化，もしくは感情の誤学習または誤認知をしているこどもに正しい感情を教える作業である。具体的に，キーパーソンは対象児徒が，今感じているであろう気持ちを明確に言語化して，「今，こういう気持ちだね，悲しいんだね！」と伝える支援である。大人は，感情的になっているこどもを見ると，ある意味，動転してしまい，すぐにそれを何とかしよう，なだめよう，あるいは収めようとしてしまう。これも順番が違うのである。その感情を収拾しようとすれば，まず何という感情になっているのかを気づく必要があるのである。そして，感情は混乱すればするほど，自分でその感情を認知するのが怖くなり，認知する意欲も生まれず，ただ混乱に終始しがちである。そんな時，

感情認知の基地，すなわち，「大丈夫！ あんたの気持ちはこういう気持ちだよ，わかっているよ」と支えてくれるのが愛着対象の安心基地機能である。それをキーパーソンが，頼まれる前から率先して「あなたの今の感情はこうだ」と教えてあげることである。もちろん，こども理解が不十分であれば，間違うこともある。しかし，ルイスのいう二次的情動は外からわかりにくいが，一次的情動すら認知できない状態のこどもの怒りや喜び等の一次的な簡単な感情を理解するのは比較的簡単である。この簡単なことがこどもたちは自身でできないのである。その助けをするのである。

　幼児でも，中学生・高校生でもこの感情ラベリング支援は効果的である。高校生でも，こうした簡単な感情認知ができないので支援が必要ということであり，幼児のように言語理解がまだできないこどもにも，このことばで気持ちを言う言語支援が有効ということなのである。どういうことかと言うと，「こういう気持ちだね」といつもその行動をした時，泣いた時，笑った時に，キーパーソンは，わかりやすく，同じ表情（悲しい表情，楽しい表情）で，同じ口調で，同じことばを繰り返し呈示することで，こどもは安心して「前と同じだ」とわかり感情学習の手助けとなるのである。これは，先ほど述べた感情認知の基地機能である。逆に，同じような感情状態になっても，以前は「よかったね！」と笑っていた親が，今度は「うるさい！」と怒り出すというような，一貫しない対応をするとアンビバレントな愛着となりやすいが，そうならないために，一貫した安定した感情ラベリング支援を徹底するのである。

i. ③感情ラベリング支援その３：気持ちの受け止め方の支援と信頼関係の確立

　このように，行動をわかりやすく身体表現とともに言語化することは，記憶定着を促進し，人間関係も促進する効果があるのである。こうして，感情ラベリング支援は，気持ちの受け止め方を支援していることになるのであり，そのことが対象児徒とキーパーソンの信頼関係の確立，愛着形成，修復に寄与するのである。

　こうして，「愛情の器」の最初の鋳型が作られる，あるいは作られてはいたが，利用されていなかった「愛情の器」に気づくのである。「経験」「行動」から「感情」が発生していることに気づくのである。それに名前をつけることで

理解できると、その「感情」をもう一度感じるためにその「行動」「経験」をすればいいということも学習できる。そして、そうなりたい、すなわち「感情」と「行動」の対連合学習を意識した、［意欲］が発生する。これが［行動］のエネルギーとなるのである。逆に言うと、［経験］［行動］から［気持ち］［感情］を感じ、それを［行動］のエネルギーにする経験ができていないのが愛着障害であると言える。だから、教師や親はこどもに行動指示しただけで、「伝えた」「指導した」と満足してしまっていてはいけないのである。

　なお、3章1節f項［図3-2］で示した「愛情の器」の受け入れ口が小さい、cタイプの場合には、愛情を与える予告をした上で、今これだと強調して意識化してラベリングをし、しっかり受け止めるよう伝える、受け入れ口支援が効果的である。例えば、「今から、ご褒美あげるよ〜。こっち見て〜。さっ、メッチャ、一杯、笑おう！　笑って！　今、笑ったね！　これが楽しいってことだよ！　笑うとホントに楽しいね！」といったふうにである。aタイプのこどもには、予告は必要ないが、それ以外の後半部分はそのまま使用可能である。

j. ④振り返り支援その1：「行動」「結果」「感情」を認識してつなぐ

　感情に名前をつけて、感情認知支援ができてくると――あるいは、同時にでも可能であるが――その感情の「帰属支援」がポイントとなる。その「感情」が何によって生じたのかという認識の支援である。

　まず、具体的にその「感情」は、どんな「行動」の「結果」生じたのかを認識する必要がある。そこで、「行動」と「結果」を区別して、意識する必要がある。どういうことかと言うと、例えば、学習の失敗体験の多いこどもにとっては、「勉強する」とは、すなわち「勉強をしたけどできなくて叱られた」という体験と等しい認識なのである。本来は、「勉強する」という行動と「できない」という「結果」の認知と「叱られる」という「評価」はそれぞれ異なるものであり、「勉強して」、「できる」ことはあり、「できなくても」、「叱られない」可能性もある。しかし、これらが一体に捉えられているから、「勉強」と聞いただけで拒否反応を示してしまうのである。だから、「行動」と「結果」の認知、「評価」は別々であることを認識する支援が必要なのである。また、そもそも「勉強する」などという曖昧な表現では、「行動」と言っても、何を

していいのかわかりにくい。具体的な「行動」として何をすると，どんな「結果」になるのか，そのことを認識しておくと，今後自立的にその行動を行うことが可能になる，そのための支援である。

その上で，その「行動」をした「結果」を認知し（捉え），どんな「感情」が生まれたのか，感情ラベリング支援で学習した「感情」と対連合学習をするのである。すなわち，「何をすると，どんないいことが起こり，その時どんないい気持ちになるのか」がわかれば，またその行動をすればいいことが学習される。一方，「何をすると，どんなよくないことが起こり，その時どんな嫌な気持になるのか」がわかれば，もうその行動をしない方がいいと学習される。こうした，対連合すべきことをしっかり分けて捉えてから結合せずに，最初から一緒にしてまぜこぜにまとめてしまっているから，理解しているようで理解できておらず学習できないのである。そのことを示す，わかりやすい事例を紹介しよう。

事例 3-7：指示が通らないこども→幼稚園教師 CS 事例

3歳児（年少児）男児。全体の指示では動けない。「男の子はいすを運びましょう」と1つだけの全体指示であってもできない。周りのこどもが行動すると気づいてまねはできている。不器用でもある。母親は過保護気味で何でもしてあげる。

全体指示では，難しいので個別支援が必要な事例であるが，個別にも理解が難しいので，①～しよう ②～できたね ③褒める（いい気持ち）という行動の意識化支援（後述，k項でも取り上げる）をアドバイスした事例である。しかし，ここで教師が言うように，この全体指示は1つのことだけ言っている指示だろうか？ ここに，大人にとっての，わかっている人にとっての認識単位とこども，わからない人にとっての認識単位の違いがあるのである。わかっている人にとっては，「男の子はいすを運ぶ」は1つの指示に見えるが，わからないこどもにとっては，「指示されているのは女の子ではなく男の子」「立つのでも座るのでもなく運ぶ」「他の何でもなくいすを運ぶ」という3つの指示が含まれているのである。従って，「誰が」「何を」「どうする」という3つの要素

に「分けて」理解し，それらをつなぐ理解ができるこどもにはわかるが，そうでないこどもにはわからなくて当然なのである。従って，意識化支援は，「○○ちゃんは男の子かな？ 女の子かな？ そう，男の子だよね〜。男の子だけして欲しいことがあるんだよ。これ，いす，だよね。いす，わかるね。このいすを持って，ここから，ここに運ぶよ〜」という指示になるわけである。実はここまで丁寧な指示をたとえ中学生であってもしなければならない場合がある。往々にして，上級生担当の教師ほど，こどもが大きくなった親ほど，説明が簡略過ぎて，説明不足になりがちなのである。

「分けて」「つなぐ」ことと，最初から「一体」であることは全く違い，「認知」と「行動」の学習を支援するには，前者が効果的である。それは，意識化の違いである。前者には，「分ける」ことでそれぞれの要素を意識し，「つなぐ」ことでそれぞれの要素もつないだ後の全体も意識されるが，後者では最初から「一体」なので，意識されるチャンスがないのである。

なお，こうした学習理論や捉え方としての認知を重要視する考え方や実践は，応用行動分析（Applied Behavior Analysis：ABA），もしくは，認知行動療法（Cognitive Behavior Therapy：CBT）と相通じる部分もあるが，筆者は特にどの立場に立っているわけではないこともここで確認しておきたい。立場に囚われると，それはこの立場に合わない，それは馴染まないと，立場という枠組みや整合性に気を取られ，現実に役に立つ実践から遠ざかる可能性があるからである。しかし，理論的根拠として，行動科学（Behavioral Science）と認知心理学（Cognitive Psychology）があることは明記しておきたい。学問的にはご存じのように，この両者は対立の歴史を持っているが，筆者は，ある意味その「いいとこ取りをする」ことで，もう少し踏み込めば，「行動」に「認知」の枠組みを付加することで，実践的支援に応用することを大切にしてきている。

k. ④振り返り支援その2：「愛着対象」とつなぐ

学習支援としては，前項で述べた，「行動」「結果」「感情」の対連合学習をして，つなぐことができれば完成である。これによって，意欲が生まれ，自立的な学習が確立することになる。しかし，愛着に問題を持つこどもの支援では，これでは不完全で失敗しやすいのである。

それはなぜか？　愛着の問題は，2章4節a項の［表2-5］❿で述べたように，自己評価の低さからくる「意欲」の問題，すなわち，「行動」のエネルギーと関係しているからである。2章4節k項において，この問題は2つの現れ方をするとの指摘をしておいたが，2つのパターンに分けて説明しよう。
　1つは，自己高揚タイプである。このタイプには，例えば，できた時にただ褒めると「俺はすごい」と高揚はするが，持続的意欲とつながらない。従って，いくら「行動」「結果」「感情」の対連合学習経験をしても，一瞬の自己高揚で終わり，持続的意欲ルーチンを作りあげることは期待できない。
　もう1つは，自己否定タイプである。「行動」「結果」「感情」の対連合学習経験をしても，それを「意欲」という枠組みの中に入れ込んで，ツール化しようとしても，「どうせできない」「だめだ」という思いを持っていると，その機能は本人だけで作ることは極めて困難なのである。
　この2つのパターンともに，欠けているものは何だろうか？　それは，愛着の「探索基地機能」なのである。本人だけの行動システム，意欲ルーチンに任せてしまおうとするから失敗するのである。その「行動」「結果」「感情」の対連合学習は，「1人」でする，したのではなく，「誰と」したのかという「愛着対象」意識を持つことが必要なのである。
　本来なら，安易に「自分のおかげ」と思いやすい自己高揚タイプにも，絶対「自分のおかげ」と思えない自己否定タイプにも，「そうじゃない」と思うように支援するには，非常におこがましいが，キーパーソンは「キーパーソンのおかげ」でできたと教えることが効果的であろう。しかし，筆者の教育スタンス，支援スタンスとして，「私のおかげで」とは口が裂けても言いたくないという思いが強い。教師，親の中にも，きっとそう思われる人の方が多いだろう。そんな主張をしている人に，まともな支援者などいないという実感も現場で肌で感じた思いである。
　しかし，キーパーソンは勇気を持って敢然と，キーパーソンの存在があってこその学習成立であり，愛着形成であることをアピールしなければならない。「キーパーソンと共に」の意識を持つことが大切だ。「誰かと」という意識が最大限の効果をもたらすのである。決して「そんなことは言えない」と，キーパーソンが躊躇せずにすむことばとして，「キーパーソンと一緒だから，でき

たね，感じられたね」ということばをお勧めしたい．ある意味，「キーパーソンと一緒」が愛着形成と行動の定着を促す「魔法のことば」なのである．なぜ，こんな簡単なことばかけが「魔法のことば」たり得るのだろうか？ 項を改めて，現代の子育ての問題として考えてみたい．

I. ④振り返り支援その3：現代の子育ての問題と意識化

　最近の子育てにおいて，こどもの心の中における親の相対的地位，あるいは，占拠率が低下しているのは，否めない実感ではないだろうか？ よく質問でもあるのだが，こうした子育ての問題，親の問題が多く指摘されるということは，現代の親世代は問題を多く抱えたまずい子育てをしているが，以前の親世代はそんなことはないいい親ばかりだったのだろうか？ それは違うのである．もちろん，最近，虐待や不適切なかかわりをする親が増えただろうが，そんなことよりももっと大きな社会的理由で，こどもにおける親の相対的地位が下がり，子育ての問題，愛着の問題が起こっているのである．

　例えば，親が小さいこどもを遊園地に連れて行ったとしよう．最近の遊園地は，映像技術や体感技術が進歩して，いわゆるバーチャルリアリティの世界に誘われ，非日常的な空間を充分満喫し，「楽しかったね」と帰途につくことになる．親は自分がこどもを遊園地に連れて行ったのだから，まさしく，「親として」こどもに貢献し，インパクトがあるかかわりができた，こどもは「親のおかげ」と喜んでいると思っているかもしれない．しかし，これは全くの期待はずれである．そこに親も一緒にいたかもしれないが，こどもはそんなことはすっかり忘れて，遊園地のしかけだけに浸りきっている．そう，「親と共に」「親と一緒に」の意識化はほとんど生じていないのである．挙げ句の果てには，親はこどもにとって，その素敵な世界に連れて行ってくれる手段と思われ，連れて行かないとだだを捏ねる，暴れるという扱いをされるだけなのである．「一緒に行けてよかった」と思えば，「連れて行け」とだだを捏ねるはずはないから，これは単に連れて行く道具視されている証拠なのである．

　実は家庭においても，こどもの周りにゲーム等刺激的なものが散乱している．そしてこどもたちは，その刺激に一喜一憂し振り回されている．このような刺激過多状況では，こどもにとっての刺激価値として親の地位は以前より明らか

に低下しているのである。以前は，親が頑張らなくても，親以外の刺激がこどもの周りになく，近くにいてくれるだけで意識可能であった。しかし今は，親が近くにいても，他のより刺激的なものもそこにあると，親はその刺激に負けてしまい意識されないのである。つまり明らかに親意識のアピールという点で，今の親世代は，以前の親世代に比べてハンディキャップを持っている。しかも，今の親世代はこどもへの関心より，自分のこと，趣味等への関心も以前に比べて多く持っている。こどもへの刺激力を親は，ますますなくしてしまっているのである。親や教師は，こどもに楽しい刺激を与えることに終始していてはいけない。これは，競争相手の方を売り込み，親自身の価値を下げる行為に過ぎない。そうした支援からは，親や教師の価値を意識できない。

　だからこそ，親は，教師は，こどもの周りにあるゲームやあらゆる刺激物に負けないほど，自身のアピールが必要なのである。ひらたく言えば，出しゃばらないといけないのだ。「おかあさんと一緒に乗ったから楽しかったね！」「おとうさんとショーを一緒に見て，楽しかったね！」「メリーゴーランド，おかあさんと一緒にぐるぐる廻ってわくわくしたね！」など，遊園地からの帰りの車の中で，そのことを強調しなければいけないのである。

　付け加えれば，こうした振り返りは，自己意識が芽生える1歳後半の幼児から可能である。こどもが小さいからわからないだろうではなく——ただ楽しい経験をさせるのではなく——親と一緒に感情的体験を振り返ることに重きをおいたかかわりを，子育てで実践していただきたい。そして，学校園所では，どんなかかわりをしたか，どんな保育や授業をしたかではなく，その振り返り支援にこそ重点をおいた取り組みをしていただきたい。こどもたちはどう受け取ったのか，自分たちがかかわったことをどう受け止めたのか，これは序章2節a項で述べたメタ認知育成の視点なのである。この点は，また，3章6節の第4フェーズで取り上げたい。

　「愛着対象」と「共に」「一緒に」という「強調」，「意識化」の今日的重要性の意味は，こうした現代の刺激過多状態における子育ての問題（この点は，再度，5章でも考察したい）に起因している。従って，「キーパーソンと一緒」というこの当たり前のことばが，しっかりと意識したい「魔法のことば」なのである。「何をしたら」「どんないいことが起こり」「誰と一緒だから」「どんないい気持ちになったのか」，

「行動」「結果」「愛着対象」「感情」，これが対連合学習するべき要素のすべてなのである。こうして，「愛情の器」は完成する。3章1節f項［図3-2］で示したa図の底が抜けた状態とは，これらの対連合学習の要素のうち，どれかが欠落していることを示していたのである。

m. ⑤「愛情の器」づくり：行動エネルギー源の確保と揺るぎなき関係性構築

　④までの支援により，「愛情の器」は作られ，そこに貯められた愛情は行動エネルギー，意欲として使用されることが可能となる。今，もらった愛情を貯めておくことができること，この効果は大きい。学習成立の発達においても，こどもが今ここで起こっていることを即時模倣する段階から，後で真似をする——遅延模倣ができるようになる——と，格段に進むのと同じである。

　ここでは，こうした「愛情の器」ができたこと，それを使うとどんないいことがあるかを改めて確認することを主眼としている。そのためには，こども自身にも，愛着は行動エネルギー源であるという意識化を育成するために，愛情エネルギーを貯めて使って「できたこと」を意識する支援をする。それは，前項の「行動」「結果」「感情」「愛着対象」は「つながっている」「セット」なんだという意識を行動，出来事の都度都度，振り返ることである。場合によってどことどこをより強調してつなぐかは違ってくるが，キーパーソンがこの意識化支援を意識し続けることが肝要なのである。慣れてくると，単におきまりの行動パターン化，ルーチン化してしまってはいけない。行動は定番化するが，意識は絶えず新鮮さを保つこと，これがコツである。「あっ，やっぱりこれだよね」「そうそう，これだからうまくいった」など，こうした会話が日常茶飯事になると成功である。

　このように，しっかり細やかに振り返る支援をすると，単に記憶再生支援，振り返り支援として効果があるだけでなく，自分のしたことを誰かと一緒に振り返ることになり，その誰かである教師・親との人間関係の構築，修正にも多大な寄与効果がある。キーパーソンとの関係性は揺るがないものとなる。

　こうして，第1フェーズを通して，受け止め方の学習支援がなされるのである。

4. ARPRAM：「愛情の器」モデルに基づく愛着修復プログラム第2フェーズ

a. ①主導権をキーパーソンが握る＝先手支援

　第2フェーズの主眼は，「こども主体だが大人主導の働きかけへの応答学習」である。これはどういうことを目指しているのかというと，3章1節e項で述べたように，こどもペースでは愛情の器ができていないこどもの要求に応えるだけで，欲求がエスカレートし，愛着修復効果，学習効果も期待できず，学習支援もできない。それに対して，大人ペースではこどものニーズとミスマッチでこどもにいい支援とならないというように，それぞれに問題があった。このことから，「こども主体で支援者・大人ペースの支援」を目指すべきスタンスとしたのであり，これができるかどうかが愛着修復の鍵となるのである。それには，主導権をキーパーソンが握ることが重要となる。こどもの求めに応ずるという後手ではなく，先手を打つ支援が必要なのである。

　具体的に説明したい。[事例3-8]〜[事例3-10]には，それぞれ，2章4節a項[表2-5]で指摘した愛着の問題が見られているこどもが挙がっている。

事例 3-8：愛着障害への支援→小学校教師CS事例

小学校1年生男児。椅子漕ぎ。授業開始前に教卓に乗っかる。前に出て何かをさせて欲しがる。指摘魔で他児のことを指摘する。立ち歩きや教室からの飛び出し。手が出る。ウソをつき，自分がしたと認めることが難しい。褒めてもらうと張り切る。

　[事例3-8]では，姿勢や立ち歩き，他責の問題もあり，自分のペースに巻き込もうと「前に出たがる」が，その要求を認めても行動改善効果は見られない。この場合——「前に出たがった」時——には，前に出させてはいけない。「前に出ない」行動を強化学習するように支援しなければならない。普通は，何もしないで我慢だけするのは難しいので，自分の机でする作業を指示して，「前に出ない」で我慢できたら褒めるのである。本児がしたがっている「前に出る」ことは，その報酬として使用すればいい。これが，こどもの言いなりではなく，キーパーソンが主導権を握る支援なのである。そして，ここでは，こ

どもは，まさに自分の作業を自分でするという主体的行動ができている。こどもにすべて任せてしまうと，主体的行動はできず，ただやるべきことが見つからず，彷徨い立ち歩くだけなのである。こどもが教室を飛び出した後を追いかけていく支援の無意味さも同じ理由である。こちらを見ながら逃げていくこどもに主導権を握られて，追いかけても後手を踏んでいるだけである。それより，教室に戻ってきた際に，褒めることの方がずっと効果的である。それによって，教室にいることの方が褒められると学習するからである。まかり間違っても，教室に戻って来た時に，出て行ったことを持ち出して叱ってはいけない。戻ってくるとまた叱られるという学習しかしないからである。ただ，この支援は，こどもが自分で戻ってきているだけに，「教室を出て行って戻ってくると褒められる」という誤学習も起きやすいため，わざと教室を出て行くことも増える可能性がある。やはり，行動の主導権はキーパーソンが握らないといけない。「教室に戻る」ことより，「教室にいる」ことを強化すべきなのである。それは，［事例3-10］で後述する個別の作業支援である。

事例 3-9：愛着障害への支援→小学校教師CS事例
　小学校1年生男児。だらっとした姿勢。ふんぞり返り座り。起立の号令にも，中々立たず，注意しても言うことを聞かない。

［事例3-9］のように，姿勢の問題や集団的号令に合わせられないのは愛着障害児の特徴で，そうしようとする意欲が生まれないからである。従って，「指示に従わない」こどもを，いくら叱っても行動改善は見られない，叱れば叱るほど余計意欲を奪うのである。そればかりか，叱ることでクラスの雰囲気も悪くなり，叱っても従わない様子を見せることで同調するこどもも生じてしまう。いわゆる「示し」がつかない状態になる。高学年では，こうしたことで自分に注目させ，自分の力でクラスの動きを止めたという歪んだ効力感になってしまう可能性もある。そこで，先手を打つ支援を行うのである。先に号令をかけたからと言って，先手を打つことにはならない。全体指示では，聞いていないこどももいるし，「聞いてなかった」「したくない」と，いつでもその号令に逆らうことで，主導権を奪い返されてしまうような支援では，先手を打った

ことにならない。ここでいう、先手を打つ支援とは、先に横に行き、個別に小声で声をかけ、「さあ、立つぞ。おっ、立てたな」と言いつつ、立たせた後に号令をかけて一斉行動につなげる支援を指す。個別に先にかかわって、させて集団行動に誘うのがコツなのである。このちょっとした先手の手間を惜しみ、後手を踏むと、後でたくさんのかかわりと時間をとられ、しかも、その成果は出ず、マイナスの影響が出る……と、いいことがないのである。

b. ①主導権をキーパーソンが握る＝個別の作業支援と情報集約効果

事例 3-10：愛着障害への支援→小学校教師CS事例

小学校3年生男児。廊下を走っているのを「走ってはダメ！」と注意すると歩くが、そうしてから、「自分は歩いていた」と主張する。

［事例3-10］でも、「しゃべるな」という「～するな」の制止・抑制指示は、「するな」という指摘であり、こどもが何かした後に、それをするなと言っている時点で、明らかに後手を踏んでいる。「叱る」という行為は、明らかにこどもが何かしてから、している指導であり、後手の対応なのである。だから、「してない」という自己正当化の主張をされる余地を与えてしまうのである。

では、予め、先に「～するなよ」と言っておけば、先手を打てるだろうか？「しないでおく」という指示は、守るのが極めて難しい。「黙って聞きなさい」という指示は、44分間黙っていても、最後の1分でしゃべってしまうと指示を守らなかったことになる。こどもの立場で言うと「やってられない！」指示なのである。これでは先手を打った意味がない。また、先手を打ったとしても「何もしないで待ちなさい」などというわかりにくい指示では、何をしていいのかわからない。絶対、「したくなった何か」に負けてしまう指示である。先手を打つ理由は他の刺激に負けないためである。わざわざ、他の刺激に負けやすい指示を先手で与えても意味がない。

先手の支援は、そこで、「これをしよう」と具体的に指示をすること、個別の作業支援なのである。こうすれば、不適切行動の生起を抑えやすくなる。この事例で言うと、「走るな」という注意をするので、「していない」とアピール

する機会を与えてしまい，主導権をこどもに奪い返されるので，「歩こう！」と，すべき行動に具体的に誘い，「できたね！」と褒めるのである。最近，学校の廊下の標語も「走らない」から「歩きましょう」に替わってきているが，いい傾向である。ただ，標語の掲示だけでは，見ていない，見ても気がつかなかったと主張できる余地を残している。標語掲示も全体指示と同じで，個別指示と比べて，その効果は極めて小さいのである。

3章3節d項で，キーパーソンに情報集約する必要性を説いたが，その効果は，この主導権を握るというところで発揮される。対象児徒のいろいろな情報を知っていれば，先手を打つための情報として使えるのである。また，「昨日，こういうことしたらしいね」「実は，こうだったんだよね」と，こどもの前で，こういう情報を知っていることを伝えると，こどもはその対象に畏敬の念を感じる。「なぜ，知ってるの？」と思ってもらうことは，関係性づくりにも寄与する。その証拠に信頼できない相手にこどもがよくつぶやくことばは，「どうせ，私のこと，知らないくせに〜」なのである。自分のことを知っている，信頼できそうな相手の先手支援には，こどもはその通りにしやすくなるのが当然なのである。

c. ①主導権をキーパーソンが握る＝主導権を奪い返す方法

この流れで，少し姑息な手も紹介しよう。これは自閉傾向のあるこどもにも有効なので，4章3節a項の［表4-2］（P177），b項でも触れるが，例えば，注目して欲しくて，落ちていたモノを拾って届けてくれたとしよう。この場合，ただ褒めても，こどもが主導権を握る形での報酬なので効果が少ない。そこで，「それ拾ってくれるかなと思ってたら，やっぱりあなたが拾ってくれたね」——予想していた通りだった——と，強調すると，主導権を少し奪い返すことが可能である。

同様に，3章7節c項の［事例3-22］（P156）で紹介するが，こどもに抱きつかれた時に，それを抱き留めても，その行動の主導権はこどもにあるので，愛情を与える効果は少ない。その場合，こちらから別の行動をしかけるのが適切で，一番いいのは，こちらからしっかり握手をし，できればその握手した手を振ることである。抱く場合にも，抱かれるのではなく，こちらから抱きしめ

る，キーパーソンがその強弱のコントロールをすることが肝要となるのである。

d. ②働きかけと報酬強化＝報酬意識に着目

前項で確認した，キーパーソンが主導権をにぎるために，どのようなかかわりをすべきかについて確認したい。それは，キーパーソンがこちらから，「こうしよう」と誘い，それができたら，即時強化し「できたね」と褒める。そして，「これはこれをしたから褒められたんだよ，褒められると嬉しいね」と，第1フェーズでの振り返り支援をこちらの働きかけでいつでも生じるようにしていくことなのである。そして結果的に，キーパーソンの働きかけによって，気持ちの報酬が得られる応答学習を基本とすることが，取りも直さずキーパーソン主導の支援なのである。

このように表現すると，どこがこども主体であるのか，という疑問が必ず，出るだろう。これは，こどもが主体的に行動できるための下地づくりなのである。下地，基盤のないままで，こどもの主体的行動に任せてしまうと，こどもは何をしていいかわからず，彷徨うばかりである。主体的行動をする――自立する――ための基盤を形成することなしに，主体的行動はできない。だから，この応答学習は，キーパーソンの「言う通りにさせる」ことではなく，こどもが「自らする」支援として導いているという意識を，キーパーソンは忘れてはならない。現場でのかかわりを見ていると，こうした応答学習指導の上手な指導者は言う通りにさせ続けて，こどもの自立を往々にして阻みがちであり，こどもの自立を大事に考える支援者は，こうした応答学習支援が苦手であることが多い。しっかりと学習基盤を作って，自立させるこの相矛盾するように見える支援をこなすことが，キーパーソンに求められる資質と言えるだろう。しかし，どちらかが苦手なのが人間として当然のことであるのだから，そのことを意識しつつ支援していけばよい。気づかないこと，意識しないことが最もよくない支援態度なのである。

具体的にキーパーソンがすべきことは，わかりやすい枠組みとして「こうすればいい・これがいい・これがよくない」ということを呈示すること，そして，その通りの行動を誘い，できたら「即時効果的に褒める」ことである。そうすることで，こどもは報酬意識に着目でき，次の学習への動機付けとなるのであ

る。褒める際に、「何ができたことがよかったか」「どんな気持ちになったか」「誰と一緒だからよかったのか」の要素の個別意識化に努めることは、漠然と全体的に捉える場合に比べて、こどもの自立につながるのである。それは、得体の知れない漠然とした成功体験は、指示者のキーパーソンの指示がなければできないという思いだけを強化する（最初、こうした思いを一旦持つことは必要であることは指摘した通りだが）ことにつながる。「分けて」「つなぐ」効果は自立支援効果でも現れるのである。

e. ②働きかけと報酬強化＝効果的報酬感のために

その際、「あなたはこれができる」とプラスの意味のyouメッセージを使うと効果的である。youメッセージは、「また、あなたはこんなことをして」「何してたの、こんな時間まで」とマイナスの意味で使用すると、言われたこどもにとって、責任をなすりつけられたように感じ、人間関係を阻害することが知られている。そして、iメッセージで、「心配してたよ」と伝えるのがよいとされる。しかし、愛着に問題のあるこどもには、iメッセージの主の気持ちを理解して、やりとりをすることは困難である。よくある指導に［事例3-11］のようなことがある。

事例 3-11：愛着障害への支援→小学校教師CS事例

小学校2年生男子。授業中、友だちの頭を叩いた。「叩かれた子の気持ちになってごらん！ 自分も叩かれたら嫌でしょ！」と教師が言うと、「痛くない、叩かれてもいいもん」と言う。

この事例では、「相手の立場に立ってごらん」「相手の気持ちを想像してごらん」という、自分の気持ちですらきちんとわからないこどもに、いかに高度な要求をしているかがわかるだろう。こういう不適切な行動を取る時は、「どんな気持ちがしたから叩いたのか」をしっかり認めることが、まず必要である。先手を取るには、本児に「どうして？」と聞くより、こちらで推量して明言する方がいい。そのための鉄則が、こどもには「なぜを問うな！ いつを問え！」である。こどもにした理由を聞いても答えられないことが多い。そもそもわ

かっていれば，そんなことはしないのである。なぜを聞いてしまった時，どう反応するかで，その子の発達障害，愛着障害の見立てができるので，これも一度は聞いてみるのはいい。これは4章で触れたい。そして，そもそも，「なぜ」と聞いて，こどもが答えたとしても，このやりとりで主導権を握っているのはこどもである。教師や親は，こどもを問い詰めているので主導権を握っていると錯覚しやすいが，本当の理由を言うか言わないかの権限はこどもが持ってしまっていて，それを聞けるかどうかはこども次第である。そして往々にして，愛着障害のこどもはウソをつくのである。それで大人が騙されてしまっては完全にこどものペースである。

そこで，「いつを問う」とは，「いつ，この子は友だちを叩くか」を観察して，その法則を見つけるのである。そうして，「問題ができなくてイライラしたから叩いたんでしょ！」と，見つけた法則で言い当てると，こどもに対して主導権を握ることになる。よく，子育てで困っている親は，こどもに「どうして欲しい？」と聞いているが，これも完全に主導権をこどもに握られている。こどもの思いを無視して，親の思い通りにする大人ペースも，それに徹している場合の「恐怖政治」「洗脳」以外，受け入れるか受け入れないかの主導権をこどもに握られている。親は「したつもり」でも，こどもはしてもらっていないと思っている問題が多々生じている。主導権を握るとは，「こどもの期待通りのことが起こるようにキーパーソンが仕掛け誘うこと」なのである。

そのために，こどもの行動をよく観察し，こどもの気持ちを推測することが肝要なのである。観察していると，こどもが最近できるようになってきたことに気づくだろう。こどもが，「最近できるようになった気がするけど，そうなのかなあ」と「漠然と感じていること」を，先回りして褒めることほど効果的な報酬感を生む支援はない。人は，自分に最近起こっている行動のいい変化に気づいてもらったこと——それを褒められたこと——に大変喜びを感じるのである。それは，いいことをして褒められるのと比べものにならないほど，嬉しいことなのである。「〇〇ちゃん，最近，これできるようになったね〜」というように，ぜひ，そう褒めていただきたい。これが，[行動変化指摘支援]なのである。

f. ③役割付与支援＝わかりやすい関係性

　〇〇係等の役割をこどもに与えるという，役割付与支援は，キーパーソンにとっても実施しやすく，その効果も様々な形で出やすいのでお勧めである。そもそも役割には，自己成就的予言（self-fulfilling prophecy）効果がある。「こうなるのではないか」「こうすることが当たり前」「これがいいんだ」と思って行動していると，実際にその通りのことが起こり，予言が成就する現象である。役割をもらうと，その役割を果たすことが自分にいいことだと思いやすくなり，本人の本気度，意欲を向上させる。そして，その役割らしくあらねばという自己像の枠組み形成にも寄与する。例えば，「掃除係」という役割をもらうと俄然，意欲的に掃除をし出し，掃除をしていないこどもに掃除をするように指導し，自分の身の回りの整理もできるようになる等の現象である。もちろん，愛着障害のこどもにこのような，いきなりのいわゆる般化現象は期待できないが，その役割に従事している間は，不適切行動の発生可能性は格段に低くなる。また，役割を与えてくれた人の期待に応えようとする一種のピグマリオン効果でもある。

　このように，こどもとキーパーソンが，役割というわかりやすい関係性に埋め込まれたことにより，［関係意識化］・［行動の枠組み］・［報酬効果］の３つの効果が期待されると，まとめることができる。

　［関係意識化］とは，特別な役割をキーパーソンから与えられることで（単なるクラスの係ではなく），「〇〇係頼んだよ・ありがとう」という関係から，キーパーソンとの関係性がより意識され深まることである。そして，その役割が続く限り，関係性の維持，持続効果も目に見えて確保される。こどもにとってその役割は，心地いい［作業の居場所感］としての効果もあるのである。

　［行動の枠組み］とは，わかりやすい関係性に埋め込まれたことで，何をしていいのか，何をすべきかという［行動の枠組み］がこどもに意識しやすくなるということである。まさに，［学習枠組み］の提供とも言える効果である。

　［報酬効果］とは，役割を与えられ，その報酬をキーパーソンからもらうことで，当然の関係として自他共に認知されやすい。「自分だけが特別にかかわられていて，周りにどう思われるか？」等の本人の思い，周囲のこどもの「あの子だけどうして？」という思いをカモフラージュすることができる。また，役割は，報酬の理由として，その役割を意識しやすく，「何をした」から「褒

められたのか」という［行動］と［報酬］，またはその結果得られた［感情］との対連合学習を容易にする効果もある。しかし，留意しなければならないのは，役割という枠組みで自動的につながってしまった［行動］と［感情］をしっかり個別に意識化する支援を怠ると，前述の3章3節j項で指摘した，漠然とした捉え方に陥る危険性があることを，絶えず意識しておく必要がある。「簡単に使えるものほど，落とし穴は大きい」ということは，どんな支援でも通じる鉄則であろう。

g. 第1フェーズと第2フェーズ実施上の留意点

　第1フェーズの①キーパーソンの決定は，ぜひ第1にやるべきだが，これも学校の事情等で，人材難で特別なキーパーソンを用意できない場合，便宜上，担任が兼任でスタートすることも多い。それ以外の第1フェーズの②〜⑤と第2フェーズの①〜③は，特にどちらが先でなくてはならないというモノではない。特に，生徒指導上の問題行動が既に多発している場合は，全体集団への支援として，第2フェーズの①〜③を先に実施することもお勧めである。あるいは，愛着の問題が大きくて，とりあえず形だけの関係性を早く作った方がいい場合は，個別支援でも，第2フェーズの①〜③を先行させることがある。そうした枠組みを作ってから，第1フェーズの②〜⑤の丁寧な個別支援を実施せざるを得ない場合も多いからである。また，4章で取り上げる，発達障害等の様々な特性がある場合は，その特性に応じたアレンジをしながら実施していく。そういう意味で，先にも述べたように，必ずこの順番でやるという雁字搦（がんじがら）めのプログラムではなく，現実の生活に当てはめて，やりやすい形でそれぞれのプログラムを実施できる汎用性の高いプログラムなのである。

　また，対象児徒が，周りのこどもたちにどう思われるかという他者評価を気にする場合，あるいは自らの行動を何かにつけて他者にアピールしたがったりという自己高揚的な場合，あるいは特に対象児徒との関係性づくりが大事であると判断された場合は，集団内のかかわりをなるべく避けて，1対1の個別支援ができた方が格段に効果的である。人員的問題があるが，例えば，周囲のことを気にするタイプのこどもは，特別扱いそのものを拒否したりするので，クラス集団が育っていない場合，その捉え方をコントロールできないため，対象

児徒と周囲の両方に目を配らないといけなくなり、キーパーソンの負担も大きくなって支援効果も目減りしやすいのである。

h. ④気持ちの変化意識支援：予感の察知・予知・言い当て

　キーパーソンと愛着障害児の間だからこそできることを、それまで積極的に確認し強化されたキーパーソンと対象児徒の関係性を基盤に、さらにそれを強固にする手立てが［気持ちの変化意識支援］である。e項で述べた［行動変化指摘支援］は行動の変化を察知して、先に指摘して褒める支援であるが、［気持ちの変化意識支援］は、対象児徒の中で変化してきた感情に着目して褒める支援であることに違いがある。これは、行動と違い、感情の変化であるから、より深い関係性が築かれていないと困難である。

　人は、自分の中に芽生えてきた感情、心情の変化――何となくそうではないかと思い始めたこと、そちらの方向に成長しているのではないか――と感じている方向性を褒められることほど、嬉しいことはないのである[26)][27)]。例えば、「最近、何かうまくいくことが多いな」「私はこれに向いているのではないかな」などと思い始めたことを察知して、「最近、こんな風に感じてるよね～」「これができて嬉しいと思ってるよね、得意なんだよね～」「これに向いてるんじゃない？」というように、これも先回りして褒めるのである。これはこどもにとって至福の喜びであり、そうしたことに共に気づき合えた相手への強固な関係性を意識させ、人間関係をさらに強化させる。人間関係がこれによって強化されると、この「愛情の器」モデルによる支援効果も飛躍的、相互作用的に高まるのである。これで、1対1の関係、2者関係での支援はほぼ完成と言えるのである。

　なお、こうした対象児徒の気持ちの予知、あるいは気持ちの言い当ては、関係性を深める効果は極めて高い。例えば、初期の段階でこどもが主導権を握って、例えば立ち歩いたとしよう。これを叱っても、褒めても、主導権は奪い返せない。しかし、少し狭い方法ではあるが、そこで、「今、立ち歩くと思っていたよ」と行動や気持ちを予知していたと伝えると、主導権を半分奪取することが可能である。まして「こういう気持ちでしたんだよね」と、言い当てることができると、主導権を握ることがほぼ可能となる。その意味でも［気持ち］

［感情］を把握することは，大切な支援のポイントなのである。

5. ARPRAM：「愛情の器」モデルに基づく愛着修復プログラム第3フェーズ

a. 他者との関係づくりの視点

　第3フェーズの主要なポイントは，他者との関係づくりである。キーパーソンによる第2フェーズまでの適切な支援と周囲のフォロー体制の結果，キーパーソンの教師・指導員・支援員・親とはいい関係が築けたが，他の教師や親との間のトラブルがまだ発生したり，友だち関係では依然として問題が頻発したりして，人間関係が広がらない問題が残ることは多い。キーパーソンがたまたまいない場面で，特にそうした問題は起こりやすい。

　こうした場合，関係ができているキーパーソンが，つい自らとの関係に安心してしまい，「他の先生や友人と一緒に〇〇しなさい」「他の先生や友人の所へ行きなさい」と本人だけの行動を強いてしまうところに問題がある。キーパーソンが対象児徒の「自立」を期待し，その達成を急ぐあまりに，「1人」でできるように仕向けてしまうこともよくある。しかし，愛着修復している際には，前述してきたように，今までの負の経験，誤学習が邪魔をして，スムーズな「自立」は中々難しい。また周囲のこどもや教師，大人も今までの対象児徒との関係や印象につい捉われて，不適切なかかわりをしてしまうことや，対象児徒に過度の期待や負荷をかける，きめ細かい配慮を欠いた対応しかできない場合も多い。

　従って，この第3フェーズの取り組みとして必要なのは，信頼関係ができているキーパーソンと「一緒に」「共に」，他の教師，大人やこどもとの関係を築くことなのである。これは，愛着形成における母親機能としての第3機能である，探索基地機能の獲得と活用を意識した支援である。

b. ①橋渡し支援の立ち位置：キーパーソンを軸に他者とつなぐ支援

　キーパーソンは，「もう大丈夫」といきなり本人の単独行動に任せず，早すぎる自立を期待せず，細やかにつなぐ支援を実施する。橋渡しには，対象児徒が他の大人やこどもとやりとりしながら，他者の行動を理解し，自分の思いを

自分で行動する際にその行動をサポートする「正の橋渡し支援」と，対象児徒と他の大人やこどもとの間に生じてしまう互いの影響を回避，遮断する「負の橋渡し支援」の２つの橋渡しが必要となる。

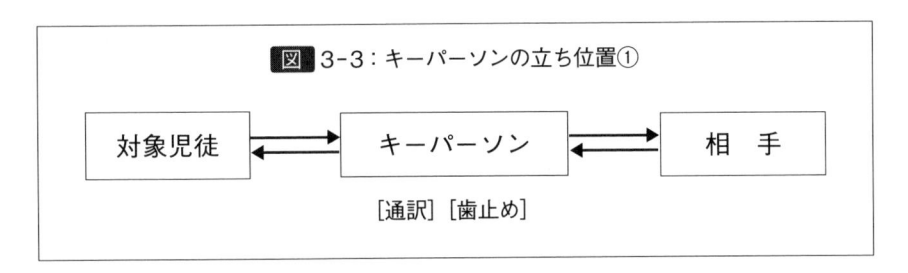

図 3-3：キーパーソンの立ち位置①

対象児徒 ⇔ キーパーソン ⇔ 相　手
　　　　　　[通訳] [歯止め]

　キーパーソンが果たす役割は，「正の橋渡し支援」では「通訳」であり，「負の橋渡し支援」では「歯止め」である。どちらの場合にも，キーパーソンは，[図3-3]のように，対象児徒と相手との間に入り，その橋渡しをするが，「通訳」は対象児徒の代わりに対象児徒の伝えたいことを相手に伝え，対象児徒には，「こうすれば相手に適切に伝わる」という「行動のモデル」を示す役割を果たす。「歯止め」は，対象児徒と相手との間で，つい伝わってしまう行動の意味を遮断するために，互いの思いを「歯止め」で食い止め，それ以上伝わらないようにし，「こう受け止める」という「認知のモデル」を中心にした支援の役割を果たすのである。

　ここでは，まず，キーパーソンのこうした「間に入る」という立ち位置の重要性を確認し，次項以降でキーパーソンが果たす役割を確認し，具体的な行動を示したい。

c. ②相互の意図付加サポート：気持ちの通訳

　「通訳」のキーパーソンが果たすべき重要なポイントは，目に見える「行動」の向こう側にあって，目には見えない「意図」「感情（気持ち）」の通訳である。相手の行動の意図やそこに込められた気持ちの勘違いは往々にして起こりやすい。自らの行動が，相手にどのような気持ちを生じさせているかについても意識できていないことは多い。[事例3-12]は，そのわかりやすい例である。

事例 3-12：自閉傾向のある生徒の橋渡し支援→中学校教師 CS 事例

中学校1年生男子。着替えが嫌い。話す距離が近い。予期しないことが起こる，予期しないことを言われると興奮し，パニック的攻撃を起こす。友人のあいさつや他生徒の腹を叩く行為に，興奮して攻撃しようとする。特定の生徒に中指を立てて威嚇する行為を示す。

橋渡し支援として，環境，周囲の「行動の受けとめ方」，すなわち，「認知の支援」が必要である。本人にとって奇妙に聞こえる声かけは，他の小学校区で流行っていた「あいさつ」であること，「あの子のお腹を叩いた行為は，好意なんだよ」（例えば，多少からかいが含まれている行動でも好意的に解釈して伝える）と通訳するのである。そして，2章3節d項・e項で述べたように，自閉傾向があるので，特に予定不安を意識した認知支援が必要であるから，「今は，こういうことをする時間だから，こうしよう」と，認知と行動の「通訳」をすることで落ち着かせることが可能なのである。また，本人も中指を立てて相手を威嚇したりする行動が見られたが，こうした行動は本人にとって，かっこいい行為，そんなに悪意のある行為ではないと受け止めていても，された相手にとっては，非常な恐怖すら感じることも教える必要がある。この場合の支援でも重要なことは，それを「してはいけない」と教えるのではなく，「こうすればいい」と代替行動を学び実施する支援で，結果，不適切な行動の発生を抑えることが大切である。

このように，相互の意図付加サポートでは，相手の「行動」では見えない「意図」・「感情（気持ち）」の通訳に加えて，対象児徒本人の意図・気持ちをどのように行動化すればいいか，どのような行動は誤解を生むかという学習も支援するのである。本事例では，キーパーソンの役割を果たす教師が，非常に適切なかかわりをすることで，本人の基地機能を果たしており，本人もそのキーパーソンのところに逃げてくる形で何度も学習できているケースであった。そうした支援をしっかり意識して，前もって，先手を打って支援することが行動の問題の生起率を下げるのである。

なお，相手の行為を誤解する，曲解する，自己本位の捉え方をしてしまうという認知の齟齬が自閉傾向の特徴であり，相手の行為を理解できない，混同す

るだけの場合は，2章3節f項・g項・h項で述べた，推論のLD（低出生体重児に多い）である場合が多い。その意味で，通訳の仕方もこどもの発達障害や特性に応じてアレンジする必要がある。

d. ③見守り支援（移動基地）から④探索基地化（固定基地）へ

図 3-4：キーパーソンの立ち位置②

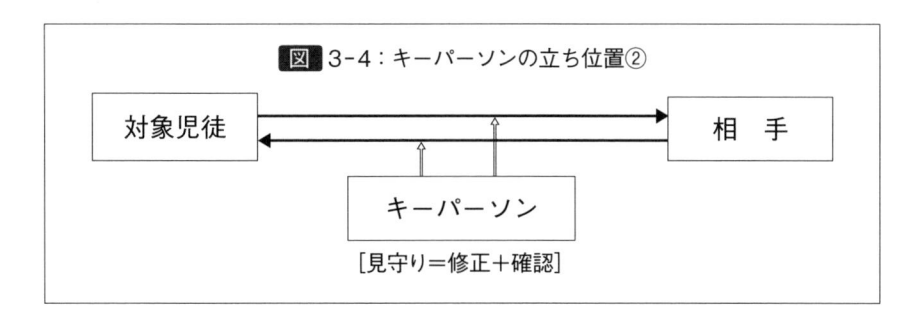

対象児徒 ⇔ 相 手
　　　キーパーソン
　　[見守り＝修正＋確認]

こうした支援が少し定着してくると，キーパーソンはその立ち位置を［図3-4］のように変更させる。対象児徒は直接，相手とかかわるのだが，キーパーソンは，その場に同席してその行動を見守る。これが見守り支援である。そして，そこで不適切な行動があれば，それを即座に修正する。誤解等の認知の齟齬があると気づけば，すぐに捉え方を確認，修正する。「こうするんだったよね」「こう受け止めるんだったよね」と今まで学習してきたことに意識化させ，その確認というスタイルをとることが肝要である。これは，いわば探索基地が現場まで出張移動サービスをして（移動基地），フォローする丁寧な支援なのである。こうした，丁寧なフォローを怠ると，また問題が発生してしまうのである。面倒に感じたり，もういいのではないかと過度の期待をすると，後で余計に支援負担が増加する。少し手厚く，前もってフォローするのがコツである。

図 3-5：キーパーソンの立ち位置③

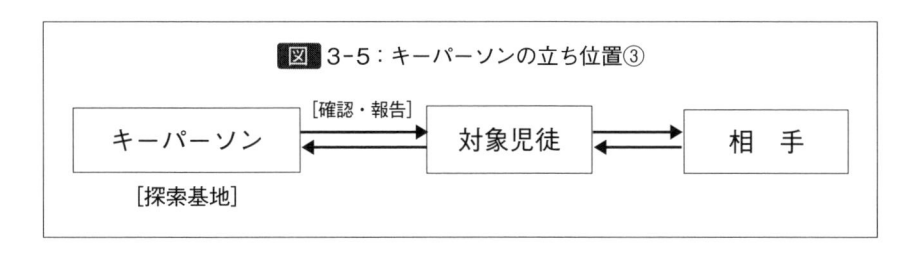

　　　　　　　［確認・報告］
キーパーソン ⇔ 対象児徒 ⇔ 相 手
［探索基地］

そして, ［図3-5］が, 第3フェーズの完成形である。キーパーソンは移動基地を店じまいし, 固定基地としての機能を意識するようにする。キーパーソンは対象児徒の行動始発の基地として, 対象児徒が「こうするんだよね」とキーパーソンに確認してから行動始発するよう確認し送り出す。そして, 必ずその報告を受ける。対象児徒から——「こうしたよ」——そうしたら「こうなったよ」——と, 報告を受けそれを評価する。妥当な場合は, 必ずよかった捉え方である「認知」と, できた「行動」とを褒め, 生じたプラスの「感情」を意識させる。こうして, キーパーソンは探索基地として機能し, キーパーソンという探索基地さえあれば, 安定的に行動ができるという意味において, 愛着形成, 修復はほぼ確立されたことになるのである。

e. 正の橋渡し支援と負の橋渡し支援の行動パターン

b項で述べたように, 橋渡し支援には, キーパーソンが通訳の役割を担う正の橋渡し支援とキーパーソンが受け止めの歯止めとなって伝わるものを調整する負の橋渡し支援がある。［表3-2］に具体的にすべきことをまとめてみたい。

表 3-2：ARPRAM：橋渡し支援におけるキーパーソンの支援行動パターン [3)を一部改変]

［正の橋渡し支援：キーパーソン＝通訳］
① Aの意図をBに伝え, Bの思いをAに伝えておく。
② Aの意図を表すための行動をAに教える。
③ Aの言動の意図をBに伝え, BにAにどう反応して欲しいかを伝える。
④ Bの言動の意図をAに伝え, Aにどう反応するかを教える。
⑤ AとBのやりとりを見守り, 「こうするんだったね」と修正, 確認する。
⑥ AにBとのやりとりの報告を受け, 評価する。
⑦ AにBと「こうなった時こうするんだよ」と対応策を伝授, 確認する。

［負の橋渡し支援：キーパーソン＝歯止め］ ❶ Aの言動の対B歯止め
① Aの行動の背景の感情を察知し, それを受け止めたことをAに伝える。Bには何も伝えない。
② Aの言動がBに伝わってしまった場合, Bの感じた感情に共感しそれを受け止め, Aには何も伝えない。
③ Aにはその気持ちをキーパーソンには伝えていいこと, Bには伝えないことを学習する。

④Bにはその気持ちをキーパーソンに伝えていいこと，いつかAにも伝えることを約束する。
⑤AにBにはこう伝えるといい，伝える替わりにこうするという代替行動学習を実施する。
⑥お互いの行動が許容範囲にある居心地のよさを確認し，気持ちを伝えることができるようにつなぐ。

[負の橋渡し支援：キーパーソン＝歯止め] ❷Bの言動の対A歯止め
①Bの行動の意味をAが曲解する前に，Aにしっかり伝える。Bには何も伝えない。Bの指導は他の教師が行う。
②Bの言動がAに伝わってしまった場合，Aの感じた感情を言い当て，「こう思ったかもしれないが，そう思わなくていい」と修正する。Bには，責任を持って，Aの思いをキーパーソンが伝えることを約束する。
③Aには，Bによって引き起こされた感情をキーパーソンには伝えていいこと，それで満足すること，Bには伝えないことを学習する。
④Bには，Aに直接かかわるのではなく，キーパーソンを通してかかわるように伝える。Bの思いがあれば，それを聞き，Aに伝えることを約束する。
⑤AとBそれぞれに，最低限度，問題を起こさないためのかかわり方を教え，それだけをするよう支援する。
⑥お互いの行動が許容範囲にある範囲でつなぐことで，結果，不適切なつながりを持たない歯止めとする。

注）Aは対象児徒，Bはその相手

　正の橋渡し支援には，b項～d項で述べたそれぞれの橋渡しのための支援が，具体的に支援行動パターンとして構成されている。従って，解説は不要だろう。1つだけ付け加えるなら，最初のうちは③に示した，いわゆる「出来レース」「芝居」が大切である。特に，協力的な他の教師や人物，こどもをBの相手として選び，対象児徒Aの行動に対して「こう反応して」と先に依頼しておき，Aがキーパーソンとの間で学習した通りの展開になることが，学習成立のきっかけとして有効である。これは橋渡し支援成功のための秘訣の1つと言えるだろう。

　負の橋渡し支援は，❶対象児徒Aの言動が他のこどもBに影響し，関係悪化することを防ぐ支援行動パターンと，❷他のこどもBの行動がAに影響して，Aの行動上の問題が引き起こされることを防ぐための支援行動パターンの2種類がある。どちらも，A，Bそれぞれの受け止め方をキーパーソンが受

け止めていることを担保に，言わば A と B の関係を A とキーパーソン，B とキーパーソンの関係に分断し，キーパーソンがつなぐ分以外の不適切なつながりを遮断する歯止め支援である。そのためには，「感情」を受け止め，「行動」をストップさせることが肝要である。ここでフェーズ 1 で仕分けた「行動」と「意図」「感情」の峻別支援が功を奏すのである。

具体例を挙げると，負の橋渡し支援❶にあたる要素は，［事例 3-12］でもあったので，負の橋渡し支援❷にあたるものを［事例 3-13］に示したい。

事例 3-13：負の橋渡し支援→小学校教師 CS 事例

特別支援学級の児童がゲームのルールを理解できていないことを口汚く罵ることで他の児童が傷つく。

キーパーソンの支援担当教師が間に入り，そこで受け止めるべきことは受け止め相手に伝えないこと，相手の受け止め方を伝えないといけないことは伝える，という中継点での情報の取捨選択，つまりフィルター機能を担うことが必要である。具体的には，愛着障害児のルールを守らないことに対する怒りという気持ちの部分に焦点化して，「メッチャ，腹立ったんだよね」と言いたい気持ちを受け入れる。その気持ちは，例えば「わからないから教えて」と，ことばで伝えるとよいというように，ことばを教える。それが無理な場合は，その気持ちはキーパーソンにだけ伝えるように伝え，「先生だけはわかるよ，その悔しい気持ち」と，気持ちの受け入れだけをして歯止めとなり，他児に伝わらないようにする。暴言が先走って伝わった場合は，他児の気持ちに寄り添い，傷ついた気持ちを受け入れ，他児の気持ちを暴言を吐いた当該児童に伝えることができる時は伝える。無理な場合は，他児の気持ちを受け入れるだけに留めて，キーパーソン教師はそこで両者の気持ちを受け入れ，つなげない部分は保持，受け止める機能を担う。この保持受け止めと別の行動や情報に変換して伝えるという役割が，負の橋渡し機能として重要である。その場合，他児には暴言の児童を指導すると称して，その場から切り離して連れ出し，上記の気持ち受け止めの支援を 1 対 1 で実施するという方法もある。これは，その場から切り離して物理的にも遮断する方法である。

6. ARPRAM：「愛情の器」モデルに基づく愛着修復プログラム第4フェーズ

a. 自立のための支援

　特に，まじめな教師，指導員，親ほど，その熱心さ故に親切心，親心から「卒業するまでに」「もう5年生だから」「もう2学期だから」と，こどもの様子とは無関係に年齢や時期によって，こどもの変化を期待し支援を変えようとしやすい。しかし，これはこどもの実態に沿った支援とはならない。こうした勝手な時期的な外的目標を設定するのではなく，こどもの自立という内面的な目標を意識して，そのための支援をするのが，第4フェーズの支援の趣旨である。その場合，一番大切な目標は，キーパーソンがいなくなっても，年度が替わって交替しても，今まで作ってきた「愛情の器」が機能して自立的にそれを使った活動が機能するための支援である。

b. ①参照ポイントづくり：参照視転換

　「愛情の器」を，対象児徒が自分で意識して機能させるには，キーパーソンと共にその瞬間を意識する支援が必要である。それは何だろうか？　愛着形成において，参照視（referential looking）と呼ばれる行動がある。生後9ヵ月くらいから，モノを初めて見た際，親の顔を見る行為である。この行為そのものについては，心理的不安からくる反射行動との理解もある[28)][29)]。しかし，この行為は，社会的参照（social referencing）という枠組み[30)]で理解されることが大切である。これは，共同注意というコミュニケーションの発達にとっても[31)]，他者の表情や応答という情報を用いて自己の行動を調整する自己意識形成にとっても重要[30)]である。また，愛着形成にとっても実は重要な営みなのである。

　すなわち，参照視，社会的参照とは，愛着形成された母親に，「これ何？」と共同注意した後，「これ触っていい？　これしていい？　～してるよ。いいよね？」と，母の意向を確認するしぐさなのである。従って魅力的な遊具があると，そばにいる母を参照視せず一目散に駆け寄ってしまうこどもは愛着形成が不十分と言える。つまり，愛着という関係性の確認作業なのである。この確認作業があるから探索意欲も育まれる。それを支える愛着対象としての母親機能への信頼感も向上する。だから親は心配して，そうした確認行動をあまり制止

せず「うん，いいよ！」と大きく頷くのがいい支援となる。そして，これが探索基地機能に至ると，その場ではなく，後での報告となっていくのである。

従って，その場にキーパーソンがいなくても，「こういう時にこうすればよかったっけ?!」「これでいいんだね！」と，ツールや対応行動を自覚的に利用できて自己確認できるようになることが，自立には必要となる。そういう参照視，社会的参照に代わるもの，「参照ポイント」を自己の中に作るのである。そうした「参照ポイント」を含む自己概念をどれだけ育てられるか，というのが最終段階のキーパーソンがいない場合の自立として必要なのである。これさえできれば，新学年，新年度，あるいは卒業後，施設退所後，あるいは学校でのことを家庭や他の場面で活かすということにつなげられる。

そのため，できたことの位置づけに対する「参照ポイント」を持つための支援をしていくことになる。単にできたで終わらず，できたことをどういうふうに受け止められるか，本人がわかるレベルでどれだけできたことを捉えられたか，どういう力が身についたのか，自分でわかるように支援するのである。

そのために，ここが「参照ポイント」であると指摘すること，そこでキーパーソンとの間で，参照視，社会的参照をまず誘い，立ち止まり，確認し合う機会を作るのがキーパーソンの重要な支援となる。ではそこで，何を意識する支援をすればいいのだろうか？　それが次項のポイントとなる。

c. ②ツール意識の育成：セット学習のメタ認知

参照ポイントに使えるツールに気づき，それをいつどう使うといいかという意識を育てる支援である。ことばかけとしては，その「材料」，いつするのかという「時期」，誰と一緒だとうまくいくかという「人材」，何をするかという「行動」，どんな気持ちかの「感情」を意識するよう支援する。「何があったからできたのか」「いつやればいいのか」「誰がいたからできたのか」「その人は何をしてくれたか」「その人にどう言えばうまくいったか」「どんな気持ちを持つと失敗するのか」「どんな気持ちを持つとできたのか」「成功すると気持ちはどう変わったか」等を問いかけて，振り返りの経験を積むのである。お守り効果のあるグッズの利用も可能である。「これを持っていると大丈夫」というのがお守り効果であるが，自閉傾向がある場合，特に成功しやすい。

これらは，ある意味，今まで学習してきた，何と何が結びつけばうまくいくかという対連合学習，セット学習の総復習であり，その際にメタ認知意識を育てることが肝要となる[16)][32)]。そのためには，「何がよかったか」というツール意識に意識化すること，「そのツールがいつ使えるのか」という条件をも意識化するために，キーパーソンと都度都度および事後の２回振り返ることが重要となる。そして，振り返ったことを「あれ，ここで使えるね」と別の場面で確認して使用していくことが，その定着をさらに促進するのである。

d. ③できる素地・基盤力を評価する：行動の基盤づくり

　社会に出て行く場合，親離れ子離れでも同じことだが，「今現在，何ができているか」で，こどもを評価するのではなく，「何ができるだけの素地ができたか」で判断することが支援者として必要な視点である。具体的には，褒める際に，「○○ができていたね」と褒めるだけではなく，「こういうことができる準備ができていたので，これができたね」と素地を褒める。「こういう環境だったので，できたね」と背景の環境を意識するよう褒める。「こういう気持ちになったけど，こういう気持ちがあると気づいたのでできたね」と気持ちの変化を促した自己の感情コントロール力に着目して褒めるのである。
　そして，対象児徒が躊躇している場合，後押しする支援，少しもがいていてもそれを見守る支援の立ち位置で，自立志向を遮らない支援を採ることが必要である。決して，上から目線，かくあるべしという基準目線，あるいは，「やってみたら」とか「どう思っているの？」と真正面から向き合う支援は採らないことが大切である。

e. ④受け渡しの儀式：新・旧キーパーソンと対象児徒本人の３者立ち会い

　ここまでは，キーパーソンとの関係づくり，キーパーソンを通じた周囲との関係づくりを，対象児徒本人の自立に向けて積み重ねてきたのだが，その積み重ねを完成させ，次に引き継ぐための重要な最終関門がこの支援である。
　ある意味，愛着形成を誤解して，キーパーソンの重要度を過小評価し，キーパーソンが交替したり，いなくなっても大丈夫だとこどもに過大な期待をして，この支援を怠る場合がある。これは絶対にしてはいけない間違った対応である。

また、キーパーソンの重要度を逆に過大評価するが故に、キーパーソンの交替や消滅によるショックを緩和しようと、この支援を忌避してしまう、つまり知らない間にキーパーソンが消えているという配慮をする場合も多いが、これも誤った対応である。

1章2節f項で述べたように、「愛着形成は1人から始まる」を念頭におけば、キーパーソンの交替は、形成された愛着を現キーパーソンから新キーパーソンに引き継ぎ、愛着形成を1人から2人に広げるチャンスでもある。それができた方が、結果的に対象児徒の自立支援につながるのである。こうした愛着形成の広がりについては、安定的愛着形成ができているこどもは自然にできる。しかし、愛着に問題を抱えるこどもは、キーパーソンがしっかりお膳立てをして、責任を持って引き継がなければ、次年度や社会に出てから、必ず問題化してしまう余地を作ってしまうのである。

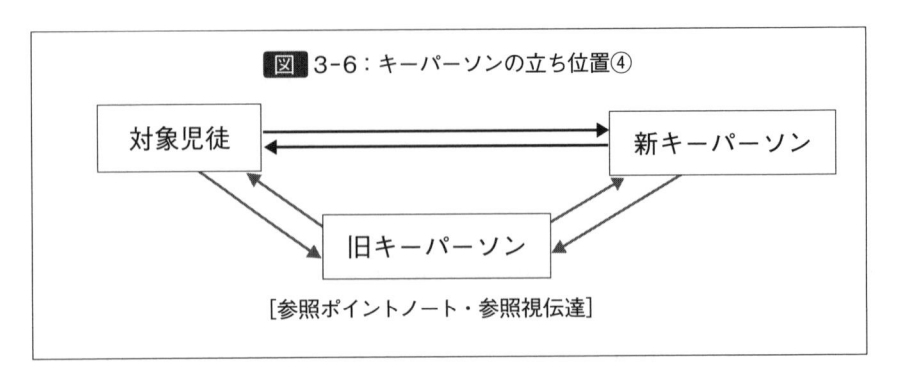

図 3-6：キーパーソンの立ち位置④

対象児徒　　　　新キーパーソン
　　　　　旧キーパーソン
[参照ポイントノート・参照視伝達]

そのために行うキーパーソン交替の儀式が、愛着対象の「受け渡しの儀式」である。これは、旧キーパーソンと新キーパーソン、対象児徒本人の3者立ち会いで実施するのがポイントである。3者が揃うことで、参照視、社会的参照というシチュエーションが、そこに図式として当てはめやすいため、受け渡しは成功しやすいのである。すなわち、旧キーパーソンが新キーパーソンを対象児徒に紹介し、対象児徒は新キーパーソンを旧キーパーソンに参照視しながら、それを受け入れる儀式なのである。[図3-6]にこの3者関係を図示した。対象児徒の年齢によって方法が違うので、以下に具体的方法を示す。

具体的には、小学校中学年以降では、「参照ポイントノートの活用」が効果

的である。今まで，b～d項で述べた①～③の支援を参照ポイントノートに記載しておくのである。これは，d項で述べた③のできる素地・基盤力評価にも効果をあげ，キーパーソンとの間での振り返りにも寄与する。この「参照ポイントノート」を新キーパーソンの前で，旧キーパーソンと対象児徒は，振り返って，「いつ・誰と・どんな時・何を使って」できたことがあったかを復唱，復習するのである。この様子を新キーパーソンに見せること，そして，新キーパーソンに見てもらっていると対象児徒が意識するようにすることが大切なのである。「ほら，この時，こうしたからこれができたよね。先生，この子，こうするとこれができるんですよ。ねっ！」というようにである。

　対象児が幼児・小学校低学年の場合は，参照ポイントノート作成までは困難な場合がある。その場合でも，視覚呈示可能なカード等を作り，1つ，2つ，重要なできたことをメモとして手渡すことが大切である。その上で，大切なことは，新キーパーソンの前で旧キーパーソンと対象児が，「これやったね，やってごらん，そうそう」と対象児と確認した後，対象児の目の前で，新キーパーソンに「うんうん，これ，これなんですよ。できるでしょ！　これ，やってくださいね」と伝え，新キーパーソンの前で，対象児に「これ，やれるね，この先生がいれば，大丈夫。先生の替わりだから，同じようにできるよ。やってごらん」と，言わば「参照視伝達」して，キーパーソン機能をつなぐ儀式なのである。「参照ポイントノート」の代わりが，キーパーソンとの実演復習なのである。

f. ④受け渡しの儀式支援の事例

> **事例** 3-14：キーパーソンの引き継ぎ→小学校教師CS事例
> 小学校5年生女子。4年生男性担任からの引き継ぎ儀式により受け継ぎ，約束ノートを参照しながら行動支援に成功した。

　［事例3-14］は，受け渡し儀式の例である。旧キーパーソンには，アドバイスとして，「経験と経験の対決」という表現で支援へのエンパワーメントを行った。不適切な経験を山のようにしていても，それを上回る適切な経験を

すれば乗り越えられる。本人が今までにたくさんしてきた負の経験と，これからキーパーソンとしていく正の経験の勝負となるが，決して経験量で勝負は決まらない。3年を取り戻すのに3年かからない。「経験の量の対決」ではなく，大切なのは，「経験の質」であり，その経験の質が経験の量を凌駕すると信じて支援するよう励ました。当該キーパーソンの教師は，包容力と指導力があり，こどもに寄り添う素晴らしい支援ができる教師であるが，このアドバイスがこの教師の心にジャストフィットしたことで，更なる支援意欲と見通しをもたらしたのだろう。

　その結果，1年で支援は成功し，このキーパーソンがいれば落ち着いて行動できる愛着形成・修復ができた。その上で，キーパーソンの引き継ぎ儀式では，新キーパーソンを「この人が信頼できる人」と伝え，旧キーパーソンである担任との約束，できたことを次のキーパーソンの担任に本人の前で伝える儀式を行った。「△△の約束守って〇〇できたね。この先生にも約束しよう。先生お願いします」「わかりました。そうなんだ，△△すれば〇〇できるんだね。よし，やろうね！」など，こういう旧キーパーソンへの参照視と，新キーパーソンへの期待視が起こることを確認したのである。参照ポイントノートも引き継ぎ，これを旧キーパーソンとの信頼のサイン，新キーパーソンとの言わば契約の確認書としても使用した。引き継ぎ後の新キーパーソンには，別の信頼確認グッズができ，担任が替わった後もそのグッズを見せて，キーパーソンとの関係性の確認をしていたとのことである。まさに，愛着形成が1人から広がっていき，本人が自立できた事例なのである。新キーパーソン（余談になるが，その後，大学院で筆者の指導の下，学ぶことになった）にとっても，そうした支援の引き継ぎは，今までの自身の指導観やこども観の転換につながったようである。

　このように，年度終わりに次年度の人事が確定したら，離任式もしくは新年度早々に前もって，引き継ぎの受け渡しの儀式を確実に実行することが望ましい。しかし，そうはいかない場合もある。［事例3-15］のような場合がそうである。

事例 3-15：自閉傾向のある幼児への支援の引き継ぎ→保育士CS事例

　年少児男児。1年間，アドバイスに基づき，支援保育士との関係ができ，嫌なことがあるとしっかり抱っこされ泣いて機嫌が直るようになった。しかし，

まだこだわりが強く切り替えには支援の保育士との丁寧なやりとり等の時間がかかる。ことばの発達，発音の明瞭化も進んだ。このクラスに次年度，自閉傾向があり多動の男児が入所予定。また，支援担当の加配の保育士は１年契約で次年度は変更の予定。どのように体制を作るといいか？

　まず，このような幼児の場合，支援担当保育士との間に参照ポイントをたくさん作るのは年齢的に難しい。そこで，1つだけ，「これはできるね」の確認と約束をしておく。そして，この例のように，旧キーパーソンが先にいなくなり，引き継ぎ式ができない時は，本児の行動パターンをメモとして「〇〇の時は△△しやすい。その時□□すると比較的できる」という［状況・行動・支援］の3点セットマニュアルを作成して引き継ぐようにする。また，本児とは，「新しいキーパーソンとこうするんだよ」という約束をして1つ確認してから，離任する。
　また，常勤のクラス担任が残るなら，その点を担任にもしっかり共有しておく。これが疑似受け渡し儀式となる。受け渡しの対象は，新キーパーソンではなく，新キーパーソンに引き継いで受け渡しをする人物に，暫定的に受け渡しをしておくのである。この場合，その暫定キーパーソンである担任は，2つの橋渡し役を担うこととする。1つは，「担当は，今度はこの先生だよ」と本児に伝える人間関係の橋渡しである。2つは，「こういう時はこうしていました。こうしてください」という情報を新キーパーソンに伝える橋渡しである。この2つのつなぎ役を演じるのが暫定キーパーソンの役割ということになる。
　このように，新・旧キーパーソンのどちらかが非常勤勤務等で，こうした引き継ぎができない場合は，準じた形でできる部分を実施するとよい。新キーパーソンが後から着任する場合は，着任してから旧キーパーソンから受け渡しの儀式をするとよいので，時期だけのずれとなる。この場合，たとえ旧キーパーソンは対象児徒の担当をはずれていても，新キーパーソンが決まるまでキーパーソン役は続ける必要があるのは言うまでもない。

g. 保幼小中高の連携としての受け渡しの儀式支援

　いずれにしても，一番，引き継ぎが必要なのは，保幼小中高の間での引き継

ぎである。学校園所の環境が物理的に変わることは、対象児徒にとって、大きな変化を伴う試練であり、キーパーソンが同じく機能してくれることこそ、最大の懸案事項なのである。

しかし、保育所や幼稚園では、当該対象児に適切な支援を実施してきて、小学校にそれを引き継いだにもかかわらず、うまくいかない事例を以前によく経験した。文書によるだけの引き継ぎ、あるいは口頭での引き継ぎで、当該対象児が一緒でなかったため引き継ぎがうまくできなかったのである。また、しっかり引き継いだにもかかわらず、小学校側に真剣に受け止める意識がうすく、その子に必要な特別な支援体制が実施されず、たちまち、「学校始まって以来の問題児」とのレッテルを貼られてしまうことになった。対応の「平等性」という観念に囚われたためだろう。これは、5章でも取り上げるが、「平等」と「公平」は違うという認識が、まだ広まっていなかった時代、こうした愛着障害児の問題がそれほど顕在化していなかった頃の出来事である（と信じたい）。

今、挙げたのは、保幼小の連携問題であるが、小中の連携、中高の連携でも同じような事例は枚挙に暇がなかったのである。現在でもそのようなことが行われている校区では、今一度、保幼小中高の連携のあり方を見直す必要があるだろう。

特別な支援が必要なこどもの引き継ぎのための、こうした受け渡し儀式の実施そのものが、互いの顔合わせ、行き来の理由ともなる。それが保幼小中高の連携関係をより深める一役をも担うのである。こうした連携が成功する秘訣は、各学校園所の教員が、顔と顔をつきあわせて（face to face）、対象児徒をまさに共同注意（joint attention）して、実のあるコミュニケーションをすることなのだから。

....

7. ARPRAM：「愛情の器」モデルに基づく愛着修復プログラムによる支援事例

a. 受容の意味：主導権を握ることの大切さを示す事例と調査研究

前節まで述べてきたように、愛着障害は、愛情を受け取る器である「愛情の器」をこども自身が作れていない。従って、いくら愛情を注ぎ込んでも、その愛情を貯めておく器は、言わば、「じゃじゃ漏れ状態」で、愛情を貯められな

いのである。こうした問題を抱えるこどもに対して、心理的支援としてよく強調される、「受容」「共感」という支援は、どのような意味があるのか、改めて現場でよく誤解されている点を事例をもとに考えたい。

> **事例** 3-16：愛着障害児への受容支援→児童福祉施設SV事例
> 小学校5年生女子。愛着障害で夜尿。攻撃行動が多発。指導員にも偉そうに命令する。こういうこどもには無条件の受容という対応がいいのか？

このこどもも、もらった愛情を貯めてエネルギーにできないので、愛情が注がれる時の快感だけを欲し続け、それでも満たされないので要求は必然的にエスカレートし、指導員に命令、支配しようとしている。この事例でも、別のスーパーバイズ（SV）を受けた際、その専門家は「受容が足りない」ので、「もっと、無条件に何でも受け入れるように」とアドバイスしたそうである。そうすると、こどもの要求はますますエスカレートするばかりか、同時に混乱をきたしてしまうのである。こちらが受容しているつもりが、かえってこどもに振り回されているという状態になってしまうのである。

ここでまず必要なのは、3章2節b項で示した［表3-1］の第1フェーズの［②受容による信頼関係の構築］で示した、受容の意味の再確認である。3章3節e項で述べたように、受容すべきは、本児の行動ではなく、気持ちであることをしっかりと踏まえた対応をしなければいけない。従って、「無条件な受容」などしてはいけない。「行動は受容せず、感情を受容する」という受容の峻別こそが重要である。現場で行われる専門家のアドバイスにも、こうした受容の誤解、混同が往々にしてあるのである。

この無条件な受容、すなわち「全面受容」という親の養育態度の問題について、筆者は以前、幼稚園児を対象にした調査研究を行ったが[33)][17)]、その結果が興味深いので紹介したい。対象は、私立幼稚園3園の年少児～年長児575名とその担当教師・保護者を対象とした。保護者がこどもの言いなりにすべてを認めている「全面受容」、こどもにおやつや遊園地等のご褒美をちらつかせて言うことを聞かせる「機嫌取り」、つい感情的に怒ってしまう「叱咤感情的対応」という相異なる養育態度は、等しく園でのこどもの他児やモノへの攻撃

性を高め，養護性（思いやり行動）・自己制御（がまん）・自己主張（したいことを表現する）を低くするという現象が見られたのである。それに対して，親がこどもの気持ちを適切に受け止める「受容理解」，こどものために親が主導権を持って様々なかかわりをする「積極的かかわり」という養育態度で接されたこどもは，園での養護性・自己制御・自己主張が高く，攻撃性が低いのである。こどもの要求をすべて認めるということは，こどもの機嫌を取ろうとしておもねることや，こどもの言うことを感情的に否定して叱咤することに等しい。真の受容とは全く違うものなのである。こうした関係性は小学生[17]〜大学生まで，どの発達段階でも同じ様態を示すものなのである。

　さらに重要なのは，3章2節b項で示した［表3-1］の第2フェーズの［①主導権をキーパーソンが握る］で示した，主導権の所在である。こうした場合は，規律や規則を押しつけても入っていかない。しかし，3章4節a項で述べたように，本人が受け止められるように指導者が主導権を握って，こちら側から「提案」した「約束」を「一緒に実行」し，できると——あるいは，守れると——「褒める」，という関係を強化していく必要がある。愛情を，言わば裸のまま呈示して，それをどう受け止めるかはこども任せというのでは，愛着障害のこどもはその愛情を貯めて使えない。愛情を入れる器のモデルを示すために，「愛情の器」を付けて，そこに愛情を入れて呈示して，本人にそれをどう受け止め，どう定着していくかをも呈示する支援が必要なのである。具体的には，3章3節・4節で述べたように，「これできたね，何か気持ちよくない？これはとっても嬉しいことなんだよ。だから喜ぼうね。こうしたら嬉しくなるんだ，覚えておこうか！」と確認しつつ，関係づくりをしていくことが肝要なのである。1対1の対応，行動の枠組みと目標をセットにした望ましい行動を確認していくべきなのである。

　受容とは，「すべてを受け入れること」でも，「望まれてすること」でもない。これは重要なポイントである。本来の愛着形成では，本人の望んだタイミングとほぼ同時に愛情を注ぐと，それらは一体視され，どちらに主導権があるかとの認知はされないので問題は生じない。しかし，2章4節n項で述べたように，本人が望んでも最初拒否し，その後根負けして与えると，こどもが要求し続けたから親がそれに従ったことになり，主導権はこどもにあることになる。愛着

障害児では，こどもの要求に応えることは，初めから主導権をこどもに置いた支援となり，その支援がうまくいくことは困難となる。

事例 3-17：愛着障害児の特性も踏まえた受容支援→児童福祉施設 SV 事例

中学校 2 年生女子。今まで自分のことしか関心がなかったが，いろいろな周りのことに関心ができてきて，かえって妄想気味におびえたり，不安がる。こういうこどもには，言いたいことをずっと聴いてあげるという無条件の共感，傾聴という対応がいいのか？

この事例のこどもは自閉傾向もあり，今までシャットアウトしてきた外界の情報に，発達的にも環境的にも慣れてきて，興味を持ちだしているのだが，戸惑い混乱している状態である。また，認知特性として，話が飛ぶ，いろんなことを結びつけて理解できないという，枠組み的な理解が苦手，という特性も持っている。この事例でも，別のスーパーバイズ（SV）を受けた際，その専門家は，「とことん話を聴いてあげる」よう，傾聴による共感を促したそうである。実際，話を聴けば聴くほど，話は止まらず，止められず，本人は混乱し，指導員は疲弊したそうである。こういうこどもに対して，とことんしゃべらせて話を聴くのは不適切である。なぜなら，しゃべることで混乱することを助長するからである。

そもそも共感の趣旨はただ傾聴するのではなく，共にその立ち位置を「理解」して，そうだったのかと「気づく」――つながりに気づき「まとめ，整理する」――「それでいいのだ」と「腑に落ちる」という支援であったはずである。これらは，立場を認める認知的共感，気持ちを認める情動的共感と説明される。つまり，クライエントが振り返り，整理できる共感である。

この事例で必要な支援は，本人が堂々巡りで気づかないところに介入して，こちらで，「こういうことだよね」とまとめてあげる支援である。適切なタイミングでそれができるかどうかを左右するのが，人間関係，信頼関係である。信頼関係がなければ，適切な支援であっても受け入れられない。そのためのキーパーソン選定なのである。そして，「これはこんなふうに受け取ると楽になるよ」と，捉え方や認知の整理の支援をしていくべきであり，ただ聴てあ

げるという一見受容的に見える支援は，相手の立場に立たない非受容的な支援に等しいのである。これも，前述の「全面受容」というこどもの言いなりになる態度と等しいのである。

この事例では，本人がしゃべるのではなく，周囲との環境に疲れたら，1人でクールダウンして落ち着けるようにと，セルフクールダウン支援の実施をアドバイスした。それによって非常に安定化した事例でもある。こどもに合った支援こそが望まれるのである。

b. 幼児支援の事例：効果的な支援

ここでは，支援の成果が比較的，早期に実感されやすい幼児の事例をいくつか紹介したい。

> **事例 3-18：注目して欲しい行動をするこども→保育士 CS 事例**
>
> 4歳児年少男児。何もされていないのに他児を噛む。高い所に登ったりして注目して欲しがる。「抱っこ～」と甘える，「気持ちがわかるよ」と伝えると抱きついて泣く。2歳の弟も同様な行動をしている。

注目を求めての危険な行動は叱ってもなくならない。叱られることで，注目してもらったと学習するからである。そんな場合，どうすればいいかという代替行動を示して支援をするといい。こっちを向いて欲しい時にするサインを決め，それをすれば，必ず応ずる経験を積めば，そのうち待てるようになるのである。だが，こどもの呼び掛けに気づいて応答するのに，2度目にはもう待たせたりと，こどもの求めに応じておいて自分の都合を押し付けてしまうことがよくある。これは，一貫性のない行動で，アンビバレントな愛着を作りやすい対応なのである。

この事例では，保育士を信頼できると思うから，甘えているし，保育士も気持ちがわかるという適切なかかわり方をしようとしている。第1フェーズはほぼクリアしており，必要なのは，第2フェーズの主導権である。「これをしてね」と働きかけ，「したら褒める」のである。こうして，望ましい行動を増やし，結果として，注目期待行動を減らすことができるのである。

こうした学習成果をさらに効率よく期待するなら、みんながしているのに本児だけがしていない、他児を叩く等の不適切行動をしてから指導するのではなく、先手を打つ支援が必要である。先に、本児にだけ次にすることを「先の声かけ」として伝えてさせる「予告支援」、本児とだけ1対1でその行動を先にする「個別予習支援」、本児がちょっかいを出したくなる前にすべきことである「個別作業」を指示する「作業の居場所支援」をすれば、不適切行動を叱るよりも、不適切行動がおきやすい場面での発生がより効果的に低減できる。こうした支援は4章3節a項（P176）でも取り上げるが、自閉傾向と愛着の問題を併せ持つこどもにも非常に有効である。

幼児は、好奇心も強く、それを遮られた学習性無力感の経験も少なく、こうした行動学習そのものが新鮮で、関係性欲求もまだ不適切な経験をそれほどしていない。従って、注目すべき点を明確にする認知支援、すべきことを明確にする行動支援を徹底すれば、その学習成果は、比較的早くかつ確実に期待できるのである。

事例 3-19：愛着に問題のある幼児への支援→保育士CS事例

年長男児。多動な時が多く、奇声を発して走り回る。母親のお迎え時に特に走り回る。玩具のペントハウスの屋根に登ったり、汚れ物を振り回す。午睡時に手を口に入れる。家庭もネグレクト傾向、身体清潔習慣がない。やりたいことがあると止められない。

愛着障害の多動で、保育者と約束してからすると、約束事ができることもあり、ムラがある多動である。危険行動等、不適切行動も多く、母親へのマイナスの感情を多く持っている。従って、適切な行動学習を1つずつ積み重ねていくことが必要である。1つの約束をして（入口を狭く）、それができたらすぐに（接近した短いスパン）1つ褒める（出口を狭く）のが効果的である。4章で後述するが、この支援は自閉傾向のあるこどもにも効果的である。

幼児、あるいは知的障害児には、3章2節b項で示した［表3-1］の第1フェーズの［③感情のラベリング支援、④振り返り支援］で示した学習を丁寧に実施する必要がある。同時に、丁寧な支援をすればするほど、その効果は大

きい。3章3節g項～i項で述べたように，行動を細かく切って，具体的な1つの行動を言語化し，「ジャンプしたね」と意識化し，「ジャンプしたら気持ちいいね。先生と一緒にジャンプしたら楽しいね」と保育士は満面の笑みで楽しい表情をいつも浮かべながら，行動と感情のラベル化をする支援が効果的である。前述したように，言語のわからないこどもにもその言葉を使う時は，いつも同じ表情，同じ仕草でラベル化すると効果的である。こうした行動のラベル化は言語発達に，感情のラベル化は感情コントロール，特定他者意識は愛着形成促進に寄与するのである。ある意味，こうした幼児への支援は，様々な発達支援に直結しており，支援する側にも支援される側にも容易である。「幼児だから，この程度なら大丈夫」と思わず，「幼児でも集団行動させよう」と思わず，支援しやすく，効果が見込まれる幼児期だからこそ，キーパーソンによる1対1の早期支援を心がけたいものである。

事例 3-20：愛着に問題のある幼児への支援→保育士CS事例

　4歳男児。母子家庭。歩き回り，構ってアピール。高い棚に登ってジャンプする。ドアを蹴る。母は忙しく祖母が生活の面倒を見ている。他児を噛む。思い通りにならず，泣いたら激しく，なだめても中々収まらない。言い出したら聞かない。放っておくとそのうちどこかに行ってきて復活。

　危険な行動等気を引き愛情的かかわりを求めているが，それに応えても愛着修復には寄与しない。こちらから行動をさせてそれができたら，「先生と一緒に先生の言ったことができたね」と褒めることが大切。そうした関係ができると不適切なアピール行動は減る。この事例では，気持ちがコントロールできない時は，クールダウン支援が適切である。元から，一人でどこかに行ってきて自己クールダウンしているからである。しかし，自分で何とかすることをこの時期に経験すると，愛着形成にはマイナスである。キーパーソンと一緒に2人だけで集団から離れ，気持ちを聞き，認め，あるいはこういう気持ちだったんだよねと鎮める。そして2人で戻ってきて集団につなげる支援をする。こうした2人でのクールダウンが効果的である。

事例 3-21：第2子誕生による長子への親子関係支援→保護者相談事例

5歳の保育園女児。言い出したら聞かない，先生や親の言うことを聞けない。長時間泣き続けたり，部屋の隅ですねる。プチ家出もした。家出をした理由を聞いても「一人でいけると思った」と答える。偶然がきっかけで毎日箸を噛んで折る。理由を聞くと，「噛んだらどんな気持ちがするかと思った」と答える。こうした行動は次女が1歳になった頃から顕著になった。父親は上の子をかまうことを甘やかしと捉えて非難し，厳しくしつけるべきと言う。父親が怒らないように，先回りして母親が叱ることが多くなった。

まず特性として，本児には自閉傾向によるこだわり行動の問題がある。相手の気持ちがわかりにくく，感情のコントロールが苦手で，納得できない思いを自分で言語化できない。それが，「箸を噛む」等の不適切な行動の繰り返しに現れている。こうした特性を持つこどもには，4章で後述するが，理由を聞くのは避けた方がいい。理由を聞くと，本人は，親が求めている理由，すなわち，本当の原因ではなく，後から感じたことを理由と取り違えたり等，本人にしかわからない印象的なことを言語化してしまう。それを聞いた親にとって，ある意味，「何というヘンな理由を」と腹立たしく思ってしまうからである。

愛着の問題は，多くの場合，長子にとって，次子誕生による姉妹（きょうだい）関係の変化がきっかけとなりやすい。普通は誕生時に母親を取られた思いからだが，この事例の場合は，赤ちゃんの妹は許せても，もう赤ちゃんではなくなったのに妹に手をかける母親に嫉妬しているのが自閉傾向がある本児の特徴である。一般的に，長子，上の子は，下の子ができると，母親は下の子だけにかかわるか，上の子にかかわる時は必ず下の子も一緒という対応をされる。これが，今まで1対1でかかわってくれた母親の変化として，愛着の基地の不安を感じるのである。

そこで必要なのは，「上の子デー」「上の子アワー」の支援である。下の子は，父親あるいは子育て支援者に任せて，上の子と一緒の1対1の時間をとることである。ここで，愛着の絆を再確認するのである。この際，母親として心がけるべき大切なポイントが2つある。1つは，その2人きりの時間では，下の子を忘れることである。下の子のことを気がかりに思いながら，上の子といても，

上の子は母親との1対1の関係を実感できないからである。もう1つは，この「上の子アワー」の時間を持つことで，「もっともっと独占をしたがらないか？」と恐れないことである。母親自身が主導権を握って，日頃頑張っているご褒美として，この時間を設定するように位置づけることが，この危惧を払拭する。恐れること自体が後手を踏んでいるのである。

　先回りに叱ることの不適切さも，この事例で重要なポイントである。そもそも，自閉傾向があり愛着に問題があるこどもを叱ると，人間関係はさらに悪化し，拭いがたい憎悪感が残存してしまう危険性が高い。よくあることだが父親に叱られないように母親が前もって叱るという対応には問題が多い。母はよかれと思ってのことだろうが，そうすることで，こどもにとって母親が安心基地であるという信頼感が薄らぐのである。父親が叱り，その安全，安心基地として母親が受け止める役割分担の方が，愛着形成には望ましい。この場合，必要なのは，親がお互いの役割意識を再認識し合うことである。母親はその安心基地としての役割を父に伝え，父親に母親の機能を理解してもらい，父親は父親機能として，「よくないことであると知らせる」という情報として叱る役割に徹してもらうのである。叱るだけではこの子は変わらないので，「後は任せて」と母親が引き受け，父に叱られたこどもに「気持ち」を受容し，「なぜ叱られた」のか，「どうすればいいのか」を丁寧に教えるのである。こどもには，父親の行動の受け止め方を教えると同時に，母親自身も，父親が叱る役割を担ってくれているのだから，自分がその代わりをするのではなく，もっと母親機能を充実させよう，もっと安心を与えようと心がけることこそ肝要なのである。

c. 児童支援の事例

　ここでは，小学校児童への支援のいくつかの事例を紹介したい。

事例 3-22：愛着障害への支援→小学校教師 CS 事例

　小学校1年生男子。運動会等で走り回って落ち着かない。教室や校門からの飛び出し。追いかけるとこちらを見ながら笑って逃げる。追いかけないと引き返して来る。突然，大声で叫ぶ。モノをよくなくす。服を舐める。上靴，靴下を脱ぐ。寝転がる。高い所が好きで非常階段のベランダをよくうろつい

ている。冬でも薄着。一方でフードを被る。教師に抱きつく。教師にモノを取り上げられた時，かきむしられたと被害妄想的に母に訴える。

　本児には，愛着障害の特徴が多々見られる。フードを被るのは自閉系に多いが，籠もったり，薄着でさらけ出したり両極端の装いが特徴である。追いかけてみると笑いながらこちらを見ながら逃げるというわかりやすい愛情欲求表現をすることで，愛着障害であることがわかる事例である。追いかけずに叫ぶと「どうしたの？」と戻って来ることからも，愛着の問題があることがわかる。この事例では，愛情試し行動や抱きつきには，要求通りにしても，突き放して放置しても，どうするの？どうして欲しいの？と問い詰めてもいけない。要求通り抱いても満足を学習できず，こども主導権の愛情付与となり効果が少ない。突き放すと拒絶感を与えて行動が悪化する。「なぜ？」と問うても答えられないか，ウソや弁明ばかりするだけ（自己防衛）である。こちらで先手の支援を試みるべきである。

　具体的には，抱きつきにきたくなった気持ちを察知して先手を打って，「ちょっと寂しくなったのね」「先生好きなのね」と感情のラベル化をし，「そういう時は，握手するんだよ」と「好き好き」と言いつつ，握手をしっかりしてその握手した手を意識的に振りながら，「ほら，先生と握手すると気持ちよくなったよね」と気持ちの変化が生じたことを強調する（誰と何をしたらどういう気持ちになるかの学習）。握手は，抱きつかれて主導権をこどもに握られている際，その主導権をこちらに奪い返すのに，極めて効果的な支援なのである。高い所に行く時には，それよりもしたいことに先に誘ったり，あるいはその高い所に一緒に行き，「ここはキーパーソンの作ったものだよ」とか言って価値付けを変えるのもよいだろう。

　先手必勝のためには，クラス全体に指示をしたら，必ずアリーナ席（一番前の教卓の横の席）に指定した本児に個別指示をして確認，何か不適切なことをした時も必ず気持ちを聞き，どうすべきかの個別指導で対応する。こうした1対1対応・個別対応をいつも心がけることも先手必勝の1つである。

　クラスの他のこどもには，5章でも触れるが，叱るというのは叱って行動を変えられるこどもには叱るが，まだ叱ってもできないこどもには叱らない。し

かし，それは放置や甘やかしではなく，「叱る」と「できる」こどもにするために必要なことだと，しっかり教える。そのために個々のこどもも本児にも具体的行動を褒めて強化するとともに，できていることを褒めて自尊感情を高め，「見て，できたこと」を褒めてモデル学習力をつけることを心がけるとよい。そうすれば「できていない」こどもを見守り，励ますことが可能となる。

事例 3-23：脱抑制タイプの愛着障害への支援→小学校教師 CS 事例

小学校 3 年生男子。身体が揺れる。床に寝る。上靴をはかない。べたべた人に触る，ひっつく。モノも触る。消しゴムの練り消しをずっと触っている。落とし物があると自分のかもといつも訴えに来る。給食で出た苦手な食べ物を口に入れたまま運動場の真ん中に捨て，さも自分が見つけたかのように大騒ぎして，実は自分がしていたという自作自演の事件を起こして発見者となる。いいところを見せようと参観者がいると張り切る。4 人きょうだいの長男。妹とよく喧嘩し，いたずらされて仕返ししようとして見つかって親に叱られる。家では母に叱られることが多く，電話することを怒られるからと拒絶する。悪気なく他児を押しのけたり，何かをしようとして走ってぶつかったりする。

裸足は，寝転ぶのと同じように，肌感覚として地面を触れて感じて安心したい部分と，靴に包まれていられず，さらけ出したい衝動的な思いの現れである。モノを触り続けるのも安心したいためである。自分のモノかもしれないと思うのもそうである。自作自演の事件も愛情欲求行動で，注目されたいからである。参観者の方を気にしているのも同様である。衝動的な欲求が他児へのぶつかりになっている。誰かが追っかけろというと追っかけて倒してしまうのは自閉傾向のこどもに多く，自分の思いが先走ってぶつかるのは愛着障害の場合に多いが，本児はどちらも持っている。

3 年生くらいになると，脱抑制タイプでも，役割を与えて褒めて関係を作るのが効果的である。本児の混沌としている自分でもわからない気持ちを言語化してあげる「感情のラベリング」は，衝動性を下げる効果が大きい。その関係を強調してキーパーソンである教師との関係を深めることにも使える。

事例 3-24：通常家庭の抑制タイプの愛着障害への支援→小学校教師 CS 事例

小学校5年生男子。しつけは厳しい。学校で無表情。友だちとかかわらない。いたずらをして叱られるかどうか担任教師を試す行動あり。母の反応も試す。

　大人への疑心暗鬼と猜疑心があり，大人への試し行動も見られ（反応を見ている），抑制タイプ（安全基地の歪曲の部分も持っている）の愛着障害であろう。母親が，いろいろ言わなくていいことも，自分のはけ口として伝えたことで，こどもは大人を信用していないのである。こっちを見て欲しい，愛されたいという気持ちが根っこにあるが，素直に言えず自己防衛の鎧を着ている状態。誰かに優しくされても，そのことを母親がどう捉えるか知りたくて，伝えて反応を探ろうとするのである。その意味では，安全基地の歪曲的特徴もある。

　こういう場合は，「愛情の器」モデル支援の第1フェーズの支援をしっかり行うことが大切である。その際，他の教員は，脱抑制タイプのように，叱ったり，指導しないで，あまりかかわらない方がいい。大人への不信感があるので，かかわったことをどう捉えるか制御できないので，1人のキーパーソンと母親役の担任だけが濃密にかかわり，他の大人は一歩引いた方がいいのである。

　キーパーソンは，こちらが明白に把握している行動のみを対象に，いいことをしたら積極的に褒める。そして，「褒めたのは，そういうことを君がしてくれるのが先生が嬉しいからだよ。褒められたら，あなたも喜んでいい，お互いにいい気持ちになって嬉しいのがいいんだよ」と強調して，しっかり何度も伝える。これを繰り返す。不適切なことをした時もそれが目の前で起こったことなら，しっかり丁寧に叱り，「叱るのは，あなたが好きだからだよ，好きなあなたにこうして欲しいから叱ったので，はいと素直に言ってくれると嬉しいし，はいと言ったらやれる気がするよね」と，しっかり気持ち支援をする。把握できないことには，最初は褒めたり叱ったりの評価は差し控えるのが適切である。

事例 3-25：多動な抑制タイプの愛着障害への支援→小学校教師 CS 事例

小学校3年生女子。フラフラと多動の時と，クレパスを刻んだり好きな手遊びをやっている時がある。指を口に入れることが多い。意欲にムラがある。

褒めても喜ばない。べたべた甘えない。表情が乏しい。ルールを守れない。指摘しても，「それなら自分にそんなことさせなければいい」と主張。教師と1対1でも，じっくり話を聞けない。乱暴な言葉使い，モノを投げる。お手伝いをさせると頑張ることがある。

多動にムラがあり，「自分にさせなければいい」などと，ねじれた自己主張をして甘えないことから，ADHD ではなく抑制タイプの愛着障害と推定される。こうした場合は，［表3-1］の第2フェーズの［③役割付与支援］を重点的に用いる。役割は，その作業をする（お手伝い）ことによる落ち着き効果と，役割を依頼した相手である教師との関係づくりによる人間関係支援効果との両方が期待されるのである。従って，与える役割は，1人でできる個別作業が望ましい。それを傍で見守ったり，少しかかわることで関係を作っていけるように心がけるのがよい。

事例 3-26：愛着障害への支援→小学校教師 CS 事例

小学校1年生男子。母子家庭。弟，祖母が同居。口に鉛筆，服，指，紙等を入れる。ハサミで机を傷つけたり，針をくわえたり，高い所に登ったり危ないことをし，注意しても「自分はそれをしても大丈夫」「友達がいなくなっても平気」と言う。喧嘩をしていたと目撃者が言っても「やってない」と言い張る。こういう傾向は，4月にはなく，5，6月に強くなり，丁寧にかかわって7月には収まった。やりたい気持ちは強く，すべきことがわからないと多動となる。わかったらできるようになるし，できることは最後までやり抜く。字は拾い読みで，意味が理解できない。形はお手本があると書ける。できない時に「できる！」と言い，できる時には「できない！」とよく言う。何でもないようなことでいつもは泣かないのに泣くことがあった（痛い・バカと言われた）。母は特別支援学級に否定的で在籍しているがあまり行かないでいる。

遂行力，行動，意欲の問題はなく，本児の愛着の問題は，どのように評価されるかという評価不安に出ている。できている時でも，できると言うと，できないという評価を人からされることを恐れて予防線を張り，できていない時は逆にできると言って気を惹こうとしている。従って，天邪鬼な反対の言動が見られるのである。4月は頑張っていたが，成果，評価が自分では充分に得られ

ている感触が感じられず，エネルギー切れで5月〜行動問題を持つようになったが，しっかり大げさに褒めること，この先生は自分を認めてくれると安心できたことで落ち着く。夏休み明けの9月にはまた家庭での問題を抱えたり，気負いがあったりで，同様のことが起こる可能性が高いので，先手を打って，まず確実にできることをさせて，すぐ褒めることで自己肯定感を持たせ，評価不安を払拭する支援が必要なのである。できないと思ったり，不安が出てから対応したのでは遅い。こうした評価不安には，このように，肯定的評価を大げさに確実にすることが大切である。当たり前のことができる機会を設け，大げさに褒めるのである。上級生になると，この大げさは，むしろ軽く言い添えるくらいのニュアンスの方が効果的となる。「ふーん，できてるんだ〜」と。

　特別支援学級での読字障害への個別支援をキーパーソン探索基地機能学習として位置づけるのがよい。読字障害には，2章3節g項で述べたように，絵・音・字の3点セット呈示で，どこからでも他のものを選べる，言える学習をする。そうした個別支援を特別支援学級で行うこととし，キーパーソンの担任が送り出し，できたことの報告を受けるという探索基地機能でフォローすると愛着形成にも寄与できるのである。

d. 支援体制の事例

　中学生以降の事例は，たいていの場合，発達障害と併存して大きな問題を抱えている事例が多いので，4章でまとめて取り上げることとする。

　保育所，幼稚園，小・中・高等学校を通して，支援体制をどう作るかというのは大切なポイントである。5章でも取り上げるが，ここでは小学校における事例と児童福祉施設における事例を取り上げたい。

事例 3-27：愛着障害と思われるこどもへの支援体制→小学校支援員CS事例
　攻撃的，自己防衛的な小1の男子。支援員として，支援に入れる時間が限られているが，キーパーソンとしてどのようにかかわったらいいか？

　大切なポイントを以下に箇条書きで，5点挙げたい。
(1) 拠点づくり：登校時にリソースルーム等の居場所にまず行き，支援員と今

日のミッションを確認する。授業後，下校時にも立ち寄り，支援員に報告する。会えない場合は，ノート等にひと言書く，来たよシール等を貼る。

(2) **行って来ます支援**：拠点から支援員と一緒にクラスに登校，または支援員とあるいはノートで約束したミッション確認後，一人で登校する。その際は，その時間のミッションを担任またはその時間の担当支援員，補助指導教員と必ず確認しておき，それができていたら，担任または他の支援員が必ず褒める体制を取る。担任からキーパーソン支援員に必ず，その時間のようすを伝えると同時に，キーパーソン支援員は本人からも必ず報告を受け，褒める。

(3) **連携した支援**：他の教員は不適切にかかわらないことが大切。ミッションと関係ない不適切な行動をしていても一々叱らないことが大切。なぜなら，そういうことをするとミッションの大切さの認識を混乱させ，それができていることの自己評価を不適切に下げてしまう。できた感がある時に別のこと，以前のことで叱られるほど，意欲を萎えさせるものはない。また，ミッションと関係ない，よい行動を褒めることも同様にしてはいけない。余計な行動が不十分に強化される機会となり，強化が完全でないのに褒められるという報酬だけがもらえるという事態になってしまう。こうした支援の連携と徹底が必要である。

(4) **不適切行動への支援**：「やめなさい」という支援は効果がない。まず抱き留め，しっかり抱きしめる。抱きしめながら，その時にそうしたくなった気持ちをこちらから言ってあげる。これが言えるかどうかが大切で，キーパーソン支援員がその場にいない時に起こったトラブルについては聞きだそうとしても無理で，してないと言い張るはずである。気持ちを言い当てたら，抱き留められている力が抜けるはずで，その後でしっかりクールダウンして，「〜してはだめだね！」ではなく，「〜するんじゃなかったっけ？」「〜しようだったよね！」と当該不適切行動をやめようという指示ではなく，ミッションができていなかったことに気付かせる指示，今度はこうしようと思える指示が大切である。

(5) **授業内支援，環境支援**：ペア学習，教え合い，個別学習支援，環境構造化支援，役割付与支援を実施する際のコーディネート役をする。ペア学習は授業内に必ず取り入れるとやりとりが1回はできる。教え合いには，人間関係の基盤を作っておくと，単なる教え合いでなく，「足場づくり」の支援となる。個別学習支援は，授業内でも特別の作業を与える，ヒントを与えるということで可能

である。環境構造化支援では，居場所としてのリソースルーム（特別支援学級ではなく，学習の居場所として支援ができる教室）の設置，教室内にもそうしたリソースコーナーを作り，そこにヒント情報を提供する等の支援を行う。役割付与支援では，学習係・教科係の充実，班活動での役割等を組み合わせてやっていく。その際，キーパーソン支援員を軸に他の情報，他者との橋渡し支援（例えば，役割の範囲，バッティングを防ぐ支援，交替の支援等）が肝要となる。

　いずれにしても，連携体制をどう構築するかが肝要で，そのために，キーパーソンは必要十分なコーディネート機能を発揮しなければならない。周りもその機能を邪魔せず，もり立てる体制を作れるかが鍵となる。そのためには，管理職のリーダーシップと担任との連携が必要となるだろう。

事例 3-28：愛着障害への支援体制→児童福祉施設 SV 事例

中学校1年生女子生徒。幼少期に身体的虐待を経験。小学校時代は，モノを与えられる養育に終始された。小6の時，義父の性的虐待の疑いで措置入所。指導員にモノをあげることで喜ばれようとする。気持ちを言葉で伝えるのが苦手。指導すると「責められた」「うざい」と嫌がる。母は義父との関係を取り持つことにのみ関心あり。

　愛着がしつけという名の虐待とモノでの関係にすり替えられており，そのことが自分の感情認知発達に悪い影響を与えている。悪いことをすると気持ちを確かめず，ただ身体に罰を与え，いいことをすると褒めて気持ちを受け止めずに，モノという報酬を与えるだけであり，モノという報酬が，行動の目標となっているから，モノをあげたがる。だから，気持ちを他者に伝えられないのである。

　モノをあげることで満足する行動を修正するには，キーパーソンは，それを拒否するのではなくその行動は受け止めるが，モノをもらって「ありがとう」とは言わず，それを「くれようとした優しい気持ちが嬉しい」，それを「作ろうとしてくれた気持ちにありがとう」と，言い続けることが大切である。そのことで，本人はモノから気持ちに徐々に焦点化できる。モノを欲しがる時も，それにこめた気持ちを強調して，「ありがとうと思うから」「嬉しいから」と言

語化してから渡す．作ったモノをあげるならできるだけ一緒に作ってそのプロセスを楽しんでからあげるといい。こういう「気持ちへの焦点化シフト支援」が必要である。キーパーソン以外の指導員は受け取らない回数を少しずつ増やしてキーパーソンにあげるという方向に持っていくのがよい。

　学校では，そうした背景を理解せず，本人の所属しているクラスで男子生徒が誰かのトランプを隠してなくしてしまったのを，それを止めなかったクラス全員の連帯責任だから弁償せよと担任教師が全員に強要し，本人は納得できないと指導員に訴えている。学校の対応は極めて不適切である。気持ちに焦点化しないといけないこどもに対して，弁償させるというように，むしろモノへの焦点化を強いており，納得できない本人に，「無断外泊を以前した」などと関係のないマイナス点を持ち出して説得しようとしているのは全く論外な対応である。発達障害や愛着障害のこどもに，関係ない他のマイナス点を指摘するのは，感情のコントロールをさらに妨害し，感情的爆発を引き起こしやすいことを踏まえねばならない。学校がこうした対応をするなら，本人と担任の交渉はさせず，指導員が前面に立ってしっかり対応する必要がある。学校が対応を改めなくても，ある意味，学校の対応を本人には知らせず，本人が納得する形で収めたように本人には理解させる方がいいだろう。学校には対応を改めてくれなくても，本人への伝え方まで差配することだけは控えてもらう。ここを譲ってはいけない。これは，ある意味，[表3-1] 第3フェーズの [①橋渡し支援] の [負の橋渡し支援] としての体制づくりである。不適切な関係性を遮断もしくは緩和するのも，キーパーソンの大切な任務である。

　気持ちを受け止めるには，[表3-1] 第1フェーズの [③感情ラベリング支援] を行うが，当該生徒もそうだが，知的にもあまり高くない場合，①まず感情には快・不快があることを，「よい感情」と「よくない感情」で2分し，どちらかを意識させる。②「よい感情」は「嬉しいと握手したり万歳したり」と，わかりやすい行動とセット化する対連合学習を行い，「よくない感情」は「悲しいと抱きしめて辛かったね」と受容体験とセット化する対連合学習を行う。③「よい感情」は「やったねという気持ちからやる気がでるね」と，何かをする気持ちを促す，もう一度それを一緒にしようねと促す。「よくない感情」は，暴力，暴言という，衝動的行動と間違った対連合学習が生じていることが多い

ので，「こうすればすっとするよ」という代替行動支援をすることで，その対連合を剥がし，別の望ましい行動と対連合学習するという丁寧なラベリングを行う。これは，［事例3-18］で述べたように，幼児と共通する対応である。ただ，高学年の場合，本人の自尊心を傷つけないように，ある意味，同じ目標に向かう同志としての対等性を前面に出したりする必要がある。対等性を強調する時は，決して向き合わないことが肝要である。向き合うと主導権争いの意識を喚起してしまう。同じ方向に向かう者という立ち位置が重要である。［図3-7］にその立ち位置を比較して呈示してみた。

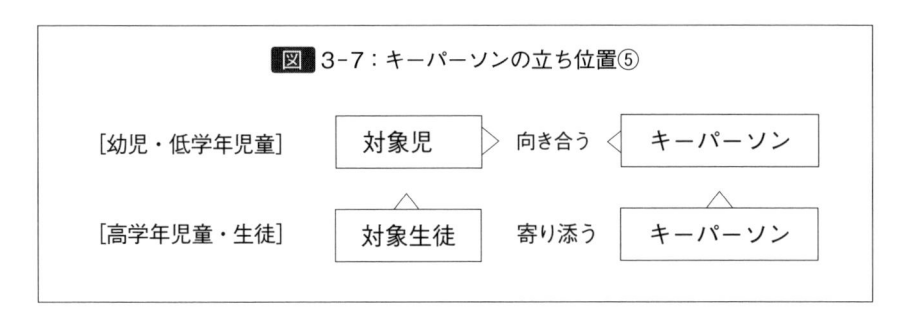

```
┌─────────────────────────────────────────────────┐
│            図 3-7：キーパーソンの立ち位置⑤            │
│                                                 │
│  ［幼児・低学年児童］  ┌対象児┐ ⇄ 向き合う ⇄ ┌キーパーソン┐ │
│                                                 │
│  ［高学年児童・生徒］  ┌対象生徒┐  寄り添う  ┌キーパーソン┐ │
└─────────────────────────────────────────────────┘
```

こうした支援がキーパーソンが主導権を握ることにつながる。キーパーソンが見ていない行動について報告させようとすると，言いたくないことは言わない等，本人始発の言動となるので，どうしてもこどもが主導権を握りやすい。そうならないようにしようとすると高圧的に白状させるしかなくなる。もちろん，現場を目撃していたら主導権は握れるが，いつでも主導権を握れる方法が「事実を問わず気持ちを察知する」，「気持ちに名前をつけてあげる」という支援なのである。対象児徒の言動や周囲の様子に関する情報を提供し，キーパーソンに集約するのが，他の指導員の役割となる。

［引用・参考文献］

1) 米澤好史 2013 愛着障害・発達障害への「愛情の器」モデルによる支援の実際　和歌山大学教育学部紀要　（教育科学），63, 1-16.
2) 米澤好史 2014a 愛着障害・社交障害・発達障害への「愛情の器」モデルによる支援の

展開と意義―愛着修復プログラムと感情コントロール支援プログラムの提案―　和歌山大学教育学部紀要（教育科学），64, 9 - 30.
3) 米澤好史 2014b 愛着障害・社交障害・発達障害への「愛情の器」モデルによる支援の効果―愛着修復プログラム・感情コントロール支援プログラムの要点―　和歌山大学教育学部教育実践総合センター紀要，24, 21 - 30.
4) 米澤好史 2015a「愛情の器」モデルによる愛着修復プログラムによる愛着障害・社交障害・発達障害へ支援事例　和歌山大学教育学部紀要（教育科学），65, 15 - 36.
5) 米澤好史 2015d「愛情の器」モデルに基づく愛着修復プログラムによる支援―愛着障害・愛着の問題を抱えるこどもへの支援―　臨床発達心理実践研究，10, 41 - 45.
6) 森下正康・米澤好史 1992 養護施設における児童の実態調査―適応性に関する研究―　和歌山大学発達心理学研究会，全61頁.
7) 森下正康・米澤好史 2000　児童養護施設における児童・職員の意識調査　和歌山大学発達心理学研究会，全148頁.
8) 米澤好史 2007 こどもの攻撃行動の心理学的分析と関係性支援　和歌山大学教育学部教育実践総合センター紀要，17, 49 - 58.
9) 山口勧 1980 恐怖喚起と匿名性が攻撃行動に与える影響について　実験社会心理学研究，20, 1 - 8.
10) 大渕憲一 2002 人間関係と攻撃性　島井哲志・山崎勝之（編）　攻撃性の行動科学―健康編―　ナカニシヤ出版　pp.17 - 34.
11) 清水御代明 1982 認識の展開―思考の過程―　藤永保ら（編）認識の形成（講座現代の心理学5）　小学館　pp.257 - 339.
12) Vygotsky, L.S. 1934 *Thinking and Speech*. 柴田義松（訳）1962 思考と言語　明治図書.
13) Luria, A.R. 1961 *The role of speech in the reguration of normal and abnormal behavior.* 松野豊（訳）1969 言語と精神発達　明治図書.
14) 米澤好史 2011 学校教育における発達支援の事例検討―発達障害と問題行動への対応―　和歌山大学教育学部教育実践総合センター紀要，21, 31 - 40.
15) 前田明香 2007 行動調整機能における研究動向とその課題―Luria の脳機能モデルへの発達論的アプローチの可能性―　立命館産業社会論集，43 (3), 79 - 98.
16) 米澤好史 2002 理解と思考―学習をとらえる視点から―　Kの会（編）　心理学の方法　ナカニシヤ出版　pp.75 - 88.
17) 米澤好史 2012 こどもの学習意欲・人間関係に与える受容の効果―調査研究と発達障害への支援事例から導かれる「愛情の器」モデル―　和歌山大学教育学部紀要（教育科学），62, 1 - 8.
18) Levy, T.M. & Orlans, M.O. 1998 *Attachment, Trauma, and Healing : Understanding and Treating Attachment Disorder in Children and Families.* CWLA Press. 藤岡孝志・ATH研究会（訳）2005 愛着障害と修復的愛着療法―児童虐待への対応―　ミネルヴァ書房.
19) Prior, V. & Glaser, D. 2006 *Understanding Attachment and Attachment Disorders : Theory, Evidence and Practice.* The Royal College of Psychiatrists. 加藤和生（監訳）2008 愛着と愛着障害―理論と証拠にもとづいた理解・臨床・介入のためのガイドブック―　北大路書房.
20) 数井みゆき・遠藤利彦 2007 アタッチメントと臨床領域　ミネルヴァ書房.
21) 初塚眞喜子 2009 愛着理論と臨床領域―生涯にわたるアタッチメントの発達の視点か

ら― 相愛大学研究論集，25，59-78.
22) 北川恵 2013 アタッチメント理論に基づく親子関係支援の基礎と臨床の橋渡し 発達心理学研究，24, 439-448.
23) 米沢崇・宮木秀雄・内村菜央・林孝 2014 小学校における特別支援教育体制の実働状態を促進する要因の相互関連性 教育実践学研究, 16 (1), 11-20.
24) Lewis, M. 2000 The emergence of human emotions. In M. Lewis & J. M. Haviland-Jones (Eds.), *Handbook of Emotions*, 2nd ed. New York：Guilford Press.
25) 遠藤利彦・石井佑可子・佐久間路子（編著）2014 よくわかる情動発達 ミネルヴァ書房.
26) 上田恵津子・植田千晶・米沢稚子 1992 自己意識の高い人が重要視する自己の側面 和歌山大学教育学部紀要（教育科学），41, 103-114.
27) 植田千晶・上田恵津子・米沢稚子 1996 自己にとって重要な自己の側面の構造 和歌山大学教育学部紀要（教育科学），46, 73-88.
28) 遠藤利彦・小沢哲史 2001 乳幼児期における社会的参照の発達的意味およびその発達プロセスに関する理論的検討 心理学研究，71, 498-514.
29) 小沢哲史 2005 社会的情報収集行動の起源と発達 遠藤利彦（編） 読む目・読まれる目 東京大学出版 pp. 139-156.
30) 木下孝司 2002 コミュニケーションや社会的認知の発達 田島信元・子安増生・森永良子・前川久男・菅野敦（編著） 認知発達とその支援（シリーズ臨床発達心理学2）ミネルヴァ書房 pp. 200-203.
31) Moore, C., & Dunham, P. J. (Eds.) 1995 *Joint attention：Its origins and role in development.* Lawrence Erlbaum.
32) 米澤好史・米澤稚子 2003 教育環境における「学習の場」理論の提唱と実践 和歌山大学教育学部教育実践総合センター紀要，13, 37-46.
33) 米澤好史 2008 幼児の認知活動特性・学習発達到達度・人間関係特性尺度と教師，親の教育方針態度尺度・子育てこども観・指導方針尺度の作成 和歌山大学教育学部教育実践総合センター紀要，18, 69-78.

4章

発達障害と愛着障害を併せ持つこどもへの特別な支援の方法

1. 発達障害と愛着障害を併せ持つこどもの抱える問題

a. 愛着障害と発達障害を併せ持つ問題の意味

「ASDと愛着障害あるいは自閉傾向と愛着の問題を持つこども」。「ADHDと愛着障害あるいは愛着の問題を持つこども」。「LDと愛着障害あるいは愛着の問題を持つこども」の,それぞれが持つ困難性を改めて確認しておきたい。その上で,節と項を改めつつ,そうしたこどもたちへの支援の工夫とその効果を事例を紹介しながら[1)2)3)4)5)],解説することとしたい。

総括的に言うと,「ASDと愛着障害あるいは自閉傾向と愛着の問題を持つこども」が持つ問題は,愛着からくる感情未発達の問題と,自閉からくる感情認知,感情コントロールの困難さの問題が増幅され,感情の大きな問題を抱えやすくなる。具体的に言うと,爆発的な攻撃性の問題を抱えやすくなる,あるいは,執拗な攻撃性の問題を抱えやすくなることである。加えて,自閉性は,認知の問題を持っているので,感情学習や人間関係の学習において,その認知に期待できない,逆に丁寧な認知支援を加える必要があることが挙げられる。これらは,中々,手強い特徴で,多大な時間と様々な工夫が必須となる。

「ADHDと愛着障害あるいは愛着の問題を持つこども」は,行動の問題と感情の問題を併せ持つが,これらは認知の問題のない対象児徒の認知にどちらも結びつけ,丁寧に学習機会を積み重ねていくことで,改善が期待される。もちろん,こうした取り組みの入り口で間違えると,二次障害を生んで支援が困難な事例もたくさんある。

「LDと愛着障害あるいは愛着の問題を持つこども」には,支援の工夫が必要となる。弱点を持つ機能を,こどものどの得意な機能でカバーし,効果的に学習を保証するか,支援者のアセスメント力が問われることになる。

b. 愛着障害と発達障害の理解の更なるポイント

　取り上げる事例理解の参考になるように，ここで，ASD，ADHD，LD と愛着障害を見分ける更なるポイントをまとめて呈示したい。[表 4-1]にまとめてみた。1) として，2 章で確認したように，多動の違いをもとに，支援のどこに重点を置くかを示した上で，2) 以降に支援のポイントになる違いを示してある。

表 4-1：ADHD・ASD・AD の見分け方と支援の違い [2)3)]

1) いつも多動は ADHD →行動強化，多動にムラがあれば愛着障害（AD）→感情支援，居場所を求めての多動は ASD→環境支援〜認知支援
2) 指摘や注意・叱咤に対して，ADHD 児は，「あっ，そうか」とすぐ気づくがすぐ忘れる（規範行動をしなければならないとわかるができない）／ASD 児は「だって」と理屈で抵抗（規範行動は納得するとできるが納得できないことはしたがらない）／愛着障害（AD）児は「知らない」と責任回避（規範行動をしなければならないという気持ちになれない）／低出生体重児系 LD 児は「？？」と気づけない。
3) 理由を聞くと，ASD 児は変な理由を言うので関係がこじれやすい。ADHD 児は振り返れないので言えない。愛着障害（AD）児はウソや弁明ばかり。→理由は聞かない⇒理由は教える（ADHD ＝すぐ・ASD ＝納得・AD ＝感情を教える）
4) △△したらあとで○○しようねとの指示に対して，後でねと言っているのに，すぐしてしまったら，ADHD ⇒即時強化，その後，不適切な時でも構わずいつでもしたら ASD ⇒報酬感の納得対連合学習，気分に左右されたりしなかったりは愛着障害（AD）⇒関係性支援
5) □□してはだめよとの指示に対して，止めようと思っても制止ができないのがADHD ⇒罰より正の強化の継続，納得できず止めようと思えないのが ASD ⇒ 1 つずつ納得強化「これだけは」＋代替行動，止めようとする意欲が生まれないのが愛着障害（AD）⇒感情学習の強化（愛着対象との対連合学習）

---

　2) で示したように，注意や叱る支援は，直接的な支援としては決して適切ではないが，これも 1 度実施してみると，本来，認知や感情に問題のないADHD 児はその時には気づくのだが，行動の問題から持続的に実施したり抑止したりできないのである。ASD 児は本人なりの特異な認知，捉え方があり，納得しない限り認められず抵抗を示す。ある意味，水掛け論となることもある。しかし，本人なりに納得できれば，以後は実行するのも特徴である。愛着障害

児は，認めようとせず，責任回避をし，しようとする意欲や感情を喚起できない。低出生体重のLD児は気がつかないことが多い。

同様のことは，3)で示したように，理由を尋ねた場合もそれぞれの違いとして現れる。認知・捉え方の違うASD児の理由は独特で，原因に正しく焦点化した理由ではなく，自分が恣意的に感じた部分や結果として感じたことを原因に挙げる。このような認知の歪みから，軋轢を起こしやすい。ADHD児は振り返りが苦手なので，理由を適切に言えないことが多い。愛着障害児は自己防衛のため，ウソや弁明をしてコロコロ替わり，自分の責任回避，自己正当化を図ろうとするので，やはり問題が起こりやすい。

4)に示したが，「後でしよう」という指示に対して，ADHD児は遅延報酬の嫌悪のため，後まで待てずに，すぐにしてしまう。後ではなく，「すぐする」指示が必要である。「後」を自分勝手な都合と捉えて，してしまい，結果，それが周囲から見て不適切な時となるのがASD児である。「後で」という曖昧な指示ではなく，いつするのかという時期も納得できるように正確に指示し，納得を得ておく必要がある。指示と関係なく，気分でついしてしまうのが愛着障害児である。この場合も，時期と行動の適切な対連合学習が必要となる。

5)のように，「してはだめ」という禁止指示は，ADHD児には，抑制制御の困難から実施が難しい。叱るという罰ではなく，できた時に褒める強化が効果的である。ASD児には，「なぜ，してはいけないのか」を納得する支援が必要である。納得できない指示の強要は，問題行動を引き起こす原因となる。また，次節で詳述するが，重要なのは一度に多くの「してはだめ」は受け入れられないので，1つずつ「これだけは」と重点化して納得強化することと，それをしないでおくためには，何をすればいいかという代替行動支援が必要となる。「〇〇するな」ではなく，「△△しよう」と働きかけて，結果，「〇〇しない」ようにする支援である。愛着障害児には，「やめなければならない」「やめよう」と思う気持ちが生じず，その場の快刺激を求めて，ついしてしまう。従って，「この人と一緒に〇〇をすれば，こんな気持ちになれる」「その方が1人で勝手にやるよりも気持ちがいい」という感情と行動と愛着対象とを対連合させる学習が肝要となるのである。

2. 自閉症スペクトラム障害と愛着障害，愛着の問題を併せ持つこどもの特徴

a. 愛着の問題と自閉傾向を併せ持つ問題の意味：増幅される問題の特徴

　前節でも述べたように，自閉傾向があると理由の捉え方が独特である上に，愛着の問題からくる自己防衛のために正直な叙述を避けるため，きちんとしたやりとりが難しく聞き取り等に大変時間を使う。それで疲弊したり，お互いの人間関係を壊したり，悪化させやすい。また，してはいけないことを指摘しても，自閉傾向があれば，納得しないことはしたがらないし，愛着障害があれば，そもそも，そうしようとする気持ちがないので，やはり言うことを聞かないという捉え方をされやすく，関係は悪化する。そこで無理強いすれば，社会-情動的相互作用障害としての自閉障害と位置づけられているように，感情認知と感情コントロールが苦手な自閉傾向に，感情未発達の愛着の問題が加わり，「自分の気持ちが自分でわからない，どうすればいいのかわからない」という感情混乱が生じやすく，自分でも得体の知れないストレスも溜めやすいため，爆発的，パニック的な攻撃性を誘発してしまうのである。つまり，指導すればするほど，問題を起こしやすいと，親や教師，指導員，支援員が感じやすいのがこのタイプのこどもなのである。

　さらに，自閉傾向があると，同じ指示でも，その指示をした人によって本人の反応が違う。ある人の言うことは聞いても，別の人が同じことを言うと聞き入れないというように，人の好き嫌いも強く，人と感情が結びつきやすいので，その人やこどもを見ると感情的爆発を起こしやすい。また，他者の行動に共鳴したり反応したりしやすい。環境不安もあり，いつもと違う環境の影響も受けやすい。愛着の問題はそうした問題を止めることができる居場所としての基地意識がないことである。従って止める機能が期待できないばかりか，感情の問題を増幅しやすいのである。

　また，3章1節c項で述べたように，こうした感情の問題を持っているこどもをいわゆる恐怖政治で制圧すると，抑え込まれて認知されていない，あるいは，歪んだ捉え方で圧縮された感情は，年度が替わって，対応の優しい教師となり，それを出せる環境になると増幅され爆発しやすくなるのである。周囲のこどもは，こうしたタイプのこどもに感じている違和感や当該こどもから受け

た迷惑感から来るストレスもあり，また，そこに自分が普段感じている学習ストレスや友人ストレスを混ぜ合わせて，このタイプのこどもの不適切行動を煽ることも多い。煽られたこどもは，その結果，さらに興奮しやすくなるという問題を抱えるのである。

b. 愛着の問題と自閉傾向を併せ持つ問題の意味：スペクトラム現象と誤診

　2章3節c項で述べたように，自閉症スペクトラム障害とは，自閉傾向はどのこどもにもあり量的連続性の違いであるということだが，2章4節m項で触れたように，愛着障害と愛着の問題も，愛着スペクトラム障害とも言うべき，量的な連続性の違いである。どちらもここからが絶対的に自閉障害，愛着障害というクライテリオン（基準）があるわけではなく，むしろ，問題の現れ方は，自閉傾向と愛着の問題の量的かけ算の結果として捉えるとわかりやすい。自閉傾向が強ければ，愛着の問題がわずかにあるだけでこうした問題は起きやすく，自閉傾向は少しでも愛着の問題が大きければ，同様の問題が顕在化しやすいのである。こうした関係にあることは，先に述べたように，両者の障害がある部分，重なり，お互いの症状を増幅しやすい特徴を有しているからであると考えられる。

　しかるに，残念なことに，2章3節c項・d項で述べたように，精神医学界では，自閉症スペクトラム障害という診断を下せば，愛着障害との診断は下さないことになっている[6]。自閉障害に愛着の問題があることは，多くの心理学者が指摘していることである[7][8]。そして，現場の心理専門家の多くも感じていることである。これは明らかに現場の理解とそぐわないばかりか，見解の違いは現場を混乱させる。

　現場からは，「明らかに問題があるのに，発達障害ではないと診断された」「発達障害との診断があるので，その支援をしたが一向に改善しないのはどうしたことか？」という声がよくあがる。前者は，親の責任を追及されがちな愛着障害の診断に躊躇い，発達障害ではないことは見抜いている良心的な精神科医の診断であろうが，1章2節で詳説したように，愛着障害は修復可能であり，親の責任とだけは言えないのであるから，愛着障害の診断を躊躇しないでいただきたい。

後者は，余計深刻である。特に自閉傾向のある愛着障害のこども，愛着の問題を持つ自閉症スペクトラム障害のこどもが，2章3節a項でも触れたように，爆発的攻撃をすることから，それを衝動性と捉え，ADHDという誤診がされていることが多いことに驚かされる。2章4節b項で触れたように，ADHD診断は愛着障害診断より，親を傷つけず，投薬治療が比較的簡単であるから，親もその診断を望むため，違っていると気づいていても確信的に誤診している例も多いと思われる。しかし，2章3節a項で説明したように，衝動性とは，深く考えず，その場しのぎの，ついしてしまう行動のことであり，爆発的な攻撃行動とは同義ではない。もちろん，ADHDの二次障害で，不適切な対応ばかりされて，衝動性が攻撃行動化する例はあるが，それとの峻別をしっかりした診断が望まれるのである。もちろん，この二次障害とは，ADHDと愛着障害が併存している例も含まれる。自閉障害と愛着障害を持つこどもにADHDへの支援をしても，その支援がうまくいかないのは当然だからである。そのため，現場での支援が混乱していること，愛着障害の理解を踏まえた支援が普及すべきことを声を大にして言いたいのである。ついでに申し添えれば，2章1節c項の［表2-2］に挙げた，重度気分調整不全障害や間欠性爆発性障害という診断も，その原因推定も興奮抑制剤等の投薬以外の支援方法も明らかでない，まさに，その他扱いの診断でしかなく，こうした診断では，現場は何も救われないのである。

c. 愛着の問題と自閉傾向を併せ持つ問題の意味：特徴的事例

具体例として幼児，小学生，中学生の事例を呈示しよう。

事例 4-1：自閉傾向と愛着の問題を持つ幼児への支援→保育士CS事例

年長児男の子。好きなこと，楽しみに思うことは一緒に集中できるが，工作したザリガニを釣って遊ぶ段になり，誰も自分のザリガニと同じプールに一緒にザリガニを入れなかったことで，拗ねて飛び出し，暴れる。帰ってきたら，保育士がよかれと思って，そのプールを収納して，みんなのプールにザリガニを入れてやったら，余計怒ってパニック，泣き叫び寝転がる。当該保育士にはいつも朝，大好きと抱きつきに来ているが，それをいつまで許せばいいのかも悩んでいる。他の保育士にも甘えたがり，自分のことに構ってく

れる保育士を探してそこに逃げ込む。訪問する大人に誰でも甘える。友達を通りすがりにどんどん叩いていくことが多い。ミミズ文字と電車の絵を描いている時は落ち着く。大勢の場所では落ち着かない。

　自閉傾向があり，愛着の問題があると，こちらがよかれと思ってしたことも，気に入らないとパニック的な暴れ方をすることが特徴である。キーパーソンとの関係はできつつあるが，もっと，疑心暗鬼にならず，他の保育士との差別化意識を植え付ける支援が必要である。他の保育士も本児が近寄ってきても構わないで，キーパーソンの所に行くように指示してよい。何より，本人の捉え方，認知を踏まえた先回り支援が必要となるのである。

　事例 4-2：パニック的攻撃行動→小学校教師への CS 事例
　　小学校3年生の男子。何かの拍子にバケツの水をまき散らしたり，ゴミ箱を投げたり，怒って飛び出そうとして扉の窓ガラスを割ったりしてしまう。

　こうした自閉傾向があり，愛着の問題を抱えるこどものパニック的攻撃行動は，朝の時間，昼休憩，掃除の時間，体育の着替え，班活動や総合的学習の時間，書道，音楽，図工，教室移動時等，比較的，「無秩序な時間」に起こるのである。それは，自閉傾向のこどもにとって，「何が起こるかわからない」環境不安と「何をしていいのかわからない」予定不安が生じやすく，感情的混乱の要素がある上に，何かしら突発的なことが起こり，それへの対応ができなくて感情的に混乱するのである。他児の行動を注意して，それに対する他児の反応に怒る場合もよくある。こうした場合，「そもそも教室に水を入れたバケツを置かない」等の環境整備に加えて，後述する構造化した生活支援や教師との人間関係の強化が必要となる。よく誤解されるが，無秩序な時間に教師がいつも一緒にいることではなく，教師との関係を本人が好意的に意識できるような関係づくりである。

　事例 4-3：自閉傾向と愛着の問題を抱える生徒の攻撃行動→中学校教師 CS 事例
　　中学校2年生男子。小学校の時に ADHD 診断あり。母は2つの仕事を掛け持

ちして帰宅が遅い。人の揚げ足をとったり，真剣な場面でにこにこ笑っている時がある。掃除用具箱に隠れることがよくある。パニックを起こすと周りが見えなくなり，担任に殴りかかる。

サッカー部の夏休み部活練習で後輩と揉める。蹴る練習で，ボールが天井に当たると腕立て伏せという指導に従わない後輩を注意して従わないとケンカになる。一旦，思い留まったが，ストッキングを脱いでいる時，突然思い出したかのように相手に襲いかかる。教師が数人で止めに入るが止まらず暴れて暴言，別室に移動して静まるまで1時間必要だった。その後も問いかけに何も言わず固まる。お茶を勧めるとほぐれる。サッカー部の顧問が自分が下手だから辞めさせたがっているとこだわって主張。クラスの友達が冗談のつもりで，本人の胸ぐらをつかんだら本気と受け止めて，ケンカ。涙目になって訴える。一旦，別室で落ち着くが，クラスに帰るとまた思い出して，パニックになり暴れ，落ち着くのに1時間以上かかる。掲示板をつついて穴を開けたが，自分がやったことを担任に認めたので褒めて，掲示板を修繕してくれる校務員さんのところに一緒にお願いに行くと，本人はお願いだけのつもりだったが，校務員さんから，「なぜ壊したか，高くつくがお金はどうするのか」とか問い詰められ，興奮して泣きだし，帰ろうとするのを「話が終わってない」と肩をつかまれて，逆上して暴れた。別室に入るのも拒否，別室に入っても逃走。母が謝罪に来ても謝らない。母が厳しく指導すると母を押したりとトラブル。母とはサッカー部を辞めたいことを認めてくれないことで食い違いもある。

みんなができる簡単なことができて褒めても喜ばない。学力低下気味で，担任が作った手製ノートを喜んで使っている。

本生徒は，自閉傾向と愛着の問題があり，ADHDではない。ADHDの衝動性は，前項で述べたように，思いつきで行動することであり，攻撃性を意味しない。またその攻撃性は持続や回帰はしない。執拗な攻撃，本人の思いと食い違う対応をされた時［指導しようとしたのに伝わらない・校務員にお願いに行ったのに指摘・叱咤された］や，捉え方を間違えた時［からかわれたと捉える］に怒り，思い出したようなフラッシュバック的攻撃［同じ場所等の刺激が引き金になりやすい］，長時間の感情的混乱を伴うパニック的攻撃が自閉障害と愛着障害を併せ持つこどもの特徴である。

こうした場合，頭ごなしの叱咤，大勢の前での指導はしてはいけない。愛着の問題は感情発達を阻害し，自閉は感情認知の独特性・特異性と苦手さを持ち，

非常に感情混乱を起こしやすいのに，こういう対応をしては，本人は怖いため自己防衛のために固まったり，余計に混乱して逆上する。また，みんなが褒められることを褒めても喜ばないのは，自分だけという認められ感がないことへの不満（愛着）と，そうしたことに意義を認めない捉え方（自閉）から来ている。愛着の問題がもっと大きいとそうしたことで褒められたことでもパニック，逆上することもある。

　支援のポイントは後述するが，本人がこだわっていること，褒めて欲しいこと，最近そうなって来ていることでいいことを見つけて特別扱いを強調して褒める（「最近あなたこうこうしてるよね？」「あっ，わかる？」というやりとり。みんなの前ではなく，1対1で褒めるのがいい）のが効果的である。手製ノートを喜ぶ関係は担任を信頼しようとしている証拠で，担任には結構反省できているので，そうした関係から役割を与え（役割付与支援），先手を打つ褒める支援を行うとよい。

　別室指導は環境刺激を変え，感情爆発の刺激認知を遮断し，フラッシュバック的想起を防ぐ効果がある。しかし，そこに居場所感を感じる効果を付加しないと，そこに行くこと自体を嫌がり効果が見込めない。その場所に本人の好きな道具や遊具を置いて作業をしたりする経験（作業の居場所），好きな先生と何度も話をする場所（人間関係の居場所）という経験をしておいて，クールダウンの場所の好意度を上げておく必要がある。そこには，パニックが起こった時にいなかった人，あるいは，人間関係の居場所機能を持つキーパーソンが「釣りの話をしよう」等と認知を逸らして誘うのが効果的である。「お茶を勧めた」支援は同様の逸らし効果がある，よい支援である。

3. 発達障害と愛着障害を併せ持つこどもへの支援

a. 愛着の問題と自閉傾向を併せ持つこどもへの支援：機能別支援ポイント

　自閉の問題と愛着の問題のあるこどもに「してはいけないという指導はしてはいけない」のだが，その理由を改めて確認しておきたい。それは，自閉傾向があれば，「してはいけない」と言われたことに焦点化してしまい，「してはいけないこと」を余計してしまう。また，「してはいけない」と言われたことが

納得できなければ，感情的に反発してしまう。感情のコントロールも困難である。加えて，愛着の問題は，自己防衛と自己評価の低さから「してはいけない」という指示を自己への攻撃，自己を否定されたと捉えやすく，感情の未発達と刺激を求める傾向があり，感情的反発や混乱傾向を増幅するのである。具体的には，c項，d項，e項で再度触れたい。

では，こういうタイプのこどもにどういう支援が必要なのだろうか？［表4-2］に愛着の問題と自閉傾向を併せ持つこどもへの支援のポイントを機能別支援に整理して呈示した。

ここでは機能別に4つの支援に分類されているが，その趣旨について簡単に説明したい。自閉障害は認知の障害であり，感情の問題を持ちやすく，愛着障害は感情の障害である。いずれの場合も結果，行動の問題を持ちやすいので，この3つの支援は必須となる。愛着修復には，愛着の基地としての人間関係支援が基盤として必要で，これら3つの支援の下支えとして位置づけられる。自閉障害も人間関係の問題を持ち，自閉傾向に最適な人間関係の支援がやはり基盤として必要なのである。項を改めて，それぞれの支援の実際と意味を解説したい。

表 4-2：愛着の問題と自閉傾向を併せ持つこどもへの機能別支援ポイント[2) 3) 5)]

1) 認知支援
①予定支援（視覚支援）：予定不安の低減（時間の居場所支援）
②生活構造化支援：予定＋役割による自己位置づけ認知の固定化
③予知・予告支援：認知に気づき指摘することでわかってもらった思いに
④クールダウン支援：刺激を変える物理的居場所・誘う人
⑤認知を逸らす支援：話題・人
⑥認知スコープ支援：ここだけ見よう・ここは見ないで・これもあり（認知を広げる支援）⇒タイミングを図る工夫
2) 感情支援
①禁止・叱責をしない：認知と感情の焦点化を防ぐ
　⇒提案・納得を目指す：**許容範囲を探る**（それならいいよと思う範囲）
②感情ラベリング支援：行動・感情・人（愛着対象）の3対連合学習＋認知支援
③感情先取り支援：こんな気持ちでやったよねと推測指摘＝わかってもらった効果
④感情コントロール5ステップ支援：❶感情認知❷思い留まるためのワンステップ行動学習❸ヘルプ（クールダウン）学習❹代替行動支援（コーピング学習）❺感

情と行動の引き剥がし支援
⑤納得の儀式支援：約束宣言効果・納得印
3）行動支援
①先手行動支援：(納得したもの～不適切行動を防ぐもの)を先手を打って「させて」「褒める」
②代替行動支援：不適切な行動の置き換え
③行動スイッチ支援：制止ではなく「これしよう」の学習⇒自己スイッチへ
④これだけしよう支援：1つの行動だけを学習実施（認知・意味・感情・行動対連合学習）≠してはいけない
⑤作業の居場所支援（個別作業支援）：常同行動・エコラリアを防ぐ効果
⑥微細運動・粗大運動ストレッチ：学習定着・認知支援・人間関係づくり
4）人間関係支援
①人間関係の居場所支援：❶安全安心直感の困難さ⇔個を認める居場所⇒仕方がないから言う通りするよ学習（ブツクサ言っても認めてる関係）＝好きな人 ❷2つの1対1支援（個別支援・個々行動単位支援）❸わかりやすい役割分担体制（○○役）
②立ち位置の工夫：見守る（1対1だけど干渉しない）・見かけと実質の違い（連れ出すと見せかけて要求を認めてあげる）
③役割付与支援：役割付与＝関係性意識⇒認知と行動の枠組み＋感情の共有
④個別予習支援：予め不安低減のための1対1予習で集団参加へ
⑤橋渡し支援：他者の行動の受け止め方支援（解釈支援）⇒橋渡しスイッチ＋スルーサイン
⑥褒める連携支援：❶複数の人から同じことを褒められるための連携 ❷情報集約による「知ってたよ支援」❸言った通りのことが起こる「出来レース支援」
◎心がけ：「期待しない・落胆しない」＝「叱る」だけでなく「褒める」時も＝「平常心」＝「わかるよねと感情に期待しない」⇒「行動と認知の学習」こそが「感情に迫る」王道⇒諦めない

b. 愛着の問題と自閉傾向を併せ持つこどもへの支援の実際 ①：認知支援その1

　自閉傾向が持つ予定不安への支援は，予定をしっかり認知，意識することが必要である。[①予定支援（視覚支援）]は，この予定不安の低減のために，予定を予め視覚的に伝え，2章3節e項の[表2-4]で述べた時間の居場所支援を行うことである。愛着の問題を抱える場合，こうした予定支援は1対1で，本人に直接呈示して行うことが大切である。全体には，あと何分かを示す時計による視覚呈示と，ベル等による終了合図の聴覚呈示の組み合わせが効果的である。

加えて，単に予定を知らせるだけでなく，本人にとって過ごしやすく適応しやすい予定を立てて，それを伝えることが必要となる。それが，［②生活構造化支援］である。後の事例でも紹介するが，愛着の問題があると，学校に来るまでに家庭でのストレスを抱えて登校することがあり，学校に来た際の様子を見るとその日の機嫌がわかり，それに左右されて当日の行動が安定しないことが多い。従って，まず登校すると，キーパーソンと1対1のクールダウンを実施する時間を設定し，次に後述の行動支援の個別の作業，もしくはいつも決まって行う役割作業（後述する人間関係支援の1つ）の予定を入れる等，学校生活の構造化を図る支援である。役割付与は，認知支援にとっても有効で，役割により自己の位置づけ認知が固定しやすく，本人にとって立ち位置が明確に意識しやすいのである。だらだらと何となく続くスケジュールは，けじめがなく不快になりやすい。

授業も構造化し，15分単位くらいで3分割し，必ず個別の作業をし，本人にも作業の居場所（同じく［表2-4］に初出，後述する行動支援の1つ）を提供し，机間巡視しながら本人と1対1でかかわれる時間を確保する。

［③予知・予告支援］は，3章2節b項の［表3-1］でのARPRAM支援で，第2フェーズの①主導権をキーパーソンが握る，で述べた主導権を奪い返す方法や，④気持ちの変化意識支援での，気持ちの予知，言い当てを効果的に使用する支援である。キーパーソンは，他の行動，他の気持ちでわかりやすいものを「今，こうしようと思ったよね」「これに気づいたんだよね」と言い当てる経験を重ねて，「先生，わかってるな〜」と思わせ，わかってもらった感を育みながら，本人の捉え方，認知，思いを言い当てる支援をするのである。

例えば，癇癪を起こしやすいこどもには，必ず本人の「思い，捉え方」と周りの「思い，捉え方」が食い違っている時に起こるので，そうなりやすいパターンを予知するのである。「なわとびを見て欲しいのに，見てくれないと思ってしまった」等，そういう場面は注意して観察すれば，多々見受けられる。ここで重要なのは，事実や出来事の食い違いではなく，「捉え方，思い」の食い違いであるということである。同じことが起こっていても，本人の思いが違うと癇癪が起こったり起こらなかったりするので，本人の思いを見抜く必要がある。そして，パターンがわかってきたら，「○○さんはこれをしようと思っ

たんだよね〜」と先に言うことで，癇癪の発生を防げるようになる。もちろん，快感情，いい気持ちの場合も同様である。

「○○さん，△△だね〜」等の相づちをうつ回数が増えるほど，そのタイミングが本人の認知より先行して，予知的に指摘できるようになるのである。それが成功してきたら，予告支援に転換していくと認知が落ち着き，行動，感情のコントロールの基盤となるのである。具体的には「あっ，そろそろだね」「後で，これをするんだよね！」「これしようか！」と，きっかけの認知，行動の予告，行動始発の合図をしていく支援である。この支援の最終形は，「こうしたら，これできる人よね，あなたは！」である。これで，予知・予告はほぼ95％当たるとお互い確認でき，予知・予告支援は完成である。構造化された時間配分の中で，予定が示され，予告があり，予知もしてもらえる寄り添った認知支援がこれでできるのである。これは，感情支援の［⑤納得の儀式支援］に引き継がれるが，f項で後述する。

c. 愛着の問題と自閉傾向を併せ持つこどもへの支援の実際①：認知支援その2

［④クールダウン支援］は，2章3節e項で述べたように，対象児徒にとって，不快でストレスフルな刺激と環境を替える物理的居場所を提供する支援である。この場合，既に述べたように，その場にいない人がその場所に誘うのが効果的である。特別支援学級，保健室，リソースルーム，特別個室等，こうしたクールダウンの場所を用意することは必須である。ベランダ，校庭等，本人が勝手に使う場所を提供するより，4章2節c項の［事例4-3］で述べたように，こうした場所の好意度を上げて，恒常的に使えるようにする方が望ましい。

また，こうした物理的環境の支援は，クラス構成についても言えることであり，こういうタイプの対象児徒は，必ず級友の行動に共鳴，反応しやすいのでクラス分け等，隔離に配慮する必要がある。また，教室環境も，快適さを確保することが必要である。もちろん，障壁は多いが，学校ぐるみで教育委員会，議会等に働きかけ，密集・高温を避ける環境づくりを実現したいものである。最近の文部科学省等でのクラスサイズ再拡大化の動きは，こうした愛着障害の実態を全く踏まえていないと言わざるを得ない。夏場のクーラーのない教室は明らかに，攻撃性を高めやすい。教師ができる工夫は，教室環境をあまり変え

ないという姿勢を貫くことだろう。

　このクールダウン支援が功を奏する一番の理由は，対象児徒の認知を逸らしている点である。イライラした環境と物理的に切り離すとその環境認知，刺激認知も当然切り離され，認知は逸らされている。クールダウンに誘うのも，そこにいなかった人の方が認知を逸らしやすいので成功しやすい。こうした支援を場所を移さないまでも，意図的に実施するのが，［⑤認知を逸らす支援］である。自閉傾向があると，魅入られるようにこだわることがある。例えば，「怖い映画を見て執拗に怖がる」「ゲームをし続ける」といった場合である。その場合は，違う話をして，違う風を吹かせて認知を逸らせるのである。また，こだわって誰かを責めたり，感情的に混乱して中々そこから抜け出せない場合も，この認知を逸らす支援が使える。一番効果的なのは，キーパーソンが説得しても話が煮詰まってしまえば，連携して他の教師が，「そりゃそうと，○○（サッカーチーム名等），最近調子悪いなあ」とか，そこに全く違う話をしながら割り込むのである。

　これはそもそも，2章3節c項で述べたように，自閉傾向があると認知が何かに焦点化しやすいのである。焦点化している認知が不適切だからと言って，「そうするな！」「それは考えるな！」ということば掛け，支援は，なおさら，その「してはいけないもの」に焦点化をさせていることに注目したい。そう言われると，そのことを意識して，余計止められないのである。そこで，認知を逸らす支援が，結果的に不適切なことを止めさせることに成功する支援となりやすいのである。捉え方を不適切なAの捉え方から適切なBの捉え方に直接替えられるといいが，それが難しい場合は，「Aは違う」「Aではない」とわかるために，認知を逸らす支援は使えるのである。まとめれば，Aではないと伝えてもそれは伝わらないから，状況を変える（場所・人等）・気を逸らす声かけを実施する（一旦，逸らせると替わりやすくなる）のである。

d. 愛着の問題と自閉傾向を併せ持つこどもへの支援の実際①：認知支援その3
　［⑥認知スコープ支援］は，認知を逸らすだけでなく，自閉傾向からくる特異な認知を変えて支援を積み重ねたい場合に使用する。まず，認知を変える時に必要なのは，先ほど述べたように，今，対象児徒が焦点化している認知を否定

しないこと，「❶その認知を認める」ことである。その上で，認知を変えるには，2章3節e項で取り上げた［事例2-6］を例に述べると，できていることを褒めても，これからのことを考えてしまって喜ばずかえって嫌がる場合，できたことに焦点化して実感させるためにわかりやすい褒美を与えるのである（ただし，それを目的に実施したことを褒めないで，ついでに発見したことを褒めると混乱する）。これが「❷焦点化した報酬」である。その後，「❸ここだけ見よう」「❹ここは見ないで」という支援をする。ここだけ見るのは，成果の方であり，課題が増えたこと，これからのことは見ないように促すのである。これによって，認知は変わりやすくなるのである。その後で，「❺気持ち注目支援」として，できたことだけに注目すると嬉しい気持ちになることを強く確認する。負の感情である不安に気づかせないためである。そして，「❻捉え方の振り返り支援」として，信頼関係のできた人間関係の居場所役であるキーパーソンとの間で，「そう言うなら，そうかなと思ってみるよ」と言えるまで，粘り強く働きかけていくのである。認知の変化支援としては，完全変化ではなく，この程度，すなわち，「そうかなと思える」「許せる」程度まで変化できれば，目標としてよしとするのが大切である。

　認知スコープ支援で認知を変える場合，次のような工夫が必要である。まず，自閉傾向があると，気分のイライラの原因に気づけない場合がある。これは，きっかけ認知と気分の変化の認知にタイムラグがあることが原因である。例えば，イライラは自覚されても，そのきっかけがわからず，原因がわからないため，イライラが余計に増幅されるのである。また，気分がイライラしていることも自覚できず，何か変だと思いつつ，うろつく等の不可思議な行動をしてしまうこともある。こうした，きっかけ認知力の不正確さと，気分変化認知の混沌さが原因なのである。本人にきっかけの認知，原因の認知は困難なので，きっかけになったであろうことを見ないように，気持ちを逸らすために何に焦点化したらいいかを教えるという「ここだけ見よう」「ここは見ないで」支援が必要である。

　また，認知を変えにくい場合は，「❼認知を広げる支援」も使う。これは「❶認知を認める」を最後まで続けつつ，「それはそうだよね。OKだよ。でも，これもしよう」と認知を広げるのである。具体例としては，例えば，どうし

ても，いわゆる進学校受験にこだわる生徒がいたとしよう。学力的には厳しく，難しいが，諦めなさいという指示には頑として従わない。止めさせると意欲をなくしてしまいそうな場合，「進学校は受験しよう。でも，君の栽培好きを満たせる職業高校も受験しよう」と広げるのである。「これもあり」と思える支援に広げるのがコツである。認知を広げる支援がうまく入るタイミングを図りながら，無理な時は，「それはそうと，あれは？」と認知を逸らす支援を入れるというようにアレンジしていくとうまくいきやすい。

e. 愛着の問題と自閉傾向を併せ持つこどもへの支援の実際②：感情支援その1

[①禁止・叱責をしない] ということは，再三，強調してきたが，ここでまとめたい。これは，認知と感情の焦点化と混乱を防ぐために必要なのである。c項で前述したように，自閉傾向があると，「してはいけない」と言われると，そう言われた「してはいけないこと」に，余計に認知的に焦点化してそこから抜け出せなくなり，結果，感情のコントロールが元々苦手なのが，さらにコントロール不能となる。特に，いつもそのことにこだわり，焦点化している状態が納得なので，納得できないことを指示されると，余計反発して感情的コントロールが困難となる。加えて愛着の問題があると，「止めろ」と言われるほど，自己防衛で感情的に「止めたくなくなる」ので，相乗効果が起きてしまうのである。また自己評価の低さから，「してはいけない」という指示は，「そういうことをしているあなたがだめ」と自己が攻撃された，あるいは「そういうことをしているからだめなのよ」と自己が否定されたと捉えやすい。そして，感情の未発達のため，その気持ちをしっかり認知できないで，混沌，混乱に陥りやすい。また，刺激を求める傾向から，ついそのしてはいけないことを刺激を求めてまたしてしまいやすい。このように，両者の特徴は互いに感情的反発や混乱傾向を増幅し合うのである。従って，「してはいけない」という禁止・叱責の指導は，「してはいけない」のである。

　従って，厳しい規制や力と脅しによる恐怖的制圧，恐怖政治をする教師による統制は，こどもたちに得体の知れない恐怖的，混乱的ストレスを溜めさせ，そこでは出せないが故に，次年度の担任教師がその教師より受容的に見える場合，その教師に溜まったストレスを爆発させ，暴れる等，悪影響を残しやすい。

心の発達を促さないその場限りの対応は、やってはいけない対応なのだが、残念ながら、こうした例は学校現場で枚挙に暇がない。その場、その年限りではなく、まさに、長期目標、3年間、6年間、いや、次のステップの学校生活も見越した、保幼小中高、18年間を見通した連携支援が必要なのである。

　そして、特に自閉傾向と愛着の問題があると、感情認知の問題と未発達のため、こうした感情の混乱を感じやすく溜めやすい。しかも、押し込められた感情的鬱憤は、増幅され、自己制御できない形で突然放出される。恐怖政治の最中にも、突然、暴発もする。それができなかった場合、翌年度の暴発の仕方は、さらに大きく、溜まったものを放出してもフラッシュバックが起こり、納得できないと執拗に繰り返されやすい。一時的に押しとどめた感情のために、その後、何度もその対応に追われなければならないことになるなら、初めからしっかりと感情支援をする方が生産的ではないだろうか？　まずは、禁止、叱責という感情を育てない後手支援、その場限りの支援を止める勇気を持って、対応に臨みたいものである。

f. 愛着の問題と自閉傾向を併せ持つこどもへの支援の実際②：感情支援その2

　では、感情支援として、何が必要なのか？「愛情の器」モデルに基づく愛着修復プログラム、ARPRAMにおいても重要な支援である［②感情ラベリング支援］が、自閉傾向があり愛着の問題のあるこどもにも一番大切な支援となる。「行動」「認知」「感情」「人（愛着対象）」の4対連合学習を支援することである。社会-情動的相互作用障害としての自閉障害には、感情認知の支援とその場合の適切な行動の支援が必要であり、愛着障害でも感情認知の育成と適切な行動と愛着対象の学習が必要なのである。対象児徒がその時感じた気持ちをわかりやすく示し、その時はこうすればいいと教えることが基本である。「こういう気持ちだね」「そういう時はこうしようね」である。適切な認知と行動のセットを学習し、その行動を増やすことで、不適切な行動を相対的に減らす支援を心がける。

　その際、自閉傾向があると、そうした気持ちの指摘を受け入れず、「違うよ！」と拒否することも多い。そうした反応を防ぐには、1つには、「違う」と言われても、「そうだね。でも、こういう気持ちも少しはあったね」と「認

知を広げる支援」の手法を使ったり、「そうだね。でも、ここだけ見るとそういう気持ちもあったかもね」と「認知スコープ支援」の手法を使い、その拒否したい対象児徒の気持ちを認めた上で、感情認知を付け加えて学習を促す支援をするのが効果的である。どうしてもそれらが受け入れられない場合は、「認知を逸らす支援」で話題転換して、再度それらを受け入れられるタイミングを図るのがよい。一度や二度、受け入れられなかったからといって、諦めてはいけない。同じ支援でもそれをする時期、タイミングが違うと入る場合があるのが自閉傾向の特徴であるのだから。

　そして、気持ちの受け入れをスムーズにするための更なる支援が、[③感情先取り支援]である。何気ない普段の行動観察の場面、やりとりの場面で、今の行動はこういう感情からだったねと推測、言い当てる支援である。「今、こんな気持ちでやったんだよね！ わかってるよ！」と指摘して、それが本人の感覚とフィットし、「そうか、このよくわからない気持ちをそういうことばで言えばいいのか」とわかってもらった効果を与えることが大切である。最初は快感情、プラスの気持ちで行うと成功しやすい。こういうタイプのこどもたちは、何となく感じている気持ちをうまく認知、言語化できていない。従って、その手助けをして、「わかった！ よかった！」と思える経験をさせてくれるキーパーソンの言うことを受け入れやすくなるのである。

　[④感情コントロール５ステップ支援]は、特に感情認知が困難で、感情混乱、爆発しやすい対象児徒に実施する支援である。[表4-3]に詳細をまとめたので参照していただきたい。これらは、[表4-2]で示したそれぞれの支援を組み合わせて、一連の支援としてつなげることで、その効果を最大限にする工夫として受け止めていただければいい。

表 4-3：感情コントロール５ステップ支援

⇒衝動的・攻撃的なこどもの感情学習として実施
(ⅰ) **感情認知ステップ**：気持ちに名前をつける。こういう気持ちだと気づく。ことばがわからない幼児でも同じトーンの音刺激、状況の学習（何となくそういう状況だとわかる）となる。高学年でも、名前をつけると負の感情の区切り、仕切りとなり、限定化効果がある。混乱の整理にもなる。

(ⅱ) 思い留まるためのワンステップ行動学習：気持ちが高ぶってきたら，大きく息をしよう，ポンと膝を叩こうと，一息いれる行動を学ぶ。認知を逸らし，行動スイッチの機能を果たし，感情的状態と感情的攻撃の連鎖の切り替え学習となる。

(ⅲ) ヘルプ学習（クールダウン学習）：気持ちが高ぶってきたら，キーパーソンに助けを求める，クールダウンの場所に移動していいことを学ぶ。必ずこの行動を褒め，感情的状態と感情的攻撃の連鎖を断ち切り，ヘルプ行動との学習成立を目指す。キーパーソンとの関係性意識も育むよう，介在者を意識させる。参照ポイントづくりにも貢献する。

(ⅳ) 代替行動支援（コーピング学習）：不快な気持ちを感じたら，攻撃行動の代替行動として，走る，踊る等の代替行動でコーピングできることを学び，できたら褒める。自律的な学習切り替えを促すことにつながる。参照ポイントづくりに貢献する。

(ⅴ) 感情と行動の引き剥がし支援：具体的場面でキーパーソンが個別に，衝動性という感情Aと行動Bの不適切な連結を，㊀感情のラベル化と代替行動支援で感情Aを行動Bから前に引き剥がし（こういう気持ちの時はこうしよう），㊁振り返りと妥当な行動の学習で行動Bを感情Aから引き剥がす（こういう行動をすればこういう気持ちにならずに済む）という両面作戦を使う。前者では，感情認知（気持ちに気づいたこと）を，後者では，行動（そうしたのがよかった）を褒めて強化する。（感情A⇒行動C⇔行動B）

　[⑤納得の儀式支援]は，「何をしたか」「どんな気持ちになったか」の支援が入るようになり，対象児徒の「納得」を目指す感情支援の仕上げである。自閉傾向のあるこどもは，納得ができると今まで忌避してきたこともできるようになる。そして，支援効果は格段に上がる。さらに，本人が納得して「こうしたらこうなる」と言えるようになり，予め「今日は，こうする！」と本人が「そうする宣言」ができるようになると，見違えるようにその通りできるようになり落ち着いて来るのである。「自分でそうする」と宣言できるとそうすることにこだわる，この「約束宣言効果」を目指して支援をするのである。こうした宣言をする儀式，あるいは，これが納得の印という行動サインを決めておくのも有効である。こうした納得を目指す際も，外的基準，校則等を目標としてはいけない。それは納得できず，対象児徒には受け入れられないことだからである。対象児徒にとっての許容範囲を探り，「それならいいよと思う範囲」で設定することが，納得へのコツである。

g. 愛着の問題と自閉傾向を併せ持つこどもへの支援の実際③：行動支援その1

　行動支援は，特に，行動を始める行動始発と行動を継続する行動定着のための支援である。［①先手行動支援］は，先手を打って「させて」「褒める」支援である。感情支援で納得したものはもちろん，まだ納得に至っていない行動も，対象児徒が不適切な行動をしてしまう前に，先手を打って，適切な行動，それに近い行動，もしくは不適切と言えない行動で不適切行動を防ぐことができる行動（本を読んでいれば奇声を上げて歩き回らないなら，授業参加していなくても，本を読むことでその場合はよしとすること）をするよう支援するのである。先に不適切行動をしてしまわないように，別の行動でその発生を防ぐのが，先手行動支援なのである。

　［②代替行動支援］は，明らかに不適切な行動をしてしまった場合は，それに替わる行動に置き換えるよう支援することである。「机を叩きたくなったら，ペンを回転させよう」とより他人の迷惑にならず，本人も興奮しにくい行動に代替していく支援である。そして，それができたら褒める。褒める場合は，行動を言語化して，「○○できたことがよかった！」と具体的に褒める。指示も具体的にして，こちらが主導権を握った上で，できたら褒める関係を1つ1つ作っていくのである。

　こうした行動形成ができていくと，［③行動スイッチ支援］を組み込んでいく。不適切な行動を制止するのではなく，別の行動，代替行動やより適切に近い行動をするサインを決めておいて，そのサインがあれば，今している行動を，その行動に替えるのである。これは，止める学習成立が焦点化のため困難な自閉傾向のこどもに，止めるのでなく「これしよう」の学習をして，結果的に止めることができるようにする支援である。この行動スイッチは，例えば，知覚過敏がある場合を除いて（知覚過敏があっても身体接触できる部分がある場合は使える），キーパーソンが対象児徒の身体の一部を触る等の刺激があるスイッチが最初は望ましい。それが，いちいち身体を触らなくてもよい，キーパーソンによる手信号等の視覚的サインや合い言葉等の聴覚的サインに移行し，最終的には，自分でそのスイッチを入れる（自己スイッチ）ことができるようにしていく。例えば，最初，実際に「ポン」という掛け声をかけて「肩を叩く」と違うことをする学習をしていくと，「ポン」という音声スイッチと「肩を叩く」

ポーズで，認知を逸らして違う行動に誘い，本人もそのポーズをすることで，そのうちに違うことをする時の自己スイッチとして使えるようになる。これが定着すると感情のコントロールも可能になる。また，これはこだわっている行動を止めることが難しい自閉傾向のこどもの行動終結と次の行動への切り換え支援としても使えるのである。

h. 愛着の問題と自閉傾向を併せ持つこどもへの支援の実際③：行動支援その２

　［④これだけしよう支援］は，自閉傾向と愛着の問題を持つこどもは，どうしても課題が多いので，一度に多くのすべきことを設定してしまい，どれもできなくなってしまう。そのことを防ぐためのコツである。こういうタイプのこどもに多くのことを一度に求めてはいけない。自閉傾向があると，多くのことを焦点化できない認知特性のため混乱しやすい。また愛着の問題があると，多くのことを一度にしなければならなくなると，途端にその意欲が萎えてしまいがちである。従って，１つの行動だけを実施する学習を心がける。１つのことといっても，それを認知し，その意味を理解し，それを行動し，その時の感情を意識して，対連合学習するということは，５つの行動を強いていることになる。結構，難しいのである。

　１つだけしてみようということ，あるいは，１つだけしてはいけないことを約束し，それを実行したら褒めることで強化する。どちらが難しいかは自ずと明らかだろう。「してはいけないことをしないでおく」のは，極めて困難なのである。例えば，「45分授業の間，しゃべらない」という目標を立てたとしよう。これは，たとえ，44分間しゃべらなくても，最後の１分でしゃべってしまうと目標が達成できないことになってしまう。「〜しない」という目標は初期には立てない方がいい。もちろん，その目標に納得したら，自閉傾向のあるこどもは俄然，頑張ることは往々にしてある。「45分の授業の中で１回は挙手発言する」という「これだけはする」という目標設定は達成しやすい。これが，「これだけしよう支援」である。

　どうしても「してはいけないこと」をミッションにしなければいけないなら，その時間を短く設定し，「しないでおく」ためには，「何をすればいいか」指示することが大切である。「10分しゃべらないこと。そのために10分，お絵

かきしよう」というようにである。また，設定する行動目標は，みんなと一緒のことをさせないことが大切である。「授業に参加する」が目標であるとしても，「そこにいて本を読んでいれば，授業に積極的に参加していなくても，結果，授業の場にいたことになる」ことを目指す，すなわち，結果としてみんなと調和した行動をめざすのがコツである。

　[⑤作業の居場所支援（個別作業支援）]は，自閉傾向のこどもがどうしてもしてしまう机叩き等の常同行動や，場にそぐわない奇声や鼻歌，同じフレーズを唱えるエコラリアを防ぐために行う。これをしていいという具体的作業とそれを実施するための居場所を提供し，本人がそれをすることに没頭できれば，この効果は大きい。先ほどから例に出している，「本を読む」「絵を描く」という作業がそれにあたるのである。

　[⑥微細運動・粗大運動ストレッチ]は，本来，手先が不器用であったり，身体運動が不器用なことが多い自閉傾向のこどもや，親と一緒に手遊び，身体遊びの経験が少ない愛着の問題を抱えるこどもと，運動学習を一緒に行う。これは，行動学習の基本として学習定着の練習になるだけでなく，行動に注目することで認知支援となる知的刺激となり，また，時間と行動を共にすることで，人間関係を密にでき，愛着形成に寄与できるのである。親指と他の指を1つ1つ合わせていく運動等，楽しみながら実施していくといいだろう。

i. 愛着の問題と自閉傾向を併せ持つこどもへの支援の実際④：人間関係支援1

　[①人間関係の居場所支援]を目指すことは，自閉傾向がある愛着の問題を抱えるこどもにも絶対必要なことであるが，その際，「安全・安心」の直感の困難さを抱えるのが自閉傾向のあるこどもの特徴であることに留意する必要がある。ともすれば支援者，キーパーソンは，暴言，暴力，暴れる等のわかりやすい行動だけでなく，言動の端々にあらわれる腑に落ちない非愛着的，愛着破壊的行動に戸惑い，安定的愛着関係を結ぶのが困難であると，この絶対必要な支援を諦めてしまいやすい。抑制タイプの愛着障害のこどもも大人を信用しないため，同様の行動をとりやすい。安全基地の歪曲タイプのこどもは，大人を試す行動をいつまでもしてくるために，キーパーソンの気力は萎えやすい。

　こうした場合，キーパーソンが目指す，人間関係の居場所とは何であるかを

再確認しておく必要がある。それは，究極的には絶対的安心・安全の場所であっても，まず目指すべきはそうした居場所ではなく，対象児徒の「個」としての居場所を認めた上で，キーパーソンとつながっていいと思える居場所なのである。言ってしまえば，「仕方がないから言う通りするよ」的居場所であり，「ブツクサ言っても最終的には認めてる関係」なのである。こうした関係づくりの学習を目指すのである。後で示す［事例4-5］(P193)がその事例である。参考にしていただきたい。

　そして，キーパーソンは，必ず「2つの1対1対応」を心がける。1対1対応には，2つの意味がある。個別に対応するという意味の1対1対応はもちろんのこと，その対象児徒への行動指示は，必ず具体的に1つずつ指示するという意味での，個々の行動単位での支援としての1対1対応である。指示と行動を1対1の関係で，1つずつ丁寧に支援するのである。こうしたタイプのこどもへの支援はこの1対1対応がどれくらいこどもに伝わったかによって，その成否は決まると言っても過言ではない。1対1支援でなければ，成功はおぼつかないのである。

　また，キーパーソンには，本人が気に入っている人がなり，怒り役，教え役，遊び役等の役割を別にわかりやすく設定する方が，こうした自閉傾向のこどもにはよい。自閉傾向があると人を見て，気に入った人の言うことは聞くが，気に入らないと思った人のことは徹底的に拒絶しやすいからである。それぞれの人物がわかりやすく1人1役でかかわると，対象児徒にとって，「誰は何をする人だから，その人にはこれさえすればいい」とわかりやすいのである。人間関係においても，わかりやすい周囲世界を構築しておき，その対人認知を助ける支援が肝要である。

　［②立ち位置の工夫］として，前述のことを踏まえれば，1対1でいるからといっても最初はあれこれ指示すると拒絶されやすいので，見守る支援（1対1でいるが，干渉せず好きなことをしているのを見守る），見かけと実質の違いを意識した支援（他生徒の手前，不適切なことをしたので，教室から連れ出すと見せかけて，実は本人の居場所を提供して要求を認めてあげる支援）等の工夫も必要な場合がある。

　［③役割付与支援］は，ARPRAMでも使用するものだが，役割を与えると

4章　発達障害と愛着障害を併せ持つこどもへの特別な支援の方法　191

関係性がより強く意識され，かつ，対象児徒に認知と行動の枠組みを提供でき，「やったよ」「できたね」という行動後の感情の共有がしやすいのである。こうした役割意識は，自閉傾向があると，それに嵌（はま）れば，それに合う行動を完璧なまでに見事にやってくれるのである。後述の［事例4-4］（P193）がその例である。こういう例を見ると，対象児徒にとって，わかりやすい役割を与える支援の絶大な効果が実感できるのである。また，先ほどとの関連で言えば，クールダウンのために役割を与えて，場所移動もさせる支援も可能である。例えば，「黒板消しを取ってきて？」等である。

j. 愛着の問題と自閉傾向を併せ持つこどもへの支援の実際④：人間関係支援2

　［④個別予習支援］は，自閉傾向のこどもが感じやすい不安を防ぐための感情支援である。新規事態やいつもと違うことをする際に生じる予定不安，集団行動をする場合，いつもと違う場所，広い場所での行動等の際に生じる環境不安等の不安低減のために，予めキーパーソンとそこで後で実施する行動を1対1で予習しておいてから集団参加すると，こうした不安が低減しやすい。新規場面，集団場面でも，予め予習したことを思い出させる認知支援，予習したから大丈夫と落ち着く感情支援，ちょっとした予定変更やイレギュラーな事態には，こうすればいいと指示する行動支援を，キーパーソンが傍について実施するのである。

　［⑤橋渡し支援］もARPRAMで実施するものだが，他児や他の先生の言動の受け止め方支援をして他者の行動の受け止め方を学ぶ解釈支援と，自分の気持ち，意図の伝え方を教えてキーパーソンが橋渡しをする支援である。その際，橋渡しスイッチと言えるサインを付加して，人間関係で「これ使おう」と行動を促すサインを学習しておいたり，スルーサインを学習して，「この行動は気にしない」「スルーしよう」というサインを出して，それを実行，学習することを心がけるとよい。こうした，スイッチ学習，サイン学習は自閉傾向のあるこどもは好んでしやすいのである。

　また，周りのこどもたちは，対象児徒に迷惑をかけられているストレスと他にも学習ストレス等のせいで，むしろ対象児徒の不適切行動を「〇〇，あれしたら？」「もっとしろ！」と煽ることも多く発生しやすい。この場合も，対象

児徒の行動の受け止め方，スルーする学習を支援すると同時に，周囲のこどもには，5章で述べるが，「みんな違ってみんないい」という多様性が認められ，お互いのよさを理解できる学級づくりをしておくこと，そして，「あの時の〇〇君に似てるね？ これから□□君も〇〇君のように成長していくんだよ，みんなで支えていこうね！」と認め共感し，周りの成長実感にもつなげる支援が必要である。

　［⑥褒める連携支援］は，まずは，複数の人から同じことを褒められると効果が増幅されるので，そのための連携をする支援である。これも5章で実例を挙げるが，もちろん，みんなの前で褒めるのではなく，A先生に褒められたことをB先生が聞いておき，「A先生にこんなことで褒められたんだって？ 偉かったね！」と褒めるような「褒める連携」が効果的なのである。これは，1対1関係の確認強化にも寄与する。他で起こったことをこの先生は既に知っているという思いを抱くことができるのである。その意味では，「知ってたよ支援」とも言える。そして，これによって，対象児徒の対キーパーソンへの信頼感を確実に上げる効果がある。その逆に，対象児徒の説明は往々にして自己中心的で認知の歪みもあってわかりにくいが，キーパーソンが本人にいろいろ尋ねたことに対して本人が説明しているのを聞いても，キーパーソンがわかってくれないという経験をすると，キーパーソンの人間関係としての居場所効果は激減する。だから，このタイプのこどもについては，特に情報収集の重点化が必要である。そして，それだけでなく，連携して，言わば「出来レース」を作ることが大切なのである。キーパーソンの言った通りのことを他の教師がしてくれる経験がそれにあたる。もちろん，先に，キーパーソンが他の教師にそうしてくれるように頼んでおくのである。

　いずれにしてもキーパーソンの持つべき心がけとして大切なのは，支援の効果にいちいち「期待しない」こと，だから結果に決して「落胆しない」ことである。また，「わかるよね」と，対象児徒の感情に期待しないことである。積み重ねられた行動と認知の学習こそが，いつか対象児徒の感情の閾値を超えて「気づく」瞬間があることを信じて，支援を根気よく続けることが必要なのである。そして，決して，その意味では，感情認知を「あきらめない」ことが必要なのである。

k. 愛着の問題と自閉傾向を併せ持つこどもへの支援の事例

前項までで述べてきた支援ポイントに関係する事例をいくつか紹介したい。

事例 4-4：ASD児で愛着の問題を持つ子のパニック的暴力行動→保育士CS事例

年長児男児。給食の用意の時間や自由遊びの時間に友だちとのトラブルが多く，暴力行為やパニック行動が多発する。どのような支援が必要か？

この事例では，「何が起こるかわからない」「何をしていいかわからない」時間で起こる問題にどう対処するかがポイントであるが，給食の準備の時間であれば，「役割付与支援」が可能である。毎日，給食当番という役割を与えればよいのである。本人にとってそれが好きな行動であり，納得すれば，毎日完璧にやってくれるのである。後は，保育士や教師自身が，毎日給食当番を対象児徒に任せる勇気を持てるかである。往々にして役割分担の平等性にこだわって，この勇気が持てない場合が多い。「平等」な対応は，決して「公平」な対応とは言えない，まして，「妥当」な対応とはとても言えない。このことは，5章で取り上げたい。自由時間での支援には，「作業の居場所支援」として，「個別作業支援」を行う。お絵かき等，その時間にする作業を用意し，付き添い見守るのである。

事例 4-5：自閉障害と愛着の問題を持つ幼児への支援→保育士CS事例

年中児男児。勝手に動き廻ったり，先生を呼び捨てしたりする。他児を後ろから羽交い締めにしたりする愛情表現をして嫌がられる。好きな虫もつぶしてしまう。長靴に砂を入れたりこだわり行動が多い。顔つきが変わると危険な行動をする。滑り台を初めてした時は，10分間ずっと止められず，フラフラになった。全体朝礼は最前列でないと落ち着かない。保育士は，まずは人間関係づくりという助言に基づき，しっかり1対1でつきあい，受けとめ，納得するまで話をし，関係づくりができてきた。あだ名で〇〇鬼と呼ばれている。部屋を出ていいかと聞いてくれるまでになった。

本児も，ASD（自閉）診断があれば，愛着障害診断はされない例であるが，自閉児は愛着の問題が多いのである。こうした場合，視覚支援等の環境支援より，人間関係の居場所支援が必要なのである。保育士の表情を見て，してはい

けないことかどうかの判断もできるようになってきている。感情の実感としての認知はまだ不十分でも，好きな先生がいいというならいいんだ，だめというならだめなんだと，人間関係の中で疑似感情理解の経験ができれば，不適切な行動を許される代替行動に変えていく力にもなる。自閉障害のこどもは，小学校中学年の頃に，意味はわかるが納得しないという，理解と認知のギャップを感じる時期が来るが，それを乗り越える糧ともなる。この保育士に付けられたあだ名は，「かなわないよ」という畏怖と降参の意味を含んだ「好き」の気持ちの表れのもので，単なる行きずりの関係と思っている保育士には，やはり単なる苗字を呼び捨てているのである。この保育士がこういう子とかかわることを厭わず，かわいい，面白いと思えているところが素晴らしいのである。

事例 4-6：自閉傾向のある愛着障害児への対応→保育士CS事例

年少児男児。寝転んで足蹴りする。目線が合いにくい。切り替えも難しい。他児との関係がうまくとれない。友達やモノにぶつかって止まることをやめさせたい。加配の保育士との関係は良好でいつもそばにいる。

「行動のスイッチ」支援を使うとよい。手をつなぎ，握って止まる時，空いている手もグーをして止まろうと止まるスイッチを意識する支援をし，止まったら褒めるのである。他児との関係づくりには，「橋渡し」支援をキーパーソンが行うのである。

事例 4-7：自閉傾向があり愛着の問題を抱えるこども支援→幼稚園教師CS事例

年少児男児。新生児の弟がいる。入園当初，飛び出し行動。園長の部屋に来ては思い通りのことをして遊ぶ。ダンゴムシやアリを追いかける。集団行動ではフラフラして多動。指吸い。べたっと倒れる。観察者を「あの人，誰？」と気にする。発音が不明瞭でことばの遅れ。クレヨンの筆圧が弱く殴り書き。ブギャー等の奇声，突然の歌などのエコラリア。足をバタバタ，手を叩く，頭を床に何度もぶつける常同行動。隣の女児にお化けの真似をしたりちょっかいが多い。その女児が自分から手を握ると大人しく従う。三角座りで待つなどは苦手。隣の女児が押してきたとウソの訴えに，教師はしっかり否定できている。担任の制止は遠くからでもしっかり入る。副担任の言うことはまだ聞けない。飛び跳ねたりくるくる廻る。足が地面にぺたっとつかない。

（観察者とのかかわり）：個室で，まず，上靴・靴下を脱ぎ捨てる。積み木などのモノを投げようとする。ソファーに後ろ倒れ込み。ソファーの背の高いところに登る。自分のペースで「運転して」「魚とって」と指示して遊ぼうとする。こちらから，「後ろに隠した右手，左手のどちらにモノを隠したかな？」というペースを握った遊びをするとしっかり反応する。
「これしよう」という行動のスイッチは本人が気に入らないことだと入らない。自分が魚のえさを作って海に投げ入れている時に，違うことをしてそれを乱すと怒りだし，「嫌！」の連発で，「鳥，投げよう，お菓子，投げよう！」等のいろんな代替案はことごとく拒否。チャイムが鳴ったのに注意を引かせて，同時にモニターの映像を注目させる認知を逸らす支援で機嫌が直った。

　自閉傾向があり，弟の妊娠，誕生で愛着の問題が強くなっている。「させたがる」という主導権を握りたいのが愛着の問題である。呼ばれて行ったり，してと言われてからするのではなく，先手を打つ支援が必要である。だだをこねると好きな担任が来てくれるという学習をさせないように，必ず側に行ったら，行った後，何かをさせて褒める，謝ったら謝ったことを褒める，というように褒めた行動を強化する。担任の指示は聞けるが，突き放されると困り感も感じており，人間関係の居場所意識はできている。1人との関係で1つずつさせる「2つの1対1支援」，常同行動やちょっかいには個別作業支援，合図で行動する行動スイッチ支援，嫌がったら認知を逸らす支援が効果的である。
　連携支援として，担任の指示に応じたら担任が褒め，副担が褒める。副担につなぐために，近くまで行って指示して「この先生として」と，後は副担に任す。副担に褒められ，後で担任にも褒めてもらうことでつなぐという支援が必要である。他児が全体での本人への強い声かけに怖がるので，側に行って視覚的合図を決める等，いつも声かけで注意を引かなくていいような工夫や行動スイッチづくり，副担との連携（ミッションを伝達してもらう：次から副担の先生に伝えてもらうよと伝える練習），他児への声かけも優しくしていくことでバランスをとる等を実施するとよい。

　事例 4-8：自閉傾向がある愛着障害のこどもへの支援→小学校教師CS事例

　小学校1年生女子。上靴を脱いでいる。教室の扉の鍵を閉めて廻る。チャイムが鳴っても帰ってこないことも。大声の独り言。苛つきやすく，すぐに机

を叩いたり，他児に暴力。道具箱の中身の並べ方にこだわるが，イライラするとバラバラに投げてしまう。したいことができないと暴れる。

ADHD診断があるが，自閉傾向と愛着障害が疑われる事例である。「してはいけない」という制止学習は，自閉特性と愛着の問題から困難であるから，「これだけしよう支援」で別の行動の学習に誘い，結果的に制止の学習をする方法を採る。なお，ADHDとしての投薬は，その学習効果を上げるよう利用できる場合がある。また，個別予習支援として，予め1対1で指導，実施したことを，全体でするようにして，関係づくりにも利用しつつ予定不安を下げ，イライラ感情が発生する余地を減らすとよい。また，教室に帰ってきたのに，「さっきどうして出て行ったの？」と叱ると，本人の気持ちでは「もう終わったこと」「今していないこと」を叱られて不満が生じる。こうしたズレも防ぎたい。それには，まず帰ってきたことを褒めるのがよい。

また，本児は，こだわりは一貫しているが，シフト自閉，スイッチング自閉とも呼ぶべきこだわりをみせるこどももいる。親や教師には，何かにこだわっているという特定のこだわりまで感じられなくても，実は，していることは都度都度変わるが，それを止められないというこだわりがあるものである。この場合も同様に，するべき行動に焦点化して褒めるのが効果的である。

> **事例** 4-9：激しい攻撃行動と不登校気味の児童への支援→心理士SV事例
>
> 小学校6年生男子。複雑な家庭事情で，家族から一時的な無責任なかかわりしか受けていない。母は本児の言いなり。学校で級友に暴力でケガをさせることがしばしば（眼鏡集中攻撃等）。万引き等。時間を気にしたり，夜，怖い夢を見て気にしたりも。ADHD診断。

ADHDという適切でない診断がされているのは，家庭の要望も踏まえてのことと思われる。投薬治療の限界としては，コンサータ服用で一時期，改善したが，エブリファイ服用後は悪化，その後，再度服用時は効かない状況であった。前述のように，コンサータもしくはストラテラ投薬は，その効果を利用して学習しやすい学習をするためにするべきで，単なる投薬のみでは意味がない。

コンサータ等のメチルフェニデートはドーパミンという脳内ホルモンの放出を促したり，再取り込みされるのを阻害して結果的にドーパミンが増えた状態を保つ中枢神経刺激薬で，動機付け支援に効きやすい。ストラテラはアトモキセチンでノルアドレナリン受容体の働きを選択的に阻害し，ノルアドレナリンの取り込みを阻害することで脳内のノルアドレナリン濃度を上げ，ドーパミンの再取り込みも阻害するので間接的にドーパミンを増やすという作用の非中枢神経刺激薬で，集中維持に効きやすい。なお，コンサータ投薬で，ADHDが改善したため，自閉傾向が顕在化して，問題になるケースも多い。本児の場合は，愛着障害が主因であり，混乱している状態を動機付け強化によって改善しつつ望ましい行動の学習機会に利用すればよかったが，そうされていないのが問題である。

「好きなようにやらせてみたら」というアドバイスが，ある専門機関からあったが，余計悪化したとのことである。枠組みがなく混乱している愛着障害のこどもに，好きなようにやらせては事態が悪化する。また，加配の教員が担当として支援しているが，その支援は本児の飛び出しについて行く等の後追い支援に終始し，愛着障害への支援として不適切であった。

まず，本児への支援アドバイスをする心理士に助言したのは，生活の構造化支援，役割付与支援である。自閉傾向のある愛着障害である場合，落ち着ける状況があるはずなのでそれを探した。本児は，併設の幼稚園園児への世話は喜んでする優しさがあることがわかった。また，放課後のサッカーは別の先生たちと楽しんでいるのである。そこで，学校生活をわかりやすく構造化し，役割を意識させ，まず登校すれば幼稚園に行き，園児の世話役をすることを日常役割と設定し，最後のサッカーをご褒美と位置づけ，その間の時間を，サッカーの報酬のために頑張ること，園児の世話のご褒美としてできること等で埋めていく支援を構成した。

特異な認知からくる眼鏡等への集中攻撃があり，知覚過敏が攻撃性にも影響しているので，うるさい時，いらっとくる音を聞いた時，どのように対応したらいいか，攻撃行動の代替行動支援も行った。いらっとしたら抜け出し落ち着く場所に行くクールダウン支援も実施した。それができたら，○○したね，それがよかったね，と行動と結果の状態を伝えて褒めるのである。

こうして，落ち着いてくると，時間を気にする，怖い夢にこだわり気にし続ける等，自閉傾向がわかりやすく出てきたのである。何かに魅入られるようにこだわるこうした時（怖い映画を見て執拗に怖がる，ゲームし続ける等）にも，違う話をしたり，行動に誘う，認知を逸らす支援が効果的である。

事例 4-10：自閉傾向のある愛着障害児への支援→中学校教師 CS 事例

中学校2年生男子。こだわりが強く，言い出すと引かない。倉庫の屋上等，高い所に登りたがる。シャツを脱いでTシャツになったりするが，いつも帽子を被っている。上履きをよく脱ぐ。机叩きの常同行動。鼻歌等のエコラリア。1対1だと少し落ち着いて話ができる。「殺すぞ」等の暴言がよくでる。「めんどくさい」とよく言う。紙くずを投げる。退屈，イライラしてくると甲高い奇声。気になる級友のところまで行って何度も執拗に殴ることもある。

自閉傾向のある愛着障害の典型である。乱雑な集団では興奮しやすく，1対1では落ち着くところが自閉的でもあり，認められたい思いでもある。受容・振り返り・切り離し・感情のコントロールを1対1で行う支援が必要である。キーパーソンを決定し，他の学年団の教師の役割をそれぞれ決定し，禁止ではなく，1対1で気持ちを受け止め，納得したことは再発しないので，行動の約束をして褒めて修正していく支援を構成した。

事例 4-11：自閉傾向のある愛着の問題を持つ生徒→高校 SC への SV 事例

高校1年生女子。感情的にパニック行動。母に指摘されてモノを投げたり，部屋に閉じこもったり。イライラすることが多いが，きっかけに気づけないことも多い。学校での保護者・本人を入れた話し合いでも問題が多発。

自閉の愛着障害は，自閉のこどもの欲しがっているタイミングとズレると，愛情を与えても受け取れず曲解したり，不満だけが高まりやすい。従って，母親の対応が，それだけみると不適切でなくても愛着の問題は生ずる。また，こうしたズレが溜まってくると暴言・暴力が出やすく，そうしたこどもの扱いにくさから，親のいらだちからくる身体的虐待，どうしようもなさからくるネグ

レクトを生じやすくなる。

　そして，本事例のように，母親にも自閉傾向があると，そうした食い違いはさらに起こりやすく，ストレスが増幅される。本人にとっては，「している時に限って」指摘されたり，忘れた頃に指摘されたりして受け止め難い。母の指摘も，あることがあり，それで全体を批判する（「そういう風に遊んでるから勉強できない」等の指摘を指す。それが本人が息抜きしている時の指摘だと，「さっき勉強していたのに休んでる時を捉まえて指摘され，それで全体を否定される経験」として受け止められてしまう）とパニック的攻撃を起こしやすい。こうした母子関係では，愛着の形成が難しく，勉学意欲も育まれにくい。

　加えて，本人自身の認知の弱さもあり，なぜイライラするか混乱してわからないので，本人のイライラする気分変化への気づきがズレ，タイムラグが生じる。母親や他者からは，それは突然の変化に見えるのである。本人がイライラする気分になった時，きっかけがあったはずだとこちらで尋ねても，自覚できないことが多い。本人もそれで突然起こるイライラに不安になりやすい。そうするといろんなことが気になって余計イライラしやすくなる。この場合，認知スコープ支援として，「ここだけ見よう」支援を実施する。「これだけ，気にすればいい，これは見なくていい」と認知対象の限定を指示するのである。

　母子共に自閉傾向があるこうした場合，真剣な3者面談は避けるのが大切で，母親と本人それぞれ1対1の母子分離の面談が必要である。母親のクレームやそれに対応する学校の頑なに見える対応を，こどもに見せてもいいことは何一つない。個別の1対1対応で，本人，母親の気持ちをしっかり受容し，納得を得るようにしなければならないのである。

I. 愛着の問題と他の発達障害等を併せ持つこどもへの支援の事例

　その他，他の発達障害がある等の愛着修復支援の事例をいくつか紹介する。

事例 4-12：ADHD ＋愛着障害児への支援→小学校教師 CS 事例

　小学校2年生男子。母子家庭。5人きょうだいの3番目。いつも多動で動き廻る。側に人がいる時は作業できるがそれでもよそ見する。モノをなくす，投げる。遅刻が多いが母も寝ている様子。箸で遊ぶ。着替えでは脱ぎ散らか

し。集団行動，特に体育に参加しないでうろつく。

多動がいつも起こるのでADHDだが，側に人がいると改善するので愛着障害でもある。それでも注意は逸れている。従って，行動への支援が必要で，できることをさせて褒める支援を重点化する。集団に入るのも，帰って来たら叱ったりしない。自閉傾向も少しあるので，集団に介助員の支援で入れた時に褒める，そこですべき行動を1つだけさせて褒めるのがいい。それには，注意集中時間の短さに対応するため，小さな行動単位のスモールステップに行動を分割し，「報酬サンドイッチ支援」を実施する。具体的には，「こっち向いて」で，できたら「褒める」。「鉛筆持って」で，できたら「褒める」という形である。加えて，刺激を少なくする環境づくり（個室・他児のいない時間）も必要である。

事例 4-13：ADHD傾向のある愛着障害児への支援→中学校教師CS事例

中学2年生男子。授業中の立ち歩き。黙ってじっとしていられない。友達のペンを通りがかりに取り上げたり，弱い立場の友達にちょっかいを出す。きつく叱ったりした時，一回キレると周りが見えなくなるくらい暴れる。好きなことの観察力は鋭い。テストの答えの間違い直しのような書写は，めんどくさいと言いつつできている。毎日，保健室にここが痛い等，訴えにくるがたいしたことはなく，すぐにいなくなる。観察者にもすぐ気づき，○○に似てると言い注視。人に奢るのが好き。前担任との関係はよく，言うことを聞けるが，そうでない教師には，どこまでやれるか反抗や授業妨害。放課後支援学習には学習しないのに顔を出す。父は厳しい。

してはいけないことをしないでおく抑制制御機能が乏しいADHDに加え，愛着障害であり，そうしようという気持ちのエネルギーも乏しい。支援としては，不適切な行動を止めさせるよう注意しても効き目はないので，他の生徒への示しもあり，また，本人には，それはいけないことであるという情報だけ伝えておくという意味も込めて，叱るふりだけする。叱ることに力を入れて行動修正しようとしても，徒労に終わる。本人も嫌な体験なので，忌避し，聞いていないし，注意されるとその教師を余計嫌いになるだけである。

望ましい行動でできることをさせて,すぐ褒める。褒められた行動があるとそれが少し定着し,不適切な多動行動が生起する確率が少し減る。望ましいできる行動は,書写等,視覚的課題が適切である。試験の時は評価されること,できないことが相まって,中々座っていられないが,外に出すより,まず絵を描いてもいいので座っていられるようにして褒める。できる問題があれば,特別問題として出す。全員に補助問題として出すと特別視されない。

キーパーソンを決めて(前担任),その指示を守る,あるいは役割を与えて,それをやることで,「褒める,認める」という支援が必要である。認められたいのに認められていないのが愛着障害である。放課後学習支援に顔を出すのも構われたいからなので,1対1対応で視覚的課題を一緒にする支援が効果的である。

事例 4-14:盗癖・性的問題→児童福祉施設 CS 事例

小学校6年生女子。母に嫌われ,母の命令で兄が虐待。賽銭,本,金銭の盗癖。虚言癖。盗みについても動かぬ証拠が出ない限り認めない。自傷行為もあった。年下の女児に乳を吸わせたりキスさせる。母の行為を目撃とのこと。普段でも反省後も誰にでも笑顔の対応。工作,細かい作業が好きで得意。

ストレス,愛着の問題は盗癖につながりやすい。これは,愛着の移行対象との関係が強く,モノに執着しやすいからである。緊張感と開放感という刺激もその癖を助長する。見捨てられ不安や自己評価の低さへの抵抗でもある。その意味で摂食障害とも関係することが多い。また,性的行為は,多動や不安の対処行動として,落ち着きやすくする効果があるから,母親の行為も目撃しているので,ストレス対処のモデル学習としてであろう。様々な発達的脆弱性と愛着の問題が絡まると性的問題を起こしやすい。本児は,母親から心理的虐待,人を介しての身体的虐待,ネグレクトを受け,評価不安,自己防衛の性格形成を行い,素直に自分に取り入れられないので,虚言癖と笑顔という防御策を学習している。従って,ストレス,愛情の問題をいろいろな問題行動で対処しているので,対応として代替行動支援しても,これを止められたから別のものをするというモグラ叩き状態となり得る。

従って,作業の居場所支援を行い,共に好きな手作業,工作をすることで安心,信頼感をはぐくむ支援が必要なのである。

[引用・参考文献]
1) 米澤好史 2013 愛着障害・発達障害への「愛情の器」モデルによる支援の実際,和歌山大学教育学部紀要(教育科学), 63, 1 - 16.
2) 米澤好史 2014a 愛着障害・社交障害・発達障害への「愛情の器」モデルによる支援の展開と意義―愛着修復プログラムと感情コントロール支援プログラムの提案― 和歌山大学教育学部紀要(教育科学), 64, 9 - 30.
3) 米澤好史 2014b 愛着障害・社交障害・発達障害への「愛情の器」モデルによる支援の効果―愛着修復プログラム・感情コントロール支援プログラムの要点― 和歌山大学教育学部教育実践総合センター紀要, 24, 21 - 30.
4) 米澤好史 2015a「愛情の器」モデルによる愛着修復プログラムによる愛着障害・社交障害・発達障害へ支援事例. 和歌山大学教育学部紀要(教育科学), 65, 15 - 36.
5) 米澤好史 2015d「愛情の器」モデルに基づく愛着修復プログラムによる支援―愛着障害・愛着の問題を抱えるこどもへの支援― 臨床発達心理実践研究, 10, 41 - 45.
6) American Psychiatric Association 2013 *Diagnostic and Statistical Manual of Mental Disorders : Dsm - 5*. American Psychiatric Pub. 日本精神神経学会(監修)高橋三郎・大野裕・染矢俊幸・神庭重信・尾崎紀夫・三村將・村井俊哉(訳)2014 DSM - 5 精神疾患の診断・統計マニュアル 医学書院.
7) 別府哲 1997 自閉症児の愛着行動と他者の心の理解(特集:心の理論)心理学評論, 40 (1), 145 - 157.
8) 別府哲 2005 自閉症における他者理解の機能連関と形成プロセスの特異性〈特集:自閉症の社会性障害〉, 障害者問題研究, 34 (4), 259 - 266.

5章

愛着に関する諸問題―しつけ・クラス運営・保護者対応―

1. 感情学習の視点からみた「褒める」と「叱る」

a. 褒める・叱るという支援の問題点

　親として，教師として，支援者・指導者として，こどもにかかわる場合，ある意味，「しつけ」は誰もが意識する問題だろう。愛着修復，愛着形成の側面から，ここで改めて「褒める」「叱る」という「しつけ」について振り返り，感情学習の視点からも分析してみたい。まず，［表5-1］に「叱る」と「褒める」の問題点を整理してみた。

表 5-1：叱ると褒めるの問題点

［叱るの問題点］＝後手
①その行動が増える［脱抑制タイプ愛着障害の場合］
②関係性が壊れる［抑制タイプ愛着障害・自閉症スペクトラム障害併発愛着障害の場合］⇒抑制タイプは不信感増幅・自閉障害の場合，焦点化が混乱・攻撃性を増幅する
③行動変容は永続的には生じない（一時的抑止効果にすぎない）⇒自立につながらない⇔学習性無力感・ガルシア効果・支配―服従的関係効果による回避効果＝不適切な学習

［褒めるの問題点］＝先手でない場合＋不明確な場合
①褒めると煽てるの違い（煽てても行動変容は起こらない⇒自己高揚）
②求めに応じて・みんなで勝手に褒めても効果なし
　⇔（受け止め方の制御不能⇒愛情の［摘まみ食い］）
③褒められるのを拒絶するこども［抑制タイプ愛着障害・自閉症スペクトラム障害併発］

　「叱る」は，こどもの行動が生じてから大人が対応するという意味において，

明らかに「後手を踏む」支援である。そして，脱抑制タイプの愛着障害では，それでも構ってもらったと対象児徒は感じて，その行動は叱った大人の意図に反して増えてしまう。抑制タイプ愛着障害や自閉障害がある場合では，不信感を増幅し，そこに焦点化を促すことで，感情的混乱を助長し，叱られた人を避ける回避行動や暴力を振るう攻撃行動を増やすだけである。さらに重要なのは，「叱る」の効果として，永続的な行動変容は起こらない，効果がある場合も，叱られている時だけの一時的な抑止効果であることが留意すべき点である。実際，かなり永続的に見える効果が出ている場合も次の3つの場合のいずれかに過ぎない。第1は，「どうしようもない」と感じた学習性無力感（2章4節k項参照）による諦めの学習が生じた場合である。この人は叱るしかないと気づくと，そこではおとなしくするが，他の人の前で余計悪い行動をしやすくなる。第2は，恐怖条件づけとして，1回の脅威的なかかわり，脅しでこどもにトラウマを与えるガルシア効果[1]とも言うべき影響を与えた場合である。第3は，恐怖政治と指摘した（3章1節c項，4章2節a項，3節e項参照），支配—服従関係による一時的制圧の場合である。これらは，いずれもこどもにとって不適切な学習と言わざるを得ない。

　「褒める」の問題点は，その褒める行為がこどものアピールに応じた後手の支援である場合，何を褒めているか不明確な場合に生じる。「煽てる」という行為が，「褒める」とは似ても似つかぬ支援であることは，何を対象にしているかが不明確で，こどもを理解していなくても表面的にいくらでも「煽てる」ことができ[2]，こどもを育てる視点がない点にある。従って，愛着障害のこどもを煽てても，その自己高揚（2章4節k項参照）が増幅されるだけである。また，こどもの求めに応じて，しかもその場にいる大人が，その都度勝手に褒めても効果がない。3章1節g項で述べたように，「愛情の摘まみ食い現象」が生じてしまうのである。これは，褒める効果を，褒めた側が制御不能で，その受け止め方がこども任せにされてしまうという問題なのである。褒める以上，その効果が最大限にこどもにプラスになるように制御する責任が褒める側にあるのである。「褒めておくけど，後は自分で感じてね」という単なる「褒め逃げ」は無責任な行為に他ならない。また，愛着障害児の中には，「褒められる」と逆上したり，拒否したりするこどもがいる。これも叱られ慣れたり，放置さ

れ慣れていて,「褒められる」ことへの自己防衛, 拒絶感が強いため起こる現象である。自閉傾向があれば,「褒められる」ことが納得いかないと受け止めたら, 拒絶するのである。

　「叱る」ことで, こどもの行動を否定しても, こどもは変わらない。こどもの求めに応じて「褒める」ことでも, こどもは変わらない。だからこそ,「叱るべきか, 褒めるべきか」という,「叱る」VS.「褒める」の不毛な論争は果てしなく続いて来たのである。筆者が提起して来たのは, その対立ではない。「こうしよう」と誘って,「できたら, 褒める」という, この対立とは違う立場の支援なのである。

b. 褒める・叱るという支援の意味

　では,「叱る」には, 全く意味がないのだろうか?「褒める」の意味を最大限に引き出すにはどうすればいいのだろうか?「叱る」と「褒める」の意味を改めて整理して, [表5-2] に示した。

表5-2：叱ると褒めるの意味

[叱るの意味]
①叱るによる行動変容は愛着形成ができ, 感情学習(発達)しているこどもにのみ可能
②行動変容を期待しない！・行動変容しなくても落胆しない！
③情報提供[何が良くない行動かを知らせる]
④叱らない影響(許容・腫れ物に触る・どうでもいい存在との解釈)を防ぐ

[褒めるの意味]
①自己有用感⇒自己効力感⇒自己肯定感を育む
②具体的行動・認知・感情・愛着対象と自己の関係性をつなげてはじめて意味がある
③刺激過多の世の中(相対的に親・教師の影響力低下)で的確に意識させる効果
　＝かかわり過ぎ(過干渉・抱え込み)VS.かかわり不足(ネグレクト・放任)
④成果達成を諦めない！・焦らない！

　「叱る」支援は, 愛着形成がなされ, 感情が十分に発達しているこどもには,「してはいけないこと」「さらにすべきこと」を情報として取り入れ, 行動修正

の参考にできる。そういうこどもには叱ってよい。しかし，そうでないこどもには，［表5-1］で確認したように全く効果はない。にもかかわらず，大人は「叱る」ことで，その行動を変えるという行動変容が期待できないこどもばかりを，つい「叱ってしまう」のである。「叱る」ことでこどもの行動が変わったり，感情が変わると期待してはいけないのである。このように，こどもに期待してはいけないことを，つい期待してしまうことは，指導者，支援者はしてはいけない。期待しているから，さらにこれでもかと「叱る」行動はエスカレートして体罰につながり，こどもの対教師，対親暴力を引き出してしまうことにつながる。

　ただし，こういうこどもにも，行動変容は期待できなくても「叱らなければならない」ことがある。叱らなければ，その行動がよくない行動であるという情報を知らせるチャンスがなくなる。そして，叱らないことの悪影響も懸念される。それでいいと許されたとの誤解からその行動が止まらないだけでなく，大人の対応が腫れ物に触るようにこどもに感じられた時，こどもの自己高揚感，対大人への歪んだ優越感が増幅されてしまう。また，「ここまでしても叱られないのか」という認識を持つと，親や教師にとって自己がどうでもいい存在であるとの認識が生まれ，自己評価が低下するからである。しかし，「叱る」場合は，「○○してはいけない」という叱り方は避けた方がいい。それでは，自己否定されまいとする自己防衛の気持ちが強まり，「してないもん！」と先手の位置を固持するチャンスを与えてしまう。「△△しよう！」と新たな行動に誘う方が，先手を握りやすい。それが難しい際に，「情報」として「○○止めて，△△した方がいいよ」と「叱っておく」のは必要という意味である。

　「褒める」ことは，自分はそこで「役に立っている」という自己有用感[3]，「自分はできる」という自己効力感[4]を経験することで，「自分でいいんだ，自分がいいんだ」と思える自己肯定感を感じることができる。滝充も指摘している[5]が，何かの役に立つという自己有用感の意識の上に，自分にはそれができるという確信としての効力期待が持つ自信が築かれる。それを確証とする自己肯定感こそが，自己高揚的でなく，自己否定を退ける真の自己肯定感と言えるだろう。本来は自己肯定感→自己効力感→自己有用感と発達的に獲得するものだが，成長したこどもに改めて獲得させるには，到達点である自己有用感から

確実に獲得させることが必要なのである。

　よく聞かれる疑問だが，現在，愛着障害や愛着の問題が増えているのは親の不適切なかかわりのせいだけだろうか？ 比較として昔の親は，今より適切なかかわりをしていたのだろうか？ 3章3節1項でも取り上げたが，ここで再度確認しておきたい。もちろん，虐待等の不適切なかかわりも増えている。しかし，もう1つ忘れてはいけないのは，以前の親は自分のかかわりを何もアピールしなくても，他の刺激があまりないので，親の影響度が相対的に高かったのである。しかし，今はどうだろうか？ 映像，ゲーム，携帯電話等，こどもの周りには様々な刺激が存在している。まさに，刺激過多の状況である。その場合，親が以前の親と同じ程度のかかわりでは，他の強力で魅力的な刺激に負けてしまうのである。こうして，親の対こども刺激力，影響力は相対的に低下する。加えて，自分の養育に自信の持てない親は，そうした刺激に頼ってしまう。こどもを落ち着かせるのにメディアを使ってしまうことで，さらに親の影響力は低下するのである。例えば，遊園地にこどもを連れて行って，親は「自分が連れて行った」と自己の貢献度を過大視しているが，実際は，こどもにとって一番刺激的だったのは，遊園地の絶叫マシンだったり，映像効果だったりする。親への意識は微小に過ぎない。ここで，親の刺激影響力を取り戻すチャンスがある。それは，「振り返り」である。「ママとジェットコースター乗って，楽しかったね！ 怖かったけど，ママが守ってあげたよね！」とアピールすればいいのである。それをしなければ，こどもの親への意識化のチャンスを逃し，遊園地刺激効果しか残らないのである。この振り返りは，自己意識が芽生える1歳後半から可能である。こうした1対1の振り返りが疎かにされていないだろうか？ 刺激過多に対抗するには，こうした「意識化のかかわり」が必要なのである。効果はすぐに現れない。過干渉，囲い込みのように，不適切にかかわるのではなく，焦らず，諦めず，こどもにどう意識化させるかを念頭においてかかわり続けることが肝要なのである。

c. 愛着修復プログラム第0フェーズとして必要なかかわり

　3章で紹介した，「愛情の器」に基づく愛着修復プログラム ARPRAM は4つのフェーズからなっていたが，その準備段階の基盤づくりとして，第0フェ

ーズとでも呼ぶべきものをここでは取り上げたい。特に乳幼児の支援，赤ちゃんからの子育ての参考ともなり，また，たとえ青年期のこどもでも，こうした乳幼児期に戻った支援が必要である場合に留意すべきことである。[表5-3]に第0フェーズとして大切なことを示した。

表 5-3：愛着修復支援プログラム ARPRAM 第0フェーズ

〈感情発達への気づき＝感情学習の必要性（感情は学ぶもの）〉
・認知が情動を発達させる：ルイス（Lewis, M.）[6]：原始感情＝快・不快感情
・共鳴動作（co-action：メルツォフ（Meltzoff, A.N.）& ムアー（Moore, M.K.）[7][生後3日～5ヵ月]⇒モデル学習＋感情の表情学習
・対象の永続性：ピアジェ（Piaget, J.）[8][生後8～12ヵ月]⇒ゼロ・ステップ体験＝自己肯定感
・間主観性：トレバーセン（Trevarthen, C.）& エイトキン（Aitken, K.J.）[9][2次＝生後6～9ヵ月以降]⇒自己効力感
・ごっこ遊び・ふりをすることの意義

3章3節g項でも述べたように，認知が快・不快の区別ぐらいしかない原始感情を分化，発達させるが，そのために必要なかかわりを意識して確認，あるいは再確認するのである。共鳴動作（co-action）は，生後72時間～5ヵ月くらいの間，大人の舌だし・口開き・ギョロ目の模倣行動を赤ちゃんがするものだが，これはモデル学習が人間にとって一番効果的な学習であることを踏まえた遺伝的行動と推察される。マネができれば，生きていけるのである。そして，これは表情の学習でもあり，驚き・喜び・悲しみ等の表情を表出していいことを確認するのである。筆者が気になるこどものタイプに「表情の乏しいこども」が相当いる。このこどもたちは，こうした共鳴動作の経験不足ではないかと推測され，親子のやりとりとしての，「ベロベロ・バー」を推奨している。表情が気持ちのやりとり，社会性につながるのである。

対象の永続性は，生後8～12ヵ月に形成されるもので，布等で対象物を見えなくしてもそこにあると認知できることを指している。もちろん，生後5ヵ月でも可能であるとの指摘[10]もあるが，単に気づくだけでなく，対象の永続性を意識して行動できることが重要である。これができるこどもは，汽車がト

ンネルに入って見えなくなったら，トンネルの出口付近を見つめて汽車が出てくるのを期待して待つ．そして，期待通りに汽車が出てきたら，満面の笑みで応えるのである．これが，予期したことが確実に起こることを確認・認知したことと，感情が同期している証拠である．この経験が大切なのである．これは，「いない，いない・バー」で体験できる．目を隠して「いない，いない」と言いながら，きっといることがわかっているこどもは，手をどけたら期待通りそこに親がいることに歓喜するのである．このような，確実に起こると予期したことが，当たり前のように起こることを確かめる体験が必要なのである．

そういう意味で，中学生にも中学生にとっての「いない，いない・バー」体験が必要なのである．このゼロ・ステップ体験の必要性を指摘したい．親や教師はすぐにステップアップを期待してしまう．そうした，「できないことができるようになる」体験の支援の前に，「確実にできることをして確かめる」体験の支援を実施するべきなのである．これが自己肯定感の根源を形成していると指摘したい．そして，この対象の永続性は自立移動（ハイハイ，歩行）と相関があり[11]，自立移動は参照視，社会的参照とも関係ある[12]という．行動・認知・感情の連関がそこにあり，「それでいいよ」とそれらをつなぐ潤滑油が愛着ではないだろうか？

間主観性とは，関係性の中で相互主観的な理解が主観を育むという指摘であり，1次間主観性は生後5，6週から母の笑顔識別，無表情，暗表情を察知する形で生ずる．2次間主観性は，生後6ヵ月から親子で全身感覚で波長共鳴しはしゃぎ笑いをしたり，「よしよし」と落ち着かせたりする情動調律としても現れる[13]．大切なのは，生後9ヵ月以降の，指さしで相手に注目させたり，「ハイハイ」「つかまり立ち」「立っち」「一人歩き」等ができたこと，芸の披露で注目をアピールし，親から褒められて満足な表情で喜び，感情的に満たされる経験である．我が家のアイドル，目の前のスーパースターの一挙手一投足を，「そう，できたね！」と共感的に認め，受け入れ，共に喜ぶかかわりである．これが必要なのであり，まさにチェアリングの薦めである．これこそが，自分はできるんだという自己効力感の源泉ではないだろうか？

母は，直感的育児行動[14]により，こどもの目の焦点の合いやすい位置に顔を近づけたり，こどもの興味をそそる話しかけをしているが，こうした行動は

親の心理的余裕がなければ生まれにくく，こどもの困難行動が先走ると生じにくい相互作用的なものである。意識的にかかわりを持つことの必要性とそれをサポートする育児支援が必要なのである。

　ごっこ遊び・ふりをすることの意義については，麻生武が，動作の中で表象すること，例えば，飲んだふりをしてはじめて飲み物が入ってると思うとの指摘[15]をしている。認知，感情，行動の連鎖を生む経験となるのである。ただ，以前，筆者が幼児で調査した結果[16][17][18][19]では，こどもには，認知活動特性尺度によると，モノへの興味の強い「かかわり志向」と人への興味の強い「協同志向」の違いがあり，前者は，創意工夫と養護性が高く協調性が低いが，後者は，自己制御と攻撃性が高いという違いが見られた。いずれにしても，協同的遊びは協同的学びに移行し，結果的に基本的学習技能を向上させ，先に基本的学習技能をつける指導は問題であること，年中児期には発達は停滞するが年長児期に飛躍的に向上することなどを確認している。これらも愛着のエネルギーが基盤としてあってのことである。

d. 正の感情はたし算されず，負の感情は足されてしまう現象を踏まえて

　感情学習を意識した支援のポイントとして，大切な現象は，正の感情，快感情はたし算されず，負の感情，不快感情は足されてしまう現象である。いい経験を通して引き出されたプラスの感情は状況依存的・領域固有的で，その場限りで終わってしまう。国語の授業でのいい経験は，次の算数の授業には引き継がれない。体育の授業でのいい経験とたし算されて，他の授業での問題行動を抑制する効果も期待できない。つながらないことが多いのだ。しかし，悪い経験によって引き起こされたマイナスの感情は，逆に，状況・領域横断的に伝播しやすい。国語の授業での嫌な経験と感情は，次の算数の授業での嫌な経験，感情とつながって負の感情が強化・増幅され問題行動を誘発しやすくなる。2章4節b節，4章3節b項で述べた，家庭での機嫌が学校につながる現象もそうである。「これが逆であってくれたら」と親も教師も願わずにはいられないが，現実はこうなのである。そもそも，意欲・知的好奇心・学力は状況依存的・領域固有的である。従って「何事にも意欲的なこども」は，本当は真の意欲のないこどもであり，親や教師の評価のみを求めた行動に過ぎない[20]。抑

鬱・学習性無力感は，領域横断・全体的で，1つの嫌な感情が他のことに悪い影響を与えがちなのである。

　であるならば，指導者，支援者は，正の感情はつなぐ支援，負の感情は仕分ける支援を心がけるべきである。

　正の感情は，分断された活動を「つなぐ意識」の支援が必要で，振り返り支援などを通して，孤立しやすい感情をつないでいくのである。「この気持ちは，この活動で感じたが，同じ気持ちをこの活動でも感じられるね」とつなぐのである。それにはプロジェクト型学習など，構造化された活動支援が効果的だろう。総合的学習の時間はそのためのツールとして再認識して，活用すべきと言えるだろう。

　負の感情は，つながってしまった感情を別々の体験だったと気づかせるために，感情を仕分ける支援が必要である。「この気持ちは，この活動で感じてしまったけど，それはここだけの話。切り替えて，今度はこんな気持ちでやってみよう。ほらっ，違った気持ちが湧いてきたね」と仕分けるのである。仕分けるためには，場所と認知，感情を切り替えるための「クールダウン支援」，「ここで」「これをしよう」と場面や行動を替えて認知と感情を切り替える「切り替え体験」，活動を細かい単位に分けた実習を通して気分的にも切り替えしやすくする「行動単位細分化支援」等が必要なのである。

e. 褒め方クイズ

　ここまでのまとめとして，［表5-4］に褒め方クイズを示したので，確認したい。どれが望ましい褒め方だろうか？　○と×で答えてみよう。

　①のように，こども主導の要求に応答的に褒めても愛着修復の効果はない。②は何を褒めているのか不明確であり，具体的に望ましい行動を言語化して褒めるべきである。③のように，「しっかり」などの擬態語は具体的にどうすることか不明確で，よい褒め言葉とは言えない。④のように，同時に2つ以上のことを褒めてもどれを褒められたのかわかりにくく，1つのことでないと学習し難いので，2つ以上のことを同時に褒めないことが肝要である。

　褒めるタイミングは，即時強化（すぐ褒める）を心がけるべきで，⑤では遅すぎるので，⑥のように，「今，すぐ」褒めるべきである。従って，①〜⑤が

×，⑥以降が○ということになる。

> **表 5-4：褒め方クイズ [改訂版] 〜どの褒め方が効果的？〜** [21] を一部改変
>
> ① （　）褒めてほしいの？　わかったよ〜。えらいねぇ。
> ② （　）えらいねぇ（頑張ったねぇ）（嬉しいよ〜）。
> ③ （　）しっかり歌ってたね，えらいねぇ。
> ④ （　）黙って座って漢字書いてたね，えらいねぇ。
> ⑤ （　）さっき静かに座っていたね。えらいねぇ。
> ⑥ （　）今，座ってるね。えらいねぇ。
> ⑦ （　）大きな声で歌えたね。大声出すと嬉しくなるねぇ。これがやった！って思いだよ〜。
> ⑧ （　）立ってごらん！　すぐに立ったね！　えらいねぇ。
> ⑨ （　）歌の上手だねぇ，才能あるねぇ。
> ⑩ （　）先生（お母さん）が見てると座れるね，えらいねぇ。
> ⑪ （　）スーパープリント配り係だね！　プリント配るの速いねぇ。
> ⑫ （　）最近，自分のしたいことを言えるようになってきたね，えらいねぇ。

⑦は，具体的に望ましい行動を言語化した上で，正の感情に名前をつけて感情ラベリング支援をしており，望ましい行動は自分に正の感情を引き起こすこと，いいことだと強調して意識化を促しているのである。いわゆる，「私は嬉しい」「私はショックだ」と伝えるiメッセージが望ましいとされるが，愛着形成のできていないこどもには，そういうメッセージを受け止める感受性がない場合か，逆に過敏に反応して大人を喜ばせようとしかしないことがある。従って，むしろ正の感情は，「あなたは，嬉しいんだ」とyouメッセージで伝えるのがよい。

⑧のように，大人が主導権を握り，行動を促し，できたらすぐに褒める先手支援が効果的である。また，⑨のように，能力，特性として褒める方が定着しやすい。能力に帰属することは，「才能がない」等，できない時，能力のない場合には意欲を剥奪するので，絶対避けなければならないが，能力がある場合には自己有能感の喚起，自己効力感へのきっかけとなり，「そう思うことでそう変わっていく」自己成就的予言にもつながるので，能力を褒めるべきなのである。ワイナー（Weiner, B.）[22] の帰属理論における，努力帰属が望ましいとの指摘は，マイナスの出来事に限ることである。しかし，ドゥエック（Dweck, C.

S.) が指摘したように[23]，学ぶこと自体に意味を見つける学習目標・能力は伸びると考える増大的能力観のこどもを育てる意味でも，能力帰属支援は実は効果的である。ただし，能力は変わらないと考える固定的能力観の持ち主，人に評価されることだけに意味を求める評価目標のこども，感受性の高いこどもには，「そうでなければならない」という拘束感を生むので注意が必要である。そして，愛着に問題があるこどもには，むしろ能力・特性を褒めて，自分に気づかせる支援が必要なのである。プロセスや努力を褒めても，愛着の問題を持つこどもには，その行動を持続するエネルギーがないために効果がない。いわゆる努力神話[24]は，「いくら努力すればいいと言われても努力できない」こうしたこどもたちにも当てはまるのである。ある意味，能力があるという特性のレッテルをわかりやすく貼る支援が必要なのである。

⑩のように，キーパーソンと一緒であると，その存在，関係性を強調することが褒める際に重要である。刺激過多の昨今，それに負けないためにも，ある意味，お仕着せがましく褒めて，関係意識を強化するのが大切である。もちろん，この場合も，評価目標，感受性の高いこどもは，その意識した関係性に縛られやすいので，愛着障害の場合だけに使うのが適切である。⑪のように，役割意識を喚起させる役割付与支援も効果的である。そして，⑫のように，本人がそうなりたくてなりつつあることのような望ましい変化が起こっている際，それを指摘して，その変化を先取りして褒めることが最善の褒める支援である。こういう風に褒められるのが，人は一番嬉しいのである。

このように，行動を褒めるという意識だけでなく，行動を褒めたことでこども本人の認知・意識・捉え方・感情認知をどう変えることができるか，その変化を基盤として支える愛着あるいは人間関係の基盤をどう作った上で支えるかがポイントなのである。

f. 発達段階に応じた褒め方

［表5-5］には，発達段階よる褒め方のポイントを示した。

小学校低学年までのこども，知的障害（発達遅滞）のこどもには，具体的行動をわかりやすいことばに言語化して褒めるのが大切である。自律的行動学習を促進するために，「〜したから〜できたね」と具体的によかった行動を言語

化して褒めるのである。

> **表 5-5：発達段階による褒め方**[21)を一部改変]
>
> ①小学校低学年まで・発達遅滞のこども：具体的行動を言語化して褒める
> ②小学校中学年：気持ち・感情を言語化して認め，代替行動支援で褒める
> ③小学校高学年：可能性を見い出して褒める←社会的比較
> ④中学生，高校生：発達課題に戻って特性に応じたやり直し＋可能性の再発見

　小学校中学年では，気持ち・感情を言語化して認め，代替行動支援で褒めることがポイントである。この時期，特に自閉系のこどもで直観的な感情理解ができず，気持ちと行動のズレが生じやすくなり，また他児からそういうことを理解してもらえないことが増える。愛着障害系のこどもでは，気持ちを受け入れられないという思いが蓄積しやすくなる。ADHD系のこどもでは，今まで行動の適切な修正が支援としてなければ，叱られてばかりという二次障害が起こりやすくなっている。従って，行動を指摘したり修正するのではなく，気持ちを受容すること，そしてその気持ちを言語化して感情のラベル化を行い，気持ちの支援を行った上で，そういう時にはこうしようという代替行動を指摘したり，そういう時には先生にまず言って来なさい，あるいは，クールダウンのためそこから離れなさい等の行動支援を行うのである。こうして，わかってできる支援ができるようになると落ち着くことができる。

　小学校高学年では，可能性を見い出して褒めるとよい。この時期に起こりやすいのが，フェスティンガー（Festinger, L.）の指摘した自己評価のための社会的比較[25)]である。「～できないあの子はだめだ」というように，他者を批判して自己防衛する防衛機制が生じやすく，トラブルが起こりやすい。従って，「どうせ，自分はみんなと違ってできない」という，他者との社会的比較から来る自己評価の低下を踏まえて，他者との比較でなく，絶対評価，形成的評価を意識しつつ，「あなたは，こういうのが向いてるよね」「あなたは，これならできていくよ」と可能性を見い出して褒めるのである。こうした褒め方は自己効力感，自己肯定感にもつながるだろう。

　中学生，高校生では，発達課題に戻って特性に応じたやり直しが必要とな

る。本来，知的発達的には，小学校高学年向けの褒め方が適応できるはずであるが，問題を抱えているこどもは，それまでの発達課題がクリアされていないので，その子の発達課題と特性に応じて，今までの発達段階のどの部分からやり直す必要があるかを判断して，適切なものを使う必要がある。また，思春期以降，自己の見つめ直しが始まり，自己否定的，自己懐疑的になりやすいので，「やっぱり自分にはこれがいい」という自己の可能性の再発見ができる褒め方を探っていく必要があるだろう。

2. 愛着障害，発達障害のこどもが多数在籍するクラス支援の方法

a. モデル学習力の低下したこどもたち

> **事例** 5-1：平等感とクラスづくり→保育士・教師 CS 事例
>
> 特別扱いをすると，他の児童・生徒が奇異な目で見たり，えこひいき感を持ったり，いじめの対象になったりしないか？
> 愛着を求めるこどもに対応したことで，他児に与える影響が心配である。公平性の問題があるし，他児がそういうことを皆求めてくると大変ではないか？

［事例5-1］は多くの保育士，教師から出てきた心配，質問である。なぜこんな風な心配が多いのだろうか？

まず，クラス支援を考える際，必ず意識しておかねばならないことが，最近のこどもたちのモデル学習力の低下である。5章1節 c 項の共鳴動作で述べたように，本来人間はどの学習力よりモデル学習力に優れており（例えば，繰り返し反復練習するより，真似をすれば1回でできてしまうこともある），モデル学習に期待したクラス運営が以前は可能であった。まず，低下したのは負のモデル学習力である。他児が叱られていたら，「それをしたら叱られる」と学習して，自分もしないでおくことができなくなった。従って，「こちらを叱っているとあちらで，あちらを叱りに行くとこちらで」といういわゆる「叱る」のモグラ叩き状態が生じるようになった。

そして，その後，正のモデル学習ができないこどもが増えてきた。他児が褒

められるのを見ると，自分も同じことをしている場合，自分が殊更，褒められなくても，「自分もそれをしていたからいいんだ」と納得できない。それをしていないこどもは，自分もそうしたら褒められるので，しようとするのでなく，褒められないことに嫉妬して，「何であの子だけ褒めるの？」と騒ぐのである。愛着障害のこどもにキーパーソンとして特別な支援をしようとすると，決まって，「どうしてあの子だけ？」と，えこひいき，特別扱いを非難する声がそこかしこからあがる。自分が受け入れられている，認められているという受容感がないために，他者が羨ましいという感情ばかり先立ってしまう。総じて，すべてのこどもが総愛情不足，愛着問題を抱えていると言っても過言ではない状況なのである。

b. 同じ対応は不公平，違った対応が公平：関係性支援

　こうしたこどもが多数いる学級での支援のコツは，個の多様性を認めるクラス風土づくりである。すべてのこどもが特別扱いを欲していて，クラス全体への支援が自分にも向いていることを意識化できていない現状では，どの子も特別扱いするしかないのである。こどものニーズが多様化し，それぞれの思いが統一されず，置き去られている現状では，すべてのこどもに同じ支援，平等の支援をしても受け入れられない。すべてのこどもに，平等ではなく，公平な支援をする必要がある。違ったニーズには，違った支援をするしか公平性は担保できないのである。

　このことをまず，こどもたちが気づく支援が必要である。学級開きの時に，「好きな食べ物」をこどもたちに聞き，「バナナが好きなこどもにバナナをあげれば喜ぶが，みかんが好きなこどもにバナナをあげても喜ばない。すべてのこどもが喜ぶには，それぞれに違ったモノをあげる必要がある」，「すべてのこどもに同じ対応をすることは，対応そのものは平等でも，結果としては不平等，不公平である」ことを認識する支援をするのである。加えて，自己紹介ゲーム等で，自分が好きなこと，得意なことを紙に書き，それは誰かを当てるゲームを実施する。いろんなこども，多様なこども，多様な思いがあることをこうしたゲームを通じて実感する経験も大切である。

　その上で，ニーズに合った支援をすること，ニーズは変化，発達し，それに

応じて支援，かかわりも変えていくことを伝えるのである。そして，すべてのこどもに個と個のつながりを意識した1対1の関係づくり（個に応じた支援）の必要性，1対1から始めて必要ならいつでも1対1の関係に戻ることの大切さを意識するよう促すのである。「どの子も特別で，どの特別も固定的でなく，環境との相互作用で変化すること」，これこそが関係性の理解と関係性支援の原理である。このことが共通理解できれば，クラスは嫉妬の感情から解き放たれるのである。

こうしたクラスづくりをした上で，それぞれのこどもの褒めることをそれぞれ見つけて，確実に認めていることを伝え，そういう意味でこの子の特別扱いを認めていこうという支援が［事例5-1］の質問への答えとなる。可能なら，「なぜ叱らないのか」と問われたら，「叱るというのは叱って行動を変えられるこどもには叱るがまだ叱ってもできないこどもには叱らない。それは放置ではなく叱るとできるこどもにするために必要なことだ」としっかり教える。そのために個々のこどもも本児にも具体的行動を褒めて強化すると共に，できていることを褒めて自尊感情を高め，見てできたことを褒めてモデル学習力をつけるのである。

事例 5-2：クラスで支援する方法→保育士へのCS事例

対象児への特別対応に不満げな他児たちに，「この子はここが苦手なので，できてるみんなで助けて，この子ががんばれるようにしてあげよう！ みんながサポーターだよ！」と働きかけて，他児の取り組み態度や表情が変わった。

この事例は，対象児への支援という役割意識支援と先生が自分の役割を認めてくれたという受容感，自分は助けができるという自己効力感，人の役に立てるという自己有用感が喚起された例である。

4章3節j項で紹介した，「あの時の○○さん」という意識で，こどもたちが成長・発達のプロセスの軌跡を意識しながら，みんな同じではないが，いつか通る道をそれぞれのペースで成長・発達していると意識できることがベースにあれば，様々な多様性を認め合うことの基盤となるのではないだろうか？ こどもそれぞれが役割を持ち，クラス運営にかかわる役割意識を持ち，弱点を持

つ子を支援する役割・クラスをまとめる役割・自分のことは自分でする役割等，それぞれの役割を提案し，認め，褒め合うことが大切である。そのような，まさに，「互いに認め合うクラス雰囲気づくり，学級づくり」「みんながその子の目標となろう，そのためにみんなで支えようとするクラス」が必要なのである。

c. 座席指定とペア指定

表 5-6：特別支援教育のためのクラス風土づくりのアプローチ [26)を一部改変]

1：みんなの多様性を認めるクラス風土づくり
2：かかわりはみんなに同じでは不公平，違った対応が公平という相互理解を
3：まず教師との信頼関係を個別的にそれぞれのこどもと構築（×対みんな）
4：みんなから認められることの嬉しさを感じる支援
5：授業の構造化と作業を取り入れた授業づくり
6：協同的学び・ペア学習・グループによるやりとり学習と役割意識＝特別支援教育の根幹＝学び合いによる学力向上に寄与するユニバーサルデザイン

[表5-6]にまとめたように，特別支援教育，発達支援のためのクラス風土づくりの基本は，多様性のあるこども一人ひとりと教師が1対1対応，1対1の関係づくりをすることである。それを1対多にいかにして広げていくかである。その場合，すべてのこどもにいつも1対1対応する必要はない。ペア学習を利用し，1対1の関係をこども同士の関係に植え付け，それを広げていけばよい。すなわち，キーパーソンとしての担任が，ペア学習の一方をサブ・キーパーソンとして活用して，1対1支援の網を構成するのである。

そのためには，どのペアを作るかで教師の力量が問われる。教師との1対1関係づくり，こども同士の1対1関係づくりのために，教師が主導権を握った座席指定，ペア選定が肝要である。くじ引きによる座席選びなど論外である。ただし，クラスづくりができていない場合は，いかさまくじ引きを活用して，必ず教師の思惑通りの指定席を実現することは可能である。

1対1のこどもペアは，1対1の関係だけでなく，責任感と役割意識（役割付与支援），ペアという居場所支援の効果も持つ。また，ペアによる手紙等のやりとりは，役割意識向上と他者視点と自己視点の比較融合による気づきに効

果的であり，仲間意識を育み受容感を上げる効果もある。また，教科学習におけるやりとりによる問題発見学習や学習定着，ペアの関係を基盤にした学級風土づくりにも，そして，愛着障害，発達障害へのきめ細やかな支援体制として特別支援教育にも効果があり，まさに一石三鳥なのである。

d. 連携支援のあり方

> **事例 5-3：愛着障害児の多くいるクラスへの支援→小学校教師 CS 事例**
> 対象児がたくさんいて，キーパーソンが個々に付くことができない場合の対応は？

こうした場合は，複数の対象児徒のキーパーソンに担任がなり，それぞれ連携として支援員，TT，ペア学習のペアに「これをして！」と連携内容を明示して指示してつなぐパターンと，それぞれの支援員，TT がキーパーソンとなり，担任につなぐパターンが考えられ，学校の事情に応じてアレンジする。前者の場合は，複数の支援員が交替する場合，その順位を明確にするべきである。より順位の高い支援員を月曜と金曜の担当にして，週初めの立ち上がり支援と週末のエネルギー支援を行う。キーパーソンには順位をつけて，もちろん，担任がキーパーソン第1位だが，支援員 A がいる時は A，いない時は支援員 B と，キーパーソンを序列化，順位化して，わかりやすくすることが大切なのである。これは，児童福祉施設等での指導員でも同様である。

> **事例 5-4：特別支援学級教諭・保健室養護教諭と担任の連携支援→学校 CS 事例**
> 特別支援学級教室，保健室では，ゆったりと過ごせるが，すぐに通常学級から逃避してくることが多くなり，自立支援，学業保証が心配である。どう対応すればいいか？

支援学級，保健室は，こどもの安全基地，避難基地として機能しているが，これを教室に戻るエネルギーを溜める探索基地化するために必要なことは何だろうか？まず，支援学級担任教師，保健室の養護教諭として，行動ではなく気

持ちを受容することが大切で，来る回数を減らそうとしたり，そのように話したりしてはいけない。その上で，受容されたことが意欲のエネルギーとなるために，その部屋内で小さなミッションを与え，それが成功すれば褒めるということを通して，自己効力感を意識化させる。そして，通常学級ですることを一緒に考え，そのミッションを通常学級担任教師と共有・伝達する。通常学級担任は先手受け止めを心がけ，「○○しに来たのよね！」と出迎える。通常学級担任から褒められたことを，特別支援教諭・養護教諭に先に伝達しておいて，支援室，保健室に帰ってきたら，先ず先手を打って，「○○できて褒められたんだって〜」と褒めるのである。こうした「褒める連携支援」が効果的である。こうして，クールダウンの居場所が，セルフクールダウン・セルフコントロールの居場所となるのである。仕上げは，自分でできた思いを育てるための意識化支援で，「これをするとこれができる」と意識化できるように支援する。また，セルフコントロールの練習を実施し，きっかけ・コツを教員間で共有するとよい。

　自閉傾向がある場合は，予告をすること，認知を逸らす・広げる支援を心がけ，先手働きかけとして役割を意識させ，これだけする1つの具体的行動に特化（してはいけないというミッションは排除），褒め（気持ちを教える＋先生と一緒），タイミングを計って振り返り（あれがよかったね），本人の納得につなげるのである。役割分担によっては，このように，特別支援学級担任がキーパーソンとなる，母親役になるのがいいが，場合によっては，通常学級担任がキーパーソンとして宿題を出し，そのサブ支援を特別支援学級で行う等の連携も可能である。

e. クラスの荒れへの支援

> **事例** 5-5：他のクラスに不適切なかかわりを持とうとする児童→小学校CS事例
>
> 小学校5年生クラス。他のクラスの子が入り込んで，授業妨害になる行為をしたり，クラスのこどもの不適切行動を誘ったりする場合，担任としてそれを拒絶していいのか悩む。モノを散らかしたり，盗んだりするがその対応は？

　受け入れないでつなぐ支援を心がけたい。愛情の摘まみ食いを防止するため

には，無視は効果がない。余計エスカレートする。しかし，「出て行きなさい」は疎外感を与えるので不適切で，「戻りなさい」もあまりよくない。当該児童のキーパーソンである担任につないで，「自分のクラスで○○をしなさい，しよう」とつなぐのである。ダイレクトにそれが難しい時は，必ず何かをするように指示するのがよい。こうした児童には，作業の居場所と物理的居場所として，リソースルーム（学習室）・特別支援学級・相談室等の居場所を用意し，そこにかかわるキーパーソンを固定して（固定しないで，入れ替わり立ち替わり担当を交代すると，その部屋での主導権をこどもが握ってしまうので不適）支援するとよい。また，「散らかしたモノを片付けなさい」「モノを盗ってはいけない」という指示等は高すぎるミッションで，そういう指示が余計ストレスを生む。散らかったものはすぐに教師が片付けることが大切で，モノが散らかっている状態は刺激となり，こどもに悪い影響を与える。また，モノは盗られないように教室に放置しない，引き出しにもモノは入れないようにする。

事例 5-6：クラスの授業が成り立たなくなってきた場合→教師CS事例

小学校高学年・中学校等で，クラスでの授業が成り立たなくなり，学級全体の学習意欲が低下している状態。学級の半分以上が指示や指導が入りにくい。教師の個別声かけには応じるが，全体指示は聞いていない。同じクラスの中で，児童同士の暴力が増えてきている。以前，「優等生」であった児童も，反抗的な態度であったり，他への攻撃行動をする。

　愛着の問題があれば，全体の話は聞けない。個別でないと聴こうと思えないのは，自分が認められていると意識できないからである。1対1なら何とか意識できる。「みなさん」と言っても誰のことかわからないこどもが出現したのは2000年頃からだが，最近，極めて多い。「みなさん」と呼び掛けるのではなく，個々に対応するべきである。

　そのために，授業では何をすればいいのか具体的作業を明確に示し，それをしたら褒めるという形を必ずとる。逆にいうと，教室に入ればいい，座ればいいと思わせないことである。「入りなさい」「座りなさい」という指示をしないで，「○○しよう」と指示する。そして，すべてのこどもに個別のわかりやす

い指示を1つだけを心がける。「これだけやろう」である。

　授業は，一斉授業，話し合い授業，みんなで考える授業は残念ながら不適切であるので，避ける。個別作業を中心に授業を構造化し，「あなたのことだ」「あなたがする」と意識付けをする。落ち着く儀式（深呼吸・黙想）からいつも授業をスタートさせ，振り返りもそれで終わるようにする。

　問題行動に対しては，言うことを聞かない方が得と思わせる〇〇得や言った言わない論争を防ぐため，教師は複数でかかわるが対応は統一する。行動の規制はわかりやすくする。個別懇談を実施し，こどもたちの思いをしっかり聞き取り，気持ちには共感する（行動ではない）という取り組みを実施する。

　小集団構成にする場合も個別対応を基本とする。小集団の方がかかわりやすいが，個の問題行動が集団に影響を及ぼしやすいので，それを狙って騒いだり飛び出しやすくなるので気をつける。個別対応を中心にミッションを構成する。小集団へのかかわり担当を手の空いた教師が入れ替わり立ち替わりという体制は絶対避ける。こどもの方がいつもその集団の主導権を握りやすくなる。逆にその集団の主として教師を固定する。そして，個別のグループのリーダーとして，「〇〇しよう」と先手支援をすれば，全体の場でもそのグループでやるべきミッションを決めて行動できる。こうした，主導権を握ったグループ支援を心がける。

　優等生が反抗する理由はいろいろな場合があるが，頑張っていたことが認められないという思い，勉強しない方がいい目をみていると思っているなら，わかりやすさ・公平性・何をすれば認められるかを再徹底する。教師としてのアピール度を意識することも大切である。インパクトよく伝える，受け止めるという演技が必要である。

　クラスに複数の愛着障害，発達障害のこどもがいる場合は，ターゲット法を用いる。具体的には，別稿を参照していただきたいが[21)][26)]，共鳴防止支援として，別室での物理的隔離対象とするこども，担任が隔離的に個別対応の対象とするこども，担任が事前または事後に個別対応対象とするこども，担任以外の教師が隔離的個別支援対象とするこども，ペア支援の対象とするこども等に個別支援の仕方を仕分けて，対応すると成功しやすい。

f. 発達段階を踏まえた支援のポイント

発達段階による問題として「小3問題」と「中学校問題」を取り上げたい。

事例 5-7：小3の問題→小学校教師への CS 事例
35 名学級でなくなる小学校 3 年生はクラスサイズが大きくなり，問題が起こりやすいが小1・小2の教育でそれを防ぐために何をしておけばいいか？

本人の力をつけておくことが，まず必要である。クラスサイズが小さく目が行き届く時には，つい過保護になってその場合にはうまく教師がかかわれることが多いが，その時うまくいっても後々の力になっていないことがある。ARPRAM の第4フェーズを参考に，自分で何がよかったのか振り返り，こういう時にはこうすればいいんだという参照ポイントを意識させる振り返りの機会を持ち，それができているかを試すために，教師の介入を少し遅らせて，自己解決力が身についているかを確かめておくことが大切である。

また，周りのこどもの受け止め方を育てることも必要で，問題を起こしやすいこどもがいても，それを受容的に受け止めることのできるこどもが周りにいるとうまくいく。クラス集団の自己解決力を育てること，クラス風土づくりが大切である。「みな異なっていていい，それを受け入れる」「あなたはそうなんだ，わたしはこうだけど」と共存して，それをつなぐ，何とかしようとしてみることに価値観を持てるクラスづくりが望まれる。

加えて，小学校3年生という中学年の大変さは，①クラスサイズだけではなく，② ASD 児の認識アンバランスが顕著となり[27]，③ ADHD・愛着障害児等の二次障害が深化しやすく，④発達段階としてのメタ認知が一般化するため自他の認識力が向上，鋭利となり，⑤人間関係悪化は自己評価のための社会的比較が定着する[25] と，多岐にわたる。こうした困難さを認識した担任選定が必要である。以前のように，新採・若手に中学年は禁物と言えるだろう。

事例 5-8：気になるこどもへの連携支援→中学校教師 CS 事例
中学生のクラスに複数の気になる生徒がいる場合の支援は？

教科担任制のため，学級王国に不適応という状態が起こりにくく，教科の違いが認知を逸らす効果を持っているが，それは裏返すと統一的対応が取りにくいことを意味している。連携が不完全にならないよう，担任が中心となってチーム対応を心がける必要がある。具体的には，担任が各教科での様子を担当教師から聞いて情報集約して把握する。かかわるすべての教師が参加するケース会議と対応を決める少人数チーム会議の2本立ての連携チームを作るのが望ましい。

　また，教科ごとに共鳴防止支援を実施する（ターゲットを変える），リソースルーム・特別支援学級を活用して連携する，生徒指導部と特別支援教育部が連携して発達障害児の魅入られた非行（命令されたり，横で巧妙に示唆されて万引きしてしまう等）等に対応することも必要である。

　中学生の大変さは，①ASD児の認識アンバランス[27]が定着化しているのに，入学，クラス替え等で物理的環境だけリセットされ歪んだ状態が生じやすい，②発達段階としてのメタ認知の一般化が定着しているが，そうした脆弱性を持つこどもがクラスで浮きやすい，③小学校等で適切な支援ができていない，もしくは中学校への引継ぎがうまくいかずADHD・愛着障害児等の二次障害の深化がより酷くなる，④人間関係悪化は自己評価のための社会的比較[25]が定着する小学校高学年以降，強い影響を持ち，他者を批判して自己防衛する防衛機制が生じやすく，トラブルが起こりやすい等が挙げられる。従って，「こころの担任制」を敷く必要があり，スクールカウンセラーだけに任せず，管理職がリーダーシップをとって，ケースごとにチーム体制を組み，先手対応を心がけたい。そして，改めてクラス集団づくりの意義を再確認し，クラブ活動・行事等のプロジェクト型学習の活用を意識していきたいものである。

表5-7：発達段階による学級での支援の仕方[21]を一部改変

①小学校低学年まで：教師との1対1関係を重視・ペア学習
②小学校中学年：グループ活動での違い・役割を認め合う
③小学校高学年：グループ全体のパフォーマンス向上とそれへの寄与
④中学生，高校生：自己投入発見と関係性維持の視点への立ち戻り

　[表5-7]に発達段階による学級での支援の仕方をまとめてみた。小学校低

学年までは，教師との1対1関係を重視しつつ，こども関係ではペア学習を重視し，ペアでやりとり，モノを「渡し・渡される」，何かを「する・してもらう」関係をじっくり経験することが大切である。

小学校中学年までは，社会的比較は関係性維持のために行われるので，4人までのグループ活動を通して，お互いの違い，役割を認め合う活動が重要となる。違っていても意味があること，役割は違うものであることを理解し個を大切にする経験をすること，認められることで自己有用感を感じることが大切となる。

小学校高学年では，グループ全体のパフォーマンスを上げることに目標を持っていく。社会的比較も自己評価のために使える。比べることは，自分たちをより向上させるために利用できるので，向上心を養うことが可能となる。

中学生，高校生では，基本的に向上心を養うことで自己投入できるものを見つけていく支援をしつつ，グループの成果を求めてグループ活動をしていくことが大切であるが，基盤的に揺らいでいるものがあれば，ペア学習に戻る，グループ内の関係性維持に留意する視点に戻るということが必要となる。

g. クラス支援のまとめ：5つの先手とゼロ・ステップ

クラス支援には，何が平等か，何が公平かの学習，認められるとはどういうことなのかの関係性の学習を教師が主導しながら，こども任せ，こどもの自主性に初めから期待するのではなく，こどもたちが自分と他者を意識することから始めるクラスづくり，個の多様性を認めるクラス風土づくりをすることの大切さを確認してきた。それが一番大切なのが，年度当初のクラス開きである。クラス開きの心がけ，「5つの先手」を［表5-8］に紹介しよう。

このように，1対1の関係づくり（個に応じた支援）から広げて行く，必要ならいつでも1対1の関係に戻るのが大切である。こどもの行動に惑わされず気持ちを把握すること，対応支援ではなく先手支援であるべきこと，そして，これが学校関係者に一番訴えたいことであるが，「支援はゼロ・ステップから」と意識していただきたい。まじめな学校関係者，教師，指導員ほど，そして得てして親も，必ず「できなかったことができるようになる」支援のステップアップを目指してしまう。それは愛着障害，愛着の問題を抱えるこどもには不適切

である。支援は「ゼロ・ステップ（あたりまえにできることから）」から始めるべきである。決して，「ステップアップを急がない」ことが肝要なのである。

> **表 5-8：愛着障害児のいるクラス開きの際の心がけ＝5つの先手**
> ①引継ぎによる情報入手：以前の担任からこどもの情報（いい行動・不適切な行動が起こる条件・状況）を先に得る
> ②クラスのわかりやすいルール呈示：何をしたら褒められるか，何をしてはいけないのかのルールを先に呈示⇔こどもにどんなクラスにしたいかを問わない
> ③叱るは後手・褒めるは先手：褒めることを求められても，「これを褒めてほしいんだよね，知ってたよ。そう思ってた通りだね」と先手を奪い返す
> ④1対多の集団づくりではなく，どの子とも1対1の関係づくり：すべてのこどもに同じ対応をしない＝どの子もその子だけの1つだけの特別扱い
> ⑤先手の連携体制：問題が起こってからの支援連携ではなく，事前に体制を組んで取り組み，できたら撤退すればいい＋連携相手の教師間で先に情報交換して「知ってるよ」作戦

また，個々の支援，チームで支えていくという意識が大切である。単発，単独の個別支援，手前勝手でバラバラな支援は効果がないこと，どのような連携チーム支援が効果的かを絶えず意識していきたい。こどもと向き合うより，むしろ寄り添って同じ方向を向いて導くのが，チームとしての愛着の支援の方向性である。誰かのせいにしても，支援は行き詰まるだけである。皆が前向きであることがチーム支援の方向性なのである。

3. 愛着の問題を抱えるこどもの保護者対応・学校対応

a. 親子関係が持つ意味と立ち位置の確認

学校関係者・施設等の支援者にとっての愛着の問題を抱えるこどもの保護者対応，保護者にとっての学校対応は重大な問題であり，双方にとって非常に疲れる関係として意識されている。この点について考えてみよう。

まず，発達障害・愛着障害には必ず親子関係の問題が関係し（それぞれにそのかかわりの意味は違うが），心理的・関係性支援が必要である。愛着障害は，親子関係が原因となって生じる問題である。一方，発達障害は，親子関係が原

因ではなく，発達障害が原因となって親子関係の問題が生じるものである。発達障害児は過敏，注意や視点，自己領域の問題で愛着へのハンディキャップがあり，親の愛着行動にも影響し，親の愛着志向を低下させる，もしくは努力を要させる。こうして，発達障害が親子関係に影響を与え，そのことが相互作用的に症状を増幅する。

　大切なのは，愛着障害，発達障害のどちらでも，親子関係の問題に対して，親と子のどちらが悪いという捉え方をしてはならないということである。このことは，これまでも様々な形で確認してきた。この確認を怠ると，その責任のやり場を学校，第三者に押し付けるという，自己防衛の心理が働いてしまう。また，学校なり第三者が，「それは親子の問題である」と拒絶することも，同様に同じ問題，すなわち，「私は悪くない，学校の方が悪い」という自己防衛反応を生じさせるので，決してしてはいけない対応である。

　保護者との連携がうまくいかず，特別支援教育，発達支援がうまくいかない例は多い。障害と認めない，障害を強調しすぎる，こども回避，こどもに過関与等の正反対に見える現象は，すべて親子関係のストレスの現れ，ストレスコーピング（対処行動）の1つであるという認識が必要である。支援計画を提示せず，診断名だけをつけるとか，異常面だけを伝えることは，親にとっては不安をかき立てられるだけで，拒絶したい欲求に駆られる。その意味で，投薬ができるADHD診断を親が求めるのも，自己のストレスコーピングとしては，わからないではない現象である。

　学校の側も，そうした障害の理解が不十分で，「特別扱いはできない」の一点張りで，個別ケースに寄り添う支援ができない場合も，まだ多く散見する。特別扱い，特別の支援は，どのケースでも必要で，そのような言動は学校人としての見識を疑われても致し方ない。しかし，要はどこまで個別ケースに特別扱いしていいか学校も戸惑い，それをストレスと感じているから，ついこのような言動が出てしまうのだろう。また，対応が拒絶的，画一的で特別な対応ができない教師は，教師自身が愛着の問題やストレスを抱えていることも多い。

　保護者と学校は，このようにお互いストレスフルであるが，実は愛着障害への支援，愛着修復プログラムARPRAMでの支援の基本に立ち返れば，お互いよい関係を築けるのである。次項で具体的に考えてみよう。

b. 親子関係への支援事例

事例 5-9：母子分離不安の児童への支援→小学校教師への CS 事例

> 小学校2年生男子。母が1年生の時離婚し，2年生夏休み後，再婚して戻ってきたが，不登校。母に送ってきてもらうが，しがみついて別れを嫌がる。教師にもしがみつく。嫌なことをさせられる，わからないことを強要されるとパニック的に暴れる。日によっては掃除などは喜んでしている時もある。

まずは，学校と保護者が同じ悩みを共有して，協力しやすい母子分離不安への対応から取り上げる。離婚時より，戻ってきた時の方が母子分離不安の問題は多い。なぜなら，手が届かない思いより，届いていても不満が残る方がストレスで，嫌な気持ちが高まりやすいからである。本人にとっては，暴力という不適切行動も掃除という望ましい行動もコーピングである。本児には，意に染まないことにパニック行動を起こすことから，自閉傾向がうかがえる。

支援としては，受け渡しの儀式をしっかり実施することが大切である。一緒にいて欲しい母の代わりになる人を学校でキーパーソンに指定する儀式を毎日するのである。母とその人は仲良くし，受け渡す握手等をするのをこどもに見せて，受け渡しを納得できるようにするのである。また，移行対象の指定として，母の代わりのグッズを指定して，それがあれば大丈夫と認識できるようにする。こちらで提案して褒める主導権を握る支援も実施する。コーピングの選定には代替行動支援を使い，不適切コーピングを抑えていく。その他，行動スイッチ支援，役割付与支援等も行う。

母親支援としては，気持ちを大切にして支援していることを伝え，気持ち支援のための行動支援であることを伝え，学校でうまく行っていることを伝えていくと母親の自己防衛度が低下する。母親がやってみてだめだった情報も収集して，こどもの受け止め方を推測するデータとして伝える。こどもの心にヒットする支援が必要で，「やってます」は通用しないと肝に銘じなければならない。父親的役割が分離不安やアンビバレントな愛着に効果的な場合がある。父親機能には制止機能（ダメだ），情報提供機能・刺激喚起機能等があるが，この場合は，母親よりドライな関係，わかりやすい指示関係を結びやすい効果を

利用する（＝男性担任，担当）。ただし，それに特化して，無理をしていてストレスが吹き出る場合に注意が必要である。

事例 5-10：自閉傾向のこどもへの支援を保護者にどう伝えるか→教師 CS 事例

小学校 1 年生男子。こだわりあり。エコラリア。気持ちを言えない。1 対多の状況で落ち着かず，全体指示が伝わらない。保護者は，授業参観した際，教師から制止や，させる指示があったこと，また連絡が保護者から見ると不十分と感じて不信感を抱いている。

この事例のように，保護者に先にできないこと，限界を伝えると不信感を抱かせやすい。もちろん，できると言っていたのにできないのはよくないが，2割できるなら，8割できないと伝えるのではなく，2割できると伝えるべきである。「いつもこうします」ではなく，「こういう時はこうします」と伝えるのがコツである。また，制止や指示は，こどもとの関係ができていることをベースに約束として対応していると説明するとよい。もちろん，その関係ができていないのに，制止や指示はしてはならない。

事例 5-11：複合的要素を持つこどもと保護者支援→教師 CS 事例

小学 2 年生男子。ルールが守れず，ふらふら歩き回る。してはだめだと注意してもすぐにまたやり出す。床に座りこんだり，手遊びをし出したりして，制止したりすると暴れる。好きなことをし出したら切り替えができない。叱っても余計暴れる。周りの子がねたむ。周りの子は加えて当該児の問題行動を煽る。ケンカも絶えない。当該児の母は障害受容できず，何を言っても受け入れないが，当該児が家でも言うことを聞かず，父が厳しい人で叱られた時だけ言うことを聞くが，すぐにまたダメと言われていたことをして困ってはいる。

対象児への支援，周囲のこどもへの支援は省略して，保護者対応だけ，触れたい。障害受容や障害理解を拒絶している保護者は自己防衛的で，そういう情報を受け入れて傷つきたくない。特に近所や親戚の目を気にすると難しい。その場合，「この子はこういうことができない」と伝えては，余計聞きたくないという思いとそういう嫌な話をしてくる学校への否定的思いを育ててしまう。

問題を伝えるとよくないのは，自己防衛的な人には責任追及と誤解されるからである。「学校でどういう支援をしたら何ができるようになった」というように支援とその効果だけを伝えるようにする。そうすれば，保護者が困っていれば，学校での支援を家でもやってみようと思える情報になるのである。

保護者が自己防衛的かどうかは普段からこどものいいところ，いい行動と少し問題な行動の両方を伝えて，どう受け止めるか見るとわかる。マイナスの情報を聞かないふりしたり，言いわけしたりしたら自己防衛の可能性が高い。

事例 5-12：執拗な要求をする保護者への対応→小学校CS事例
> こだわりがあり自閉傾向のある小学校6年生男子の保護者は，学校の対応に配慮がないと，以前の学校の対応の問題を何度も持ち出して非難したり，文書で謝罪するように声高く要求する。

保護者の要求は，どうしたらいいかという思いと学校が対応してくれるかという不安と自分は悪くないという自己防衛から来るものであるから，決して無理難題の要求を受け入れる必要はないが，「できない」とだけ伝えていると，そう言いたかった気持ちまで拒絶してしまうことに是非，留意したい。「要求は認められないが，そう要求したくなる気持ちはよくわかる」という対応が必須なのである。そして，「学校としてしていることと成果」を伝え続けることが肝要である。学校は何もしてくれないと思われないためにも。伝え続けることは，保護者にとって，継続的かかわりの実感として受け止められ，また，対応のヒントにもなり得るのである。

そして，保護者から執拗な要求，以前の要求の繰り返しがある（そこから離れられない），要求の固さ等がある場合，保護者の自閉傾向が想定される。こうした場合，「できない」と突っぱねることも，最初は難色を示しつつその要求にしぶしぶ応じるという対応も望ましくない。前者は心理的な拒絶感を与えてさらに関係を悪化させ，後者は応じたことのいい影響を生み出さず振り回された徒労感だけが残る。まず，キーパーソンが保護者の気持ちを認め，その気持ちはわかることを伝え，キーパーソンとのいい関係でできたことを想起させて，これはできてたからと強調して，現在の嫌な気持ちとすり替える，逸らす

支援を試みる。それでは逸れない強い思いがある場合は，それを認め，譲歩できる要求の最大限まで先手を打って認めてしまい（徐々にしぶしぶは効果ない），「こういう合意ができたことはよかった」「こういう点がよかった」とよかったことを強調して収める。今後の約束ができそうなことがあれば，約束すると効果的だが，守れない約束は絶対しない。約束が破られたと意識されると一層関係が悪化する。保護者から，もうこの件は言わない等の約束の言明があるとそれはこだわりと意識され実行されることが多いので期待できる。これらは，気持ち受容，逸らす支援，「ここ見て」という成果強調支援，納得宣言支援等，自閉傾向があり愛着の問題を持つこどもへの支援の応用なのである。

c. 親子関係への支援のまとめ：保護者へのセット支援

　保護者支援は，保護者には自己防衛という，言わば責任免れの心理があり，学校も，保護者から見るとそう見えているということを前提にする必要がある。保護者は，学校から滅多にない連絡があれば，こどもと家庭への非難と受け取るのが普通である。学校も保護者からの連絡があれば，昨今はクレームかと受け取ることが多くなった。いずれも自己防衛度は高まっている。

　こうした場合，相手を責めたり，要求したりしたからと言って，事態が解決することはあり得ない。むしろ，関係が悪化するだけである。学校は，「保護者には要求しない」，保護者は「学校には要求しない」ことが肝要である。お互いにとって，マイナスの情報は聞きたくない，しなくてはいけないことは聞きたくない，しかし，したことを伝えて評価されるとお互い気持ちが和むという線を続けて，関係性をまず，つなぐことが大切なのである。また，「こうすればいい」という対応策が呈示されない「これができない」「こんなことをしてしまう」という問題だけの指摘は，相手を不安に陥れるだけであり，これもいい関係を築けない。

　従って，学校も保護者も，保護者に学校に「できない」「してください」と言わないこと，ということは，「これをしています。これができました」を伝え続けることが大切となる。これがセット支援なのである。日頃から意志の疎通をしつつ，緊密なやりとりや協働の作業をすることで，思いを伝えられる，思いを受け止められる，安心の場，信頼感というベース，基盤が大切であり，

そうした基盤の上に，足りない情報をけなし合う関係ではなく，補い合える関係を作りたいものである。以上を，[表5-9]に保護者へのセット支援としてまとめてみた。保護者の方は，対学校対応に読み替えていただきたい。

表 5-9：保護者へのセット支援 [21] を一部改変

① 日頃のやりとりを重視する関係づくり＝自己防衛的になっている保護者の心理を踏まえ，気持ちの受容を心がけ，日頃の何気ないやりとり・関係づくりを大切にする。保護者は学校からの連絡を脅威と感じやすいので，悪い情報を伝える時だけでなく日頃からの緊密なやりとりで，思いを伝えられる，思いを受け止められる，安心の場，信頼感というベース，基盤が大切→足りない情報をけなし合う関係ではなく補い合える関係＝一貫した対応（同じ人・同じ姿勢・連携）＋協働作業感をつくる

② [問題→対応→成果]のセットで呈示：こどものできないことを知らせるのでは保護者は批判と受け止めてしまうので，そうではなく学校園所でこういうこどもの問題にはこういう支援をして，こういう成果を得たという[問題→対応→成果]のセットで保護者に呈示する。こういう時お家でもこうすればいいという趣旨も伝わりやすく，うまく対応できるこどもの問題は認めようとする気持ちが出てくる。対応の見えない問題だけの呈示は，保護者を不安に陥れ，拒絶的にしてしまう。保護者の気持ち支援もこどもへの支援同様，必要で，こう受け止めてくださいという伝え方が必要。

③ 呈示情報のアレンジ・どこを省略・どこを強調するか＝保護者の特性（発達・認知・感情・行動）を踏まえた支援：保護者もこどもとよく似た特性を持つことを踏まえる（自閉のこどもに自閉的対応の問題，愛着障害は子育ての場面での不適切支援を通して世代間伝達しやすい [28]）ことで，褒めるを強調するのか，成果を強調するのか等をアレンジする＝こども支援の応用

また，[表5-10]には，愛着障害の場合の保護者アプローチをまとめた。愛着障害は，特に親が親子関係が原因であるために，自己防衛的になりやすい。最大限の配慮と愛着はいつでも修復されるということを伝え続けることが必要なのである。

表 5-10：愛着障害の場合の保護者へのアプローチ

1. お母さん自身が，こどもが懐かないとか，自分があまり構えていない等，きっかけになることを言わないのに，こちらから言い出すことは避ける。
2. 伝える時は，学校園所での活動でいいところを伝えた後で，少しストレスを感じているのではないかと少し心配でもある程度の言い方で伝える。
3. その際，こういうことを保育者にも求めてくるので，あるいは，求めてこなくても，こういう対応をしていると落ち着いてガンバってくれていますと，対応の成果を先に一緒に伝える。
4. その上で，お家で，それに似た行動や寂しい様子等ありますか？ と聞けそうだったら聞くという形がいい。
5. それでどうすればいいかとの相談があれば，こどもはこちらが愛情をかけたつもりでも受け取れていなかったり，こどもがほしい時に愛情をあげられていなかったりするものなので，こどもの受け止め方をしっかり見て，大げさに，愛情アピールするといいですよ，時間ではなくインパクトですよ，と伝えるといい。
6. 自己防衛故に意識的にマイナスの情報は聞かない，気にとめないようにするのが想定されるが，それを指摘しても更に拒絶的になるだけなので，プラスの面をそれを引き出す支援とセットで伝えるようにして，そのモデル学習を期待する。

[引用・参考文献]

1) Garcia, J., Hankins, W.G., & Rusiniak, K.W. 1974 Behavioral regulation of the milieu interne in man and rat. *Science*, 185, 824-831.
2) 米澤好史 2000 こどもと向き合い，生きる力を育てる育児と教育　和歌山大学教育学部教育実践研究指導センター紀要, 10, 1-20.
3) 滝充 2004 社会性を育てるということ―いかに「自己有用感」を子どもに獲得させるか―　総合教育技術, 5月号, 60-62（小学館）.
4) Bandura, A. 1977 Self-efficacy：Toward a unifying theory of behavioral change. *Psychological Review*, 84, 191-215.
5) 滝充 2002 生徒指導の理念と方法を考える―生徒指導モデルと事後治療的・予防治療的・予防教育的アプローチ―　生徒指導学研究, **創刊号**, 76-85.
6) Lewis, M. 2000 The emergence of human emotions. In M.Lewis & J.M.Haviland-Jones (Eds.), *Handbook of Emotions, 2nd ed.* New York：Guilford Press.
7) Meltzoff, A.N., & Moore, M.K. 1977 Imitation of facial and manual gestures by human neonates. *Science*, 198, 75-78.
8) Piaget, J. 1936 谷村覚・浜田寿美男（訳）1978 知能の誕生　ミネルヴァ書房.
9) Trevarthen, C., & Aitken, K.J. 2001 Infant intersubjectivity：Research, theory, and clinical applications. *Journal of Child Psychology and Psychiatry and Allied Disciplines*, 42, 3-48.

10) Baillargeon, R., & Graber, M. 1987 Where's the rabbit? 5.5-month-old infants' representation of the height of a hidden objects. *Cognitive Development*, 2, 375-392.

11) Kermoian, R., & Campos, J.J. 1988 Locomotor experience: A facilitator of spatial cognitive development. *Child Development*, 59, 908-917.

12) Rochat, P. 2001 *The infant's world.* Harvard University Press. 板倉昭二・開一夫（監訳）2004 乳児の世界　ミネルヴァ書房.

13) Stern, D.N. 1985 *The interpersonal world of the infant.* New York: Basic Books.

14) Papousek, H., & Papousek, M. 1987 Intuitive parenting: A dialectic counterpart to the infant's integrative competence. In Osofsky, J.D. (ed.), *Handbook of infant development ; Second Edition.* New York: Wiley.

15) 麻生武 1997 乳幼児期の"ふり"の発達と心の理解　心理学評論, 40 (1), 41-56.

16) 米澤好史 2008 幼児の認知活動特性・学習発達到達度・人間関係特性尺度と教師，親の教育方針態度尺度・子育てこども観・指導方針尺度の作成　和歌山大学教育学部教育実践総合センター紀要, 18, 69-78.

17) 米澤好史 2009a 幼稚園児の育ちを測定する—保護者の養育態度の幼児への影響と幼稚園で5歳児を育てる意味—　日本保育学会第62回大会発表論文集（千葉大学）, 681頁.

18) 米澤好史 2009b 幼稚園児の発達の横断的・縦断的研究—協同的遊びと認知特性の効果—　日本教育心理学会第51回総会発表論文集（静岡大学）, 131頁.

19) 米澤好史 2012 こどもの学習意欲・人間関係に与える受容の効果—調査研究と発達障害への支援事例から導かれる「愛情の器」モデル—　和歌山大学教育学部紀要（教育科学）, 62, 1-8.

20) 米澤好史 1994 学習指導に認知心理学を生かす（1）—認知心理学から見た学習観—　和歌山大学教育学部教育実践研究指導センター紀要, 4, 159-170.

21) 米澤好史 2014a 愛着障害・社交障害・発達障害への「愛情の器」モデルによる支援の展開と意義—愛着修復プログラムと感情コントロール支援プログラムの提案—　和歌山大学教育学部紀要（教育科学）, 64, 9-30.

22) Weiner, B. 1979 A theory of motivation for some classroom experiences. *Journal of Educational Psychology*, 71, 3-25.

23) Dweck, C.S., & Leggett, E.L. 1988 A Social cognitive approach to motivation and personality. *Psychological Review*, 95, 256-273.

24) 奈須正裕 1996 学ぶ意欲を育てる—子どもが生きる学校づくり（子どもの発達と教育5）金子書房.

25) Festinger, L. 1954 A theory of social comparison processes. *Human relations*, 7 (2), 117-140.

26) 米澤好史 2015a「愛情の器」モデルによる愛着修復プログラムによる愛着障害・社交障害・発達障害へ支援事例　和歌山大学教育学部紀要（教育科学）, 65, 1-36.

27) 別府哲 2005 自閉症における他者理解の機能連関と形成プロセスの特異性〈特集：自閉症の社会性障害〉　障害者問題研究, 34 (4), 259-266.

28) 田邊恭子・米澤好史 2009 母親の子育て観からみた母子の愛着形成と世代間伝達—母親像に着目した子育て支援への提案—　和歌山大学教育学部教育実践総合センター紀要, 19, 19-28.

終章

愛着修復は「いつでも」「誰にでも」「1人から」できる

1. 愛着の問題と学習意欲・学力・いじめ・不登校との関係

a. 愛着が育むもの

　5章にわたって，愛着障害，そして，クラスに10～30%はいると思われる愛着の問題を抱えるこどもたちの理解と支援のあり方を紹介してきた。この著述を締めくくるにあたり，残りの70～90%のこどもについて取り上げたい。

　これらのこどもたちは，愛着の問題は無関係なのだろうか？　いや，決してそうではない。愛着修復が，いじめ・不登校等の学校で抱えやすい問題の克服や，学習意欲の向上につながることをデータをもとに示したい。

　3章1節f項の［図3-2］で示した「愛情の器」モデルは，その後の論考で，［図終-1］のような，働きをすることを説明してきた。

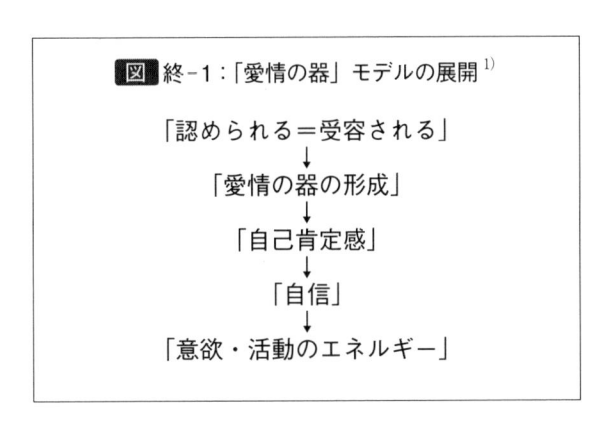

```
図 終-1：「愛情の器」モデルの展開[1]

「認められる＝受容される」
        ↓
　「愛情の器の形成」
        ↓
　　「自己肯定感」
        ↓
　　　「自信」
        ↓
「意欲・活動のエネルギー」
```

　以前，筆者は，NHK大阪放送局の取材を受けたことがある。2012年に大阪府下で実施された学力テストにおいて，「家の人が学校の話を聞いてくれるか」という質問に「はい」と答えたこどもの方が，正答率が高い結果が出たが，これはなぜかの解説を依頼された。家の人が学校での話を聞いてくれる方が，な

ぜこどもの学力が高いのだろうか？ その答えは愛着の探索基地機能にある。保護者が愛着の探索基地機能を果たしていて，こどもたちが，学校での話をしたいと思うほど愛着形成がなされているからだ。こどもにとって，親に受容されたという受容感が高いほど，また，探索基地の親に報告したいという気持ちが強いほど，こどもの学習意欲は高くなる。結果，学力も向上するのである。

b. 愛着と学習意欲の関係

筆者も，授業実践の取り組み（授業づくり，学力支援，意欲支援）を，学校現場の先生方とタイアップしながら取り組んできたが，その行き詰まりを感じ出したのが2000年頃であった。いくら，授業や教材の工夫をしても，授業が盛り上がらない，学習意欲があふれ出ないというこどもの問題にぶつかったのである。発達心理学では，「遊び」は本来，学習の結果，工夫されて到達する境地だが，学びの導入には「遊び」が必要な現状[2]がある。また，「これが問題だ」と感じられる，自分にとっての問題意識を喚起する［迫真性の支援］[3][4]がうまくいかないこどもの存在に気づき出した。

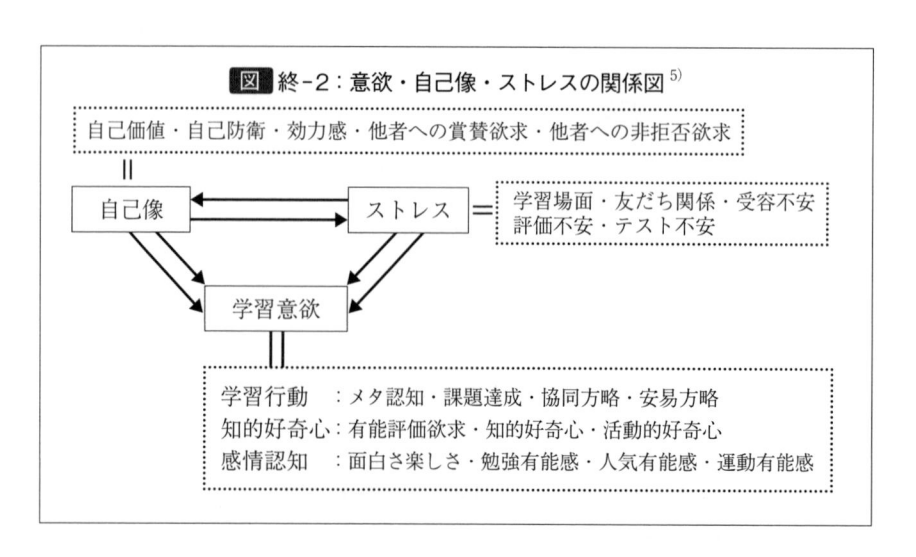

図 終-2：意欲・自己像・ストレスの関係図[5]

自己価値・自己防衛・効力感・他者への賞賛欲求・他者への非拒否欲求
＝
自己像 ⇔ ストレス ＝ 学習場面・友だち関係・受容不安 評価不安・テスト不安

学習意欲

学習行動　：メタ認知・課題達成・協同方略・安易方略
知的好奇心：有能評価欲求・知的好奇心・活動の好奇心
感情認知　：面白さ楽しさ・勉強有能感・人気有能感・運動有能感

これは，学習意欲を学習に限定して狭く捉えているからであると感じ，自己制御（調整）学習（self-regulated Learning）の枠組みで意欲研究に取り組んだ。

そして，こどもの意欲には，学習以外に自己像・ストレスという要因が関与しており，真の意欲は，［自己像の効力感］［意欲行動の知的好奇心・メタ認知・楽しさ］が，［学習ストレス・評価不安ストレス・テスト不安ストレス］を低下させるのに対し，見かけの意欲は，［自己像の自己防衛］［意欲行動の有能評価欲求・安易方略］が［学習ストレス・友人ストレス・評価不安ストレス・受容不安ストレス・テスト不安ストレス］を上昇させていることを明らかにした[5]［図終-2参照］。自分は学力が低いと認めたくないという思いの自己防衛が，頑張らなくても成績が上がる安易な方法を模索するが，かえって逆効果となって徒労に終わり，さらに意欲と学力が低下するという負のスパイラルの存在を明らかにしたのである。

表 終-1：幼稚園児の人間関係・意欲と養育態度の関係[6][7]

幼稚園児（年少児〜年長児：575名対象）と教師・保護者を対象とした調査では，全面受容・機嫌取り・叱咤感情的対応は攻撃性を高め，養護性・自己制御・自己主張，活動意欲を下げるが，受容理解・積極的かかわりは養護性・自己制御・自己主張，活動意欲を高め，攻撃性を下げる。

→集団の形成・自我の形成には，遊び経験に基づく対人関係，対物関係が影響
（自我形成と学習能力との相関の高さが今日の学習支援・教育の課題）

さらに，幼稚園児，小学生等を対象に，こどもの学習意欲は，親や教師から受容（こどもに受容感が生ずる）されていることと深く関係があることを調査研究によって明らかにした。［表終-1］［図終-3］［表終-2］にその一部を紹介しよう[6][7][8][9]。この結果によると，こどもの教師認知が受容的なかかわりであるほど，自己評価・自信が高い。学習意欲は，認められ報告できる愛着の対象があれば高まる。しかし，愛着の対象がなければ，真剣に取り組まなくても成果が期待できると（自分が信じた）安易なやり方を探すが，それが当てにならないという失敗経験を繰り返し，意欲を減退させていく。自分がダメだとは思われぬために，自己防衛を高めているこどもたちの現状がよりクリアに見えてきたのである。本物の意欲は受容感，愛着形成が基盤となり，偽物の壊れやすい意欲は自己防衛が根底にあるということになる。

人はすべて，受容されること，認められることで心の安定とエネルギーを得るのである。愛着関係は，このように意欲の基盤，学校教育の基盤であり，すべてのこどもに必要な関係性の基盤である。こうした基盤が形成されていないこどもや大人は，人の話を聞けず，学べないのである。学校教育において，学習意欲の基盤である愛着形成をより重要視するべきではなかろうか。

図 終-3：意欲と関係する要因の分析 [7)][8)]

○意欲尺度
［学習成果欲求］高い
［努力希求］高い
［積極的かかわり］高い
［集団適応行動］高い

○意欲尺度
［学習成果欲求］低い
［努力希求］低い
［積極的かかわり］低い
［集団適応行動］低い

○教師認知尺度
［受容的かかわり］
［明朗・積極性］

○教師認知尺度
［評価的］

○学級雰囲気尺度
［クラスの集団適応］
［楽しい居場所］
［なかよし・活動的］

○学級雰囲気尺度
［拒否感］
［落ち着きのなさ］
［からかい・いじめ］

○学習観尺度
［学習目標・協働学習］

［評価目標・受動学習］

○学習観尺度

○自己像尺度
［自己価値］
［効力感］

○自己像尺度
［自己防衛］

○学習行動尺度
［メタ認知］

［課題達成］

○学習行動尺度
［安易方略］

○知的好奇心尺度
［知的好奇心］

［有能評価欲求］
［活動的好奇心］

○知的好奇心尺度

> **表 終-2：意欲と教師の取り組み認知・印象の相関**[9]
> ◦ 外的調整という外発的動機付けは，他の意欲と関連がない。
> ◦ 協働的・共感的かかわりはすべての意欲を高めるが，叱咤・強制指導は外的調整的意欲しか高めない。
> ◦ 肯定的印象は高い意欲と強い関係があり，否定的印象は低い意欲と関係がある。

c. 愛着といじめ，不登校等の問題行動との関係

3章1節b項でも触れたように，攻撃行動（特に間接的攻撃と呼ばれる攻撃行動）は，そもそも自己原因的であり，自分が抱えたストレスをどうコーピングするかという面が強い。そして，いじめの自己原因性の根底には愛着の問題が潜んでいることが極めて多い[10)11)]。それは，自分の抱えたストレスを発散し，脅威から守ってくれる安全基地，安心基地が十分に機能しておらず，そのはけ口を他者への行動という歪んだコーピングに頼ってしまうからだ。

まず，「いじめ」という間接的攻撃は，自分のストレス解消のために選んだ対象（誰でもいい）に執拗な攻撃をする行為である。こうした行為は，愛着の問題を持っているこどもに多発するとの指摘を別稿で行った[10)11)]。そして，いじめの対象としては，自己原因性をカモフラージュしやすくて，攻撃対象として「もっとも（さもありなん）」と思われる対象を選ぶ場合が多い。また，愛着障害のこどもがその対象として選ばれ，愛着障害であるが故に対象とされることを自らも選んでしまうことが多い。こうした自己原因性の攻撃にもかかわらず，あたかも直接的攻撃同様，身体的攻撃等にエスカレートする「いじめの激化現象」も多々見られる。

いじめられているのに行動を共にし，そうした「いじめ関係」から抜け出せずにいるこどもには，孤独になりたくないという思い（仲間志向性に通じる），すなわち愛着の問題がやはり存在する。なかよしグループ内（女子に多い）での「仲間はずし」は，次々にいじめの対象がすぐに移動するから，自分が対象になっても仕方がないと思える。一方で，自身の罪悪感も軽減され，ストレスのはけ口としては利用できる。そして，孤独感から解放されたくて，それでも仲間からはずれない——。これらのことは，いじめの自己原因性，愛着の問題がその根底に横たわっていることを示している。誰かをいじめることが目的で

なく，誰かをいじめなくては済まない心理がある。ネットいじめ，ラインいじめも同じ構造である。

　こうした行為は，青年期の所属欲求意識，仲間意識の発達に必要だという，以前の悠長な学問的捉え方で楽観視してはいけない。それは，愛着形成が充分なこどもたちの巣立ち行為としては許容されるが，愛着形成が充分になされていない場合は，こどもたちの自己確認と歪んだストレスコーピングでしかないのである。この仲間に所属し続ける（自分を認めても守ってくれないが）ことで，離脱できない歪んだ仲間意識，我慢の上に成り立つ不安定な基地意識を自ら生じさせている。これが「NOと言えない」仲間志向性である。この仲間志向性は，青年期の所属欲求意識を満たしていることにはならない。それ故，こうしたこどもたちには，キーパーソンによる真の安心基地の支援が必要なのである。

　いじめにあって自らの命を絶つ選択をするこどもも，愛着関係，すなわち安全基地，安心基地の機能不全を想定せざるを得ない（もちろん，親の責任，こどもの責任という問題ではないことは，1章で愛着について説明したように誤解のないように）。また，そうしたいじめを囃し立てる観衆層のこどもは，いじめを見てストレス発散，カタルシスを起こしている点で愛着の歪みがあり，いじめを止められず傍観している傍観層のこどもは，自分がいじめられないための保身であり，安全基地への確かな信頼が見られない。「いじめ」問題では，このようにいじめる側，いじめられる側の双方はもちろん，観衆層，傍観層を含め，「いじめ」が発生しているクラスのこどもすべてに対し，心理的支援，愛着修復の支援が必要なのである。

　従って，いじめ対応はいじめの訴えがあってからでは遅すぎる。まず，それぞれがクラスのメンバーとして，教師と1対1の関係づくりができていて，そのことをこどもたちも自覚しているクラスづくりが基本となる。その上で，いじめの訴えがあっても，そのことを確認できない，あるいは訴えた本人が公にしないで欲しいと言った場合，対応ができないというのは不適切である。そうしたことが発生しやすいクラスの土壌があることを認識し，直ちにこどもたちとの1対1の関係づくりを再構築し，クラスの雰囲気づくりに再着手すべきなのである（5章2節参照）。「こどもの関係には介入しない方がよい」「こどもの世界を尊重すべき」という間違った認識は今や捨てるべきである。それは，愛

着形成が充分なこどもにだけ通用することで、そうでないこどもには、人間関係の支援介入が必要なのである。

また、いじめを外に現れた表出性攻撃（expressive aggression）とするなら、不登校も自己への攻撃として外に現れない不表出性攻撃（inexpressive aggression）[12]の一種として捉えることができる。不表出性攻撃は抑鬱を引き起こしやすいとされる[13]。不登校には様々なタイプがあり、筆者は［表終-3］のように14タイプに分けて、丁寧な支援の必要性を指摘している。代表的な愛着の問題である母子分離不安による不登校をはじめ、愛着障害によるものは1タイプとして分類しているが、それ以外の発揮不安、評価不安、不表出性攻撃、二次障害と記したものは、すべて、その根底に愛着の問題を抱えていると踏まえなければならない。

表 終-3：不登校のタイプ

〈本人の心的特性によるもの〉
①精神障害タイプ（統合失調症・うつ病・神経症）：不表出性攻撃 ②神経症タイプ（甘やかされ型・息切れ型）：発揮不安 ③萎縮緊張・頑張り過ぎタイプ：評価不安・登校義務感 ④自己評価の歪みからくるもの：評価不安・自己防衛⇒引きこもり

〈他の障害によるもの〉
⑤睡眠障害タイプ〈小児慢性疲労症候群（C-CFS：Childhood Chronic Fatigue Syndrome）・起立性調節障害（OD：Orthostatic Dysregulation）〉⑥発達障害とその二次障害によるもの ⑦愛着障害タイプ（母子分離不安・抑制型愛着障害・自閉症スペクトラム障害併存ほか）

〈環境、状況によるもの〉
⑧環境への不適応・適応不全（新入生）タイプ ⑨学業不振・学力遅滞タイプ ⑩親和不全（友人関係のトラブル）・いじめ被害タイプ ⑪虐待（ネグレクト）によるもの：要生活支援問題・保護者の不登校選択

〈その他〉
⑫怠学傾向タイプ（無気力傾向・非行傾向）⑬積極的・意図的拒否タイプ（学校へ行く意味を認めず、自分の好きな方向を選ぶ）⑭マイペース・頑張ることへの懐疑タイプ

また、登校刺激を与えないという支援は、③頑張り過ぎタイプには一時的に

必要な場合もあるが，往々にして，これを「学校はかかわらない」「そっとしておく」ことと誤解して，愛着支援すら実施されない実態は看過しがたい。不登校というわかりやすい不適応行動を示すこどもたちにこそ，愛着対象としてのキーパーソンによる愛着修復支援の必要性が高いのである。家庭と学校の連携が必要なのは言うまでもないことである。

愛着の問題はデートDVにも影響を与えており，その影響は，家族への否定的思いと将来の非家族主義（結婚したくない。こどもを持ちたくない）につながっている[14]。愛着への支援は様々なこどもの問題とかかわっているのである。

2. 結語：愛着修復は「いつでも」「誰にでも」「1人から」可能である

この結語『愛着修復は「いつでも」「誰にでも」「1人から」可能である』が，本書における結論である。愛着障害をどのように捉え，どうかかわっていけるのか，その見通しをもとに伝えてきたが，こども支援者・こども指導者・親たちへの，そして，すべてのこどもたちへの心からの「エール」として贈りたいことばでもある。こどもたちが安心して立ち寄れ，そこから旅立っていく人生の寄港地，港として機能するキーパーソン支援の重要性を認識していただけたことと思う。

章末（次頁）には，単なる教科学習だけではなく，すべてのこどもの［認知］［行動］［感情］の学習，そして，人間関係の学習の相関を愛着関係を基盤に表現した学び支援モデルを［図終 - 4］として呈示してある。

愛着の関係性は，こどもの安心・安全・探索の基地機能として，その後の受容体験による人間関係と生活，意欲の基盤を育てる。その基盤の上にこそ，様々な学習活動，教育活動が成り立ち得るのである。こうした意識は，こども自身のメタ認知機能の育成によって生み出され，真の「自ら学ぶ力」「生きる力」を育むことにつながる。

教師，指導者，支援者，そして親たちも，この図式を対照しつつ必要な部分の支援をすることで，こどもの発達支援，学習支援がいつでもできるようにしたい。この図式をいつも意識しながら，愛着形成，修復の支援を中心に，これからも学校園所，家庭の現場でのこども支援，学校園所支援，保護者支援に携

わっていきたいと考えている。そして,「その子がその子らしく生きる」ことの一助となり得たらと思う。

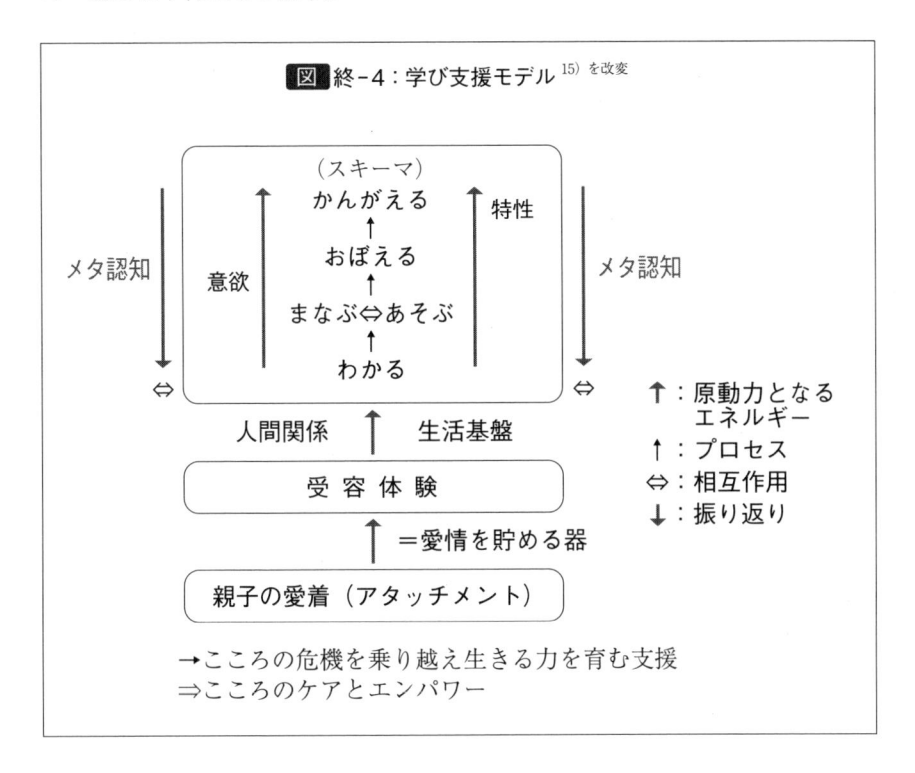

図 終-4：学び支援モデル[15)を改変]

```
                    (スキーマ)
              ┌─────────────────────┐
              │    かんがえる    特性 │
              │       ↑              │
         意欲 │    おぼえる          │
              │       ↑              │
              │  まなぶ⇔あそぶ       │
              │       ↑              │
              │     わかる           │
              └─────────────────────┘
メタ認知  ⇔                        ⇔   メタ認知
         人間関係 ↑ 生活基盤
         ┌─────────────────┐
         │    受 容 体 験    │
         └─────────────────┘
              ↑ ＝愛情を貯める器
         ┌─────────────────────┐
         │ 親子の愛着（アタッチメント）│
         └─────────────────────┘
```

↑：原動力となるエネルギー
↑：プロセス
⇔：相互作用
↓：振り返り

→こころの危機を乗り越え生きる力を育む支援
⇒こころのケアとエンパワー

[引用・参考文献]

1) 米澤好史 2012 こどもの学習意欲・人間関係に与える受容の効果—調査研究と発達障害への支援事例から導かれる「愛情の器」モデル— 和歌山大学教育学部紀要（教育科学), 62, 1-8.
2) 前園兼作・米澤好史 2006 学習支援観と遊び支援観の質的比較研究—学校教育に遊び支援を位置づける— 日本教育心理学会第48回総会発表論文集（岡山大学), 520頁.
3) Hudson, T. 1983 Correspondences and numerical differences between disjoint sets. *Child Development*, 54, 84-90.
4) 加藤浩・鈴木栄幸 1992 教育におけるリアリティに関する一考察 日本認知科学会第9回大会発表論文集, 32-33.

5）由良健一・米澤好史 2005 子どもの学習における自己評価を規定する要因とその影響―自己像・意欲・ストレスの関係― 和歌山大学教育学部附属教育実践総合センター紀要，15，27-36.
6）米澤好史 2008 幼児の認知活動特性・学習発達到達度・人間関係特性尺度と教師，親の教育方針態度尺度・子育てこども観・指導方針尺度の作成 和歌山大学教育学部教育実践総合センター紀要，18，69-78.
7）米澤好史 2012 こどもの学習意欲・人間関係に与える受容の効果―調査研究と発達障害への支援事例から導かれる「愛情の器」モデル― 和歌山大学教育学部紀要（教育科学），62，1-8.
8）濵上武史・米澤好史 2009「やる気」の構造に関する研究―教師認知，学級雰囲気認知，学習観との関係― 和歌山大学教育学部紀要（教育科学），59，35-43.
9）宮﨑純一・米澤好史 2013 小学生の学校生活における意欲特性，因果性の所在認知及び認知された教師の取り組み・印象の関連 和歌山大学教育学部教育実践総合センター紀要，23，21-33.
10）米澤好史 2007 こどもの攻撃行動の心理学的分析と関係性支援 和歌山大学教育学部教育実践総合センター紀要，17，49-58.
11）米澤好史 2015c いじめ等の問題行動の背景の理解と対応―愛着障害の視点からみた子ども理解と支援― 教室の窓「データで読む教育の今」（東京書籍），4月号，38-39頁.
12）山崎勝之 1999 学校クラス集団におけめ攻撃性低減への総合的教育プログラム 鳴門教育大学研究紀要，16，29-41.
13）仙石真弓 2002 攻撃性の表出と子どもの心身の健康 山崎勝之・島井哲志（編）攻撃性の行動科学―発達・教育編― ナカニシヤ出版 pp.168-181.
14）藤田絵理子・米澤好史 2009 デートDVに影響を及ぼす諸要因の分析とDV被害者認識の明確化による支援の試み 和歌山大学教育学部教育実践総合センター紀要，19，9-18
15）米澤好史 2013 愛着障害・発達障害への「愛情の器」モデルによる支援の実際，和歌山大学教育学部紀要（教育科学），63，1-16.

謝辞
●●●

　私をお呼びいただいたすべての学校園所の先生方，保護者の方々をはじめ，かかわったすべてのこどもたちに，改めて，心からの感謝の念を伝えたいと思います。

　たとえ短い時間でも，愛着につながる確かな「絆」という，かけがえのない関係性の一端を築かせていただけましたことに，この場を借りて心より御礼申し上げます。

　そして，そこに芽生えた，愛着につながる関係性が，かかわったすべての人にとってすてきな意味を持ち続けますようにと祈念しています。

　また，この本をお読みになった方々と，近い将来出会い，新たな関係性として結びつき合える日を楽しみにしております。

　この本が，様々な「関係性」の糸口になればこれに勝る喜びはありません。

2015 年 9 月

米澤　好史

索　引

あ 行

ARPRAM（アープラム） 105, 108, 124, 134, 138, 141, 148, 179, 184, 190, 191, 207, 208, 223, 227
ICD - 10　32, 34, 45
愛情試し行動　28, 66, 73, 91, 157
愛情の行き違い　64, 80, 99, 101
「愛情の器」づくり　106, 123
「愛情の器」モデル　15, 30, 73, 88, 89, 90, 92, 94, 95, 98, 99, 100, 103, 104, 105, 108, 124, 133, 134, 141, 148, 159, 165, 166, 184, 202, 234, 235, 243, 244
「愛情の器」モデルに基づく愛着修復プログラム　30, 89, 104, 105, 108, 124, 134, 141, 148, 166, 184, 202
愛情の摘まみ食い現象　102, 103, 108, 204
愛情欲求エスカレート現象　64, 73, 98, 100
愛着（attachment） 16
愛着形成　14, 16, 17, 18, 19, 21, 22, 23, 24, 27, 28, 29, 30, 33, 35, 38, 62, 67, 68, 69, 70, 74, 92, 95, 99, 101, 103, 104, 105, 108, 109, 110, 116, 120, 121, 134, 138, 141, 143, 144, 146, 150, 154, 156, 161, 189, 203, 205, 212, 234, 236, 237, 238, 240, 242
愛着形成不全　20, 39, 99
愛着修復　14, 15, 16, 17, 23, 24, 27, 29, 30, 85, 88, 89, 90, 97, 99, 102, 103, 104, 105, 107, 108, 111, 112, 124, 134, 141, 148, 154, 166, 177, 184, 199, 202, 203, 207, 208, 211, 227, 234, 235, 240, 242
愛着障害　3, 12, 15, 16, 17, 19, 20, 23, 24, 27, 28, 30, 31, 32, 33, 34, 35, 36, 38, 39, 40, 41, 42, 43, 44, 45, 46, 48, 49, 53, 57, 58, 60, 63, 65, 66, 69, 70, 72, 74, 75, 77, 78, 80, 82, 83, 84, 85, 86, 87, 88, 89, 90, 91, 92, 93, 94, 95, 98, 101, 102, 103, 117, 124, 125, 126, 129, 130, 131, 133, 140, 148, 149, 150, 151, 153, 156, 157, 158, 159, 160, 161, 163, 164, 165, 166, 168, 169, 170, 171, 172, 173, 175, 176, 177, 180, 184, 189, 193, 194, 195, 196, 197, 198, 199, 200, 201, 202, 204, 207, 213, 214, 215, 216, 219, 222, 223, 224, 225, 226, 227, 232, 234, 235, 239, 241, 242, 244
愛着対象　27, 28, 29, 33, 34, 74, 105, 116, 119, 120, 122, 123, 141, 144, 169, 170, 177, 184, 205, 241
愛着の問題　3, 10, 12, 13, 14, 19, 20, 22, 23, 24, 26, 30, 32, 35, 39, 40, 45, 46, 63, 65, 66, 69, 70, 72, 75, 76, 77, 78, 80, 82, 83, 86, 89, 91, 92, 95, 96, 97, 98, 99, 101, 102, 104, 111, 115, 120, 121, 124, 132, 153, 155, 157, 160, 166, 168, 171, 172, 173, 174, 175, 176, 177, 178, 179, 180, 181, 183, 184, 187, 188, 189, 191, 193, 194, 195, 196, 198, 199, 201, 202, 207, 213, 221, 225, 226, 227, 231, 235, 239, 241, 242
愛着未成立障害　33, 34, 101
i メッセージ　129, 212
アスペルガー障害　45
遊び　41, 43, 47, 53, 110, 159, 189, 190, 193, 195, 210, 229, 234, 236, 237, 243
アトモキセチン　197
安心基地機能　21, 22, 76, 116
安全基地機能　16, 21, 22, 95
安全基地の歪曲　33, 34, 70, 75, 81, 99, 110, 159, 189
安定型　25, 31
アンビバレント型　25, 26, 31, 70
アンビバレントな愛着　26, 70, 116, 152, 228
言い当て　106, 130, 133, 139, 162, 179, 185
移行対象　63, 66, 201, 228
意識化支援　62, 105, 118, 119, 123, 220
いじめ　14, 24, 60, 61, 215, 235, 238, 239, 240, 241, 244
1次間主観性　209
一次的情動　115, 116
1対1の関係　17, 29, 91, 105, 109, 105, 111, 133, 156, 190, 217, 218, 224, 225, 226, 240
5つの先手　225, 226
行って来ます支援　162
移動基地　106, 137, 138
いない、いない・バー　209
居場所　37, 38, 46, 49, 50, 51, 52, 53, 54, 55, 63, 64, 66, 72, 78, 80, 106, 131, 153, 161, 163, 169, 171, 176, 177, 178, 179, 180, 182, 189, 190, 192, 193, 195, 202, 218, 220, 221, 238
居場所感　46, 52, 53, 64, 66, 78, 80, 131, 176
意欲支援　12, 58, 236
ヴィゴツキー, L. S. 96
ウィニコット, D. W. 66
ウィングの3つ組み　45
ASD　36, 36, 40, 45, 46, 47, 48, 50, 53, 54, 55, 61, 63, 66, 67, 70, 71, 72, 78, 168, 169, 170, 193, 223, 224
ADHD　32, 36, 37, 39, 40, 41, 42, 43, 44, 46, 56, 60, 61, 63, 64, 65, 72, 77, 78, 83, 84, 88, 92, 96, 102, 160, 168, 169, 170, 173, 174, 175, 196, 197, 199, 200, 214, 223, 224, 227
エイトキン, K. J. 208
エインズワース, M. D. S. 31
SCD　39. 45
エブリファイ　196
エコラリア　46, 50, 52, 178, 189, 194, 198, 229
LD　40, 56, 57, 58, 59, 60, 62, 137, 168, 169, 170
応答学習　106, 124, 128
応用行動分析　119
岡田尊司　34, 87

索 引

オキシトシン 65
親子関係 16, 29, 34, 35, 41, 50, 102, 155, 167, 226, 227, 228, 231, 232

か 行

外的調整 239
概念獲得 62
外発的動機付け 239
回避型 25, 26, 31, 32
解離現象 75
かかわり志向 210
学習意欲 12, 88, 93, 166, 221, 234, 235, 236, 237, 238, 243, 244
学習指導 3, 13, 14, 23, 64, 76, 77, 93, 128, 234
学習障害 40, 56, 57, 59, 60, 92, 109
学習性無力感 76, 153, 203, 204, 211
学力 12, 14, 58, 64, 77, 175, 183, 210, 218, 235, 236, 237, 241
学力向上 12
学力支援 236
カタルシス 240
学級王国 224
学級づくり 192, 218
学級崩壊 95
ガルシア効果 203, 204
感覚異常 46
［環境］ 38, 39
環境構造化支援 162, 163
関係意識化 106, 131
関係性 14, 19, 22, 23, 24, 27, 28, 29, 41, 46, 64, 75, 80, 82, 83, 85, 86, 91, 96, 106, 111, 114, 123, 127, 131, 132, 133, 146, 150, 153, 164, 166, 169, 178, 186, 191, 203, 205, 209, 213, 216, 217, 224, 225, 226, 231, 238, 242, 244, 245
間欠強化 42
間歇性（間欠性）爆発（性）障害 36, 173
観衆層 240
間主観性 208, 209
［感情］ 36, 37, 38, 39, 117, 132, 134, 242
感情学習 39, 105, 115, 116, 168, 169, 185, 203, 205, 208, 210
感情コントロール5ステップ支援 177, 185
感情コントロール力 143
感情先取り支援 177, 185
感情と行動の引き剥がし支援 177, 186
感情認知 37, 39, 105, 115, 116, 117, 163, 168, 171, 175, 177, 184, 185, 186, 192, 213, 236
感情のコントロール 37, 80, 85, 94, 114, 155, 164, 177, 180, 183, 188, 198
感情発達 39, 63, 175, 208
感情ラベリング支援 105, 114, 115, 116, 118, 164, 177, 184, 212
間接的攻撃 93, 239
管理職 112, 163, 224
キーパーソン 105, 106, 107, 108, 109, 110, 111, 112, 113, 114, 115, 116, 120, 121, 123, 124, 125, 126, 127, 128, 129, 130, 131, 132, 133, 134, 135, 136, 137, 138, 139, 140, 141, 142, 143, 144, 145, 146, 147, 148, 150, 151, 154, 157, 158, 159, 161, 162, 163, 164, 165, 174, 176, 179, 181, 182, 185, 186, 187, 189, 190, 191, 192, 194, 198, 201, 213, 216, 218, 219, 220, 221, 228, 230, 240, 242
機嫌取り 149, 237
儀式行動 47, 62
帰属支援 117, 213
規範行動 64, 78, 92, 169
虐待 11, 20, 31, 34, 71, 83, 84, 85, 86, 87, 121, 163, 166, 198, 201, 207, 241
逆模倣 51, 53
旧キーパーソン 107, 143, 144, 145, 146, 147
強化学習 124
教科担任制 73, 224
共感 49, 51, 53, 94, 114, 115, 138, 149, 151, 192, 209, 222, 239
協同志向 210
共同注意 67, 68, 89, 141, 148
協同的学び 210, 218
恐怖政治 94, 95, 99, 130, 171, 183, 184, 204
共鳴動作 208, 215
共鳴防止支援 222, 224

拠点づくり 161
キレる 93, 94, 200
クールダウン 50, 51, 152, 154, 162, 176, 179, 180, 181, 186, 191, 197, 211, 214, 220
クールダウン支援 152, 154, 177, 180, 181, 197, 211
クラス風土 216, 218, 223, 225
グループ活動 224, 225
グループによるやりとり学習 218
経験と経験の対決 145
形成的評価 214
形態認識 57, 62
言語性短期記憶 56
言語性WM 56
原始感情 115, 208
限定的興味 39, 45, 47
高機能（hyper functional）自閉症 45
攻撃行動 11, 14, 29, 35, 40, 48, 53, 71, 80, 86, 92, 93, 94, 98, 103, 149, 166, 173, 174, 186, 196, 197, 204, 221, 239, 244
攻撃性 34, 35, 40, 41, 78, 82, 149, 150, 166, 168, 171, 175, 180, 197, 203, 210, 237, 244
更新 56
口唇期 64, 69
構造化 50, 52, 62, 91, 107, 162, 163, 174, 179, 180, 197, 211, 218, 222
［行動］ 36, 37, 38, 39, 117, 132, 242
行動科学 29, 87, 88, 89, 119, 166, 244
行動支援 44, 49, 77, 106, 145, 153, 165, 170, 179, 187, 188, 191, 197, 201, 214, 228
行動スイッチ 50, 51, 53, 62, 186, 187, 195, 228
行動スイッチ支援 178, 187, 195, 228
行動制御 41
行動単位細分化支援 211
行動調整 96, 97, 166
行動認知 36, 37
行動の枠組み 92, 106, 131, 150, 178, 191
行動変容 37, 203, 204, 205, 206
広汎性発達障害 45
公平 48, 148, 193, 215, 216, 218,

222, 225
誤学習　22, 24, 115, 125, 134
「ここだけ見よう」支援　199
心の理論　46, 202
こだわり　47, 48, 49, 62, 68, 79, 147, 155, 183, 193, 196, 198, 229, 230, 231
固定基地　106, 137, 138
誤認知　115
個別支援　49, 61, 106, 118, 132, 161, 178, 222, 226
個別予習支援　153, 178, 191, 196
これだけしよう支援　178, 188, 196
コンサータ　65, 196, 197
コンサルテーション　10, 14, 20, 40, 78
近藤清美　10
混乱型　31, 71
混乱性（崩壊性）愛着障害　33, 34

さ　行

再認テスト　57
作業の居場所支援　50, 52, 53, 153, 178, 189, 193, 202
サブキーパーソン　110
サリーとアンの課題　46
「三項化」支援　67
参照視　106, 107, 141, 142, 144, 145, 146, 209
参照視伝達　107, 144, 145
参照ポイント　106, 141, 142, 144, 145, 146, 147, 186, 223
参照ポイントノート　107, 144, 145, 146
算数障害　56
ジーナ, C.H.　32, 70, 75, 99, 101
叱る　16, 17, 41, 53, 66, 71, 75, 82, 83, 103, 105, 106, 113, 125, 126, 153, 155, 156, 157, 158, 159, 169, 170, 178, 196, 200, 203, 204, 205, 206, 215, 217, 226
「叱る」と「褒める」の意味　205
「叱る」と「褒める」の問題点　203
時間の居場所支援　50, 51, 177, 178
視空間性短期記憶（STM）　56
視空間性WM　56
刺激過多　121
刺激喚起機能　228
自己意識　115, 122, 141, 167, 207

自己懐疑的　215
自己原因性　93, 97, 239
自己肯定感　161, 205, 206, 208, 209, 214, 235
自己高揚　64, 76, 85, 106, 113, 120, 132, 203, 204, 206
自己効力感　25, 76, 205, 206, 208, 209, 212, 214, 217, 220
自己紹介ゲーム　216
自己成就的予言　131, 212
自己制御（調整）学習　236
自己正当化　64, 75, 77, 126, 170
自己像・ストレス　236, 237
自己投入　224, 225
自己否定　64, 76, 120, 206, 215
自己評価　14, 64, 72, 73, 76, 86, 96, 120, 162, 177, 183, 201, 206, 214, 223, 224, 225, 237, 241, 243
自己有能感　18, 212
自己有用感　205, 206, 217, 225, 233
実行機能　39, 40, 41, 42, 43, 56, 65, 77, 92, 96
実践教育心理学　10
叱咤感情的対応　149, 237
執拗な要求　230
視点移動　59
児童心理療育施設　10
児童養護施設　19, 20, 30, 35, 90, 91, 110, 166, 201
支配―服従関係　203, 204
シフト　56, 72, 77, 164, 196
自閉傾向　12, 40, 45, 46, 47, 48, 49, 68, 71, 78, 80, 82, 84, 86, 90, 92, 93, 110, 127, 136, 142, 146, 147, 151, 153, 155, 156, 158, 168, 171, 172, 173, 174, 175, 176, 177, 178, 180, 181, 182, 183, 184, 185, 186, 187, 188, 189, 190, 191, 193, 194, 195, 196, 197, 198, 199, 200, 205, 220, 228, 229, 230, 231
自閉症スペクトラム障害　35, 36, 39, 41, 45, 46, 47, 49, 50, 54, 60, 78, 80, 88, 94, 102, 103, 171, 172, 173, 203, 241
自閉障害　45, 78
清水御代明　96, 166
社会的（対人）コミュニケーション障害　39, 45, 46
社会的参照　141, 142, 144, 167,

209
社会的比較　214, 223, 224, 225
就学前教育　63
執着行動　47
重度気分調整不全障害（重篤気分調節症）　35, 173
授業の構造化　218
主体的な行動　125, 128
主導権　106, 111, 124, 125, 126, 127, 128, 130, 133, 148, 150, 151, 152, 156, 157, 165, 179, 187, 195, 212, 218, 221, 222, 228
受　容　20, 25, 26, 28, 51, 52, 62, 88, 105, 112, 113, 114, 148, 149, 150, 151, 152, 156, 164, 166, 183, 197, 198, 199, 214, 220, 231, 232, 234, 235, 236, 237, 238, 242, 243, 244
受容感　216, 217, 219, 236, 237
受容的なかかわり　25, 28, 237
受容理解　150, 237
受話者　60
馴化（habituation）　64, 73, 100, 101
逡巡行動　62
障害受容　229
生涯発達　24, 27
小学校　10, 13, 15, 20, 23, 42, 47, 48, 53, 54, 57, 59, 60, 61, 63, 83, 84, 85, 102, 107, 124, 125, 126, 129, 136, 140, 144, 145, 148, 149, 156, 158, 159, 160, 161, 163, 167, 174, 194, 195, 196, 199, 201, 213, 214, 215, 219, 220, 221, 223, 224, 225, 228, 229, 230
状況依存　210
状況（状態）依存記憶　44
消去抵抗　42
小3問題　223
情緒の共有　67
焦点化　47, 49, 79, 140, 163, 164, 170, 176, 177, 181, 182, 183, 187, 188, 196, 203, 204
常同行動　46, 47, 48, 50, 52, 70, 79, 178, 189, 194, 195, 198
衝動性　40, 41, 42, 78, 79, 83, 84, 158, 173, 175, 186
小児期崩壊性障害　45
情報提供機能　228
情動発達モデル　115

書字表出障害 56
新キーパーソン 107, 144, 145, 146, 147
身体的虐待 84, 85, 163, 198, 201
心理教育プログラム 107
心理的環境 18, 32
心理的虐待 201
進路指導 3
親和不全 241
睡眠障害 241
推論のLD 60, 137
スーパーバイズ 10, 20, 40, 78, 149, 151
スクールカウンセラー 224
スコープ設定支援 43, 44, 61
ストラテラ 65, 196, 197
ストレスコーピング 227, 240
ストレス発散 240
ストレンジ・シチュエーション法 31
生活構造化支援 177, 179
制止機能 228
生徒指導 3, 11, 12, 13, 77, 79, 92, 94, 106, 132, 224, 233
正の感情 210, 211, 212
正の強化 169
正の強化子 42
正の橋渡し支援 106, 135, 138, 139
正のモデル学習 215
世代間伝達 24, 25, 26, 27, 30, 232, 234
積極的かかわり 25, 150, 237, 238
接触快 69, 72
接触感欲求 64, 71
絶対評価 214
セット学習 107, 142, 143
セット支援 231, 232
セルフクールダウン 152, 220
セルフコントロール 220
ゼロ・ステップ 208, 209, 225
先行オーガナイザー 12
先手行動支援 178, 187
先手支援 124, 125, 127, 212, 222, 225
全面受容 149, 152, 237
想起・振り返りのLD 60
相互理解 67, 218
ソーシャル・スキル・トレーニング (SST) 107
即時強化 42, 43, 44, 77, 128, 169, 211
即時模倣 123
素行障害 35

た 行

ターゲット法 222
怠学傾向 241
対象の永続性 208, 209
対処行動 201, 227
代替行動 49, 106, 136, 139, 152, 165, 169, 170, 186, 187, 194, 197, 201, 214, 228
代替行動支援 49, 165, 170, 177, 178, 186, 187, 197, 201, 214, 228
体罰 92, 95, 155, 206
タイムアウト 42
代理母 69
高田洋子 17, 29
立ち位置の工夫 178, 190
脱抑制型愛着障害 32, 33, 101
脱抑制性愛着障害 32, 34, 101
多動 40, 42, 63, 64, 65, 66, 72, 73, 83, 86, 88, 102, 103, 147, 153, 159, 160, 169, 194, 199, 200, 201
多動・落ち着きのなさ 40
多動性 32, 36, 39, 40, 42, 64, 88
多様性 192, 216, 217, 218, 225
探索基地化 106, 137, 219
探索基地機能 16, 21, 76, 120, 134, 142, 161, 236
談話理解 60
チェアリング 209
遅延報酬への嫌悪 39, 41, 42, 44
遅延模倣 123
知覚異常 46
知的好奇心 210, 236, 237, 238
知的障害 88, 153, 213
注意欠陥多動性障害 36, 64
注意欠如多動性障害 36, 39, 40, 42, 64, 88
中学校 10, 20, 23, 40, 55, 58, 63, 73, 79, 86, 96, 136, 151, 163, 174, 198, 200, 221, 223, 224
中学校問題 223
直接的攻撃 93, 239
直感的育児行動 209
対連合学習 105, 117, 118, 119, 120, 123, 132, 143, 164, 165, 169, 170, 184, 188

つなぐ 57, 68, 105, 106, 110, 117, 119, 123, 129, 134, 140, 145, 195, 209, 211, 219, 220, 221, 224, 231
DSM-5 32, 33, 35, 45, 46, 87, 88, 101, 202
DSM-IV-TR 32, 33, 45, 101
低出生体重児 56, 88, 137, 169
デートDV 242, 244
ドゥエック, C. S. 212
登校義務感 241
登校刺激 241
同時注視 67
ドーパミン 197
読字障害 56, 161
特定不能の破壊的行動障害 36
特別支援学級 109, 140, 160, 161, 163, 180, 219, 220, 221, 224
特別支援学級担任 109, 220
特別支援教育 54, 91, 167, 218, 219, 224, 227
閉じた学習 12
努力帰属 212
努力神話 213
トレバーセン, C. 208

な 行

内的ワーキングモデル 24, 25, 26
仲間志向性 18, 86, 239, 240
納得の儀式支援 178, 180, 186
2次主観性 209
二次障害 24, 41, 83, 92, 168, 173, 214, 223, 224, 241
二次的情動 115, 116
二次動因説 69
人間関係の居場所支援 49, 51, 52, 178, 189, 193
認識アンバランス 223, 224
[認知] 36, 37, 38, 39, 242
認知活動特性尺度 210
認知行動療法 119
認知心理学 14, 119, 234
認知スコープ支援 53, 54, 177, 181, 182, 185, 199
認知を逸らす支援 177, 181, 183, 185, 195, 198
認知を広げる支援 177, 182, 183, 184
ネグレクト 23, 26, 81, 84, 153, 198, 201, 205, 241
ネットいじめ 240
脳機能障害 35, 41

能力帰属 213
ノルアドレナリン 197

は行

バークレイ, R. A. 41, 43
迫真性 12
迫真性の支援 236
橋渡し支援 106, 134, 135, 136, 138, 139, 140, 163, 164, 178, 191
発揮不安 68, 241
発達課題 214, 215
発達支援 3, 10, 12, 13, 14, 36, 38, 88, 97, 154, 166, 218, 227, 242
発達障害 3, 11, 12, 14, 15, 17, 22, 31, 34, 35, 36, 38, 39, 40, 45, 63, 87, 88, 89, 92, 104, 130, 132, 137, 161, 164, 165, 166, 168, 169, 172, 176, 199, 202, 215, 219, 222, 224, 226, 227, 234, 241, 243, 244
発達心理学 10, 14, 30, 88, 89, 96, 166, 167, 236
発達遅滞 45, 213, 214
発話者 60
パニック的攻撃 53, 79, 94, 103, 136, 174, 175, 199
パニック的暴力行動 12, 193
母親機能 20, 21, 27, 29, 66, 108, 134, 141, 156
母親の反応性 18
バロン＝コーエン, S. 46
反抗挑戦性障害 36, 84
反応性愛着障害 32, 33, 34, 101
反復的（常同）行動 39, 45
ピアジェ, J. 208
PDDNOS 45
非家族主義 242
非行 18, 36, 52, 86, 224, 241
微細運動・粗大運動ストレッチ 178, 189
評価不安 68, 160, 161, 201, 236, 237, 241
表出性攻撃 241
平等 148, 193, 215, 216, 225
敏感期 23
フェスティンガー, L. 214
2つの1対1支援 178, 195
不注意 41, 42, 44
物理的居場所支援 50, 51, 52
物理的環境 17, 18, 19, 35, 180, 224
不登校 14, 24, 67, 196, 228, 235, 239, 241
負の感情 182, 185, 210, 211
負の橋渡し支援 106, 135, 138, 139, 140, 164
負のモデル学習 215
不表出性攻撃 241
フラッシュバック的攻撃 48, 79, 175
振り返り 37, 39, 41, 42, 43, 44, 60, 62, 105, 114, 117, 119, 121, 122, 123, 128, 142, 145, 151, 153, 170, 182, 186, 198, 203, 207, 211, 220, 222, 223, 243
プレマック, D. 46
プロジェクト型学習 211, 224
分離不安障害 33, 34
ペア学習 162, 218, 219, 224, 225
ベロベロ・バー 208
保育所 3, 10, 20, 23, 54, 62, 84, 148, 161
傍観層 240
報酬意識 106, 128
報酬効果 106, 131
報酬サンドイッチ支援 200
ボウルビィ, J. 16, 21, 24
保護者へのセット支援 231, 232
母子相互作用 22, 28, 32, 101
ポジティブ幻想 76
母子分離不安 19, 33, 228, 241
褒める 43, 53, 54, 76, 106, 107, 118, 120, 124, 125, 127, 128, 129, 130, 133, 143, 150, 152, 153, 154, 159, 161, 162, 170, 176, 178, 182, 186, 187, 188, 192, 194, 195, 196, 197, 200, 201, 203, 204, 205, 206, 211, 212, 213, 214, 216, 217, 220, 221, 226, 228, 232
褒める連携支援 178, 192, 220

ま行

見本合わせ法 57
見守り支援 106, 137
ムアー, M.K. 208
無秩序な時間 174
無秩序（未組織）・無方向型 31
メタ認知 12, 43, 107, 122, 142, 143, 223, 224, 236, 237, 238, 242, 243

メチルフェニデート 197
メルツォフ, A.N. 208
モデル学習力 158, 215, 217
モニタリング 18, 56
問題行動 11, 14, 17, 18, 20, 43, 45, 46, 88, 90, 94, 98, 106, 132, 166, 170, 201, 210, 222, 229, 239, 244

や行

役割付与支援 106, 131, 160, 162, 163, 176, 178, 190, 193, 197, 213, 218, 228
有能評価欲求・安易方略 237
you メッセージ 106, 129, 212
ユニバーサルデザイン 218
養護教諭 109, 219, 220
幼稚園 3, 10, 20, 23, 51, 62, 63, 118, 148, 149, 161, 194, 197, 234, 237
予感の察知 133
抑制 32, 33, 34, 36, 39, 41, 42, 43, 44, 56, 64, 68, 70, 71, 72, 78, 83, 85, 88, 90, 94, 101, 102, 103, 126, 158, 159, 160, 170, 173, 189, 200, 203, 204, 210, 241
抑制型愛着障害 32, 33, 85, 101, 241
抑制制御の困難 39, 41, 42, 43, 44, 103, 170
予告支援 50, 52, 55, 153, 177, 179, 180
予知 106, 133, 179, 180
予知・予告支援 177, 179, 180
予定支援 177, 178

ら行

ラインいじめ 240
リソースルーム 109, 161, 163, 180, 221, 224
流動性知能 56, 57
領域横断 210, 211
領域固有 210
臨界期 23
臨床発達心理学 10, 14, 167
ルイス, M. 115, 116, 208
ルリア, A.R. 96
レット障害 45

わ行

ワーキングメモリ 56, 57, 89
ワイナー, B. 212

ワンステップ行動学習 177, 186

著者紹介
●●●●●●

米澤 好史（よねざわ　よしふみ）

和歌山大学教育学部教授。臨床発達心理士スーパーバイザー，学校心理士スーパーバイザー，上級教育カウンセラー，ガイダンスカウンセラー・スーパーバイザー。
専門は臨床発達心理学・実践教育心理学（こどもの理解と発達支援・学習支援・人間関係支援・子育て支援）。
日本教育カウンセリング学会理事，日本教育実践学会理事・『教育実践学研究』編集委員，日本思春期学会理事，日本学校心理士会幹事，日本臨床発達心理士会幹事，日本教育カウンセラー協会評議員，日本発達支援学会『発達支援学研究』編集委員，関西心理学会役員（委員），和歌山県教育カウンセラー協会会長，摂津市子ども・子育て会議会長として，社会的活動を行う。

【著書】
『愛着障害・愛着の問題を抱えるこどもをどう理解し，どう支援するか？』（単著）福村出版
『子育てはピンチがチャンス！』（監修・共著）福村出版
『行動科学への招待［改訂版］』（共編著）福村出版
『事例でわかる！　愛着障害』（単著）ほんの森出版
『やさしくわかる！　愛着障害』（単著）ほんの森出版
『愛着アセスメントツール』（単著）合同出版
『愛着障害は何歳からでも必ず修復できる』（単著）合同出版
『発達障害？　グレーゾーン？　こどもへの接し方に悩んだら読む本』（単著）フォレスト出版
『愛着関係の発達の理論と支援』（編著）金子書房
『特別支援と愛着の問題に生かすカウンセリング』（共編著）ぎょうせい
『特別支援教育　通常の学級で行う「愛着障害」サポート』（共著）明治図書出版
『障害者・障害児心理学』（共著）ミネルヴァ書房

【論文】
「学校現場における学校心理学研究の動向と課題―こどもとこどもを取り巻く環境への支援の方向性を探る―」（教育心理学年報）
「『愛情の器』モデルに基づく愛着修復プログラムによる支援―愛着障害・愛着の問題を抱えるこどもへの支援―」（臨床発達心理実践研究）
「愛着障害・愛着の問題を抱えるこどもの理解と支援―愛着の問題のアセスメントと『愛情の器』モデルに基づく愛着修復プログラムによる支援―」（日本学校心理士会年報）
「愛着障害の実態と対応・支援」（指導と評価［日本図書文化協会］）
「『愛着障害』と発達障害の違い・見分け方と支援の在り方」（月刊実践障害児教育［学研教育みらい］）
「『試し行動』の背景にある愛着障害」（月刊学校教育相談［ほんの森出版］）
「愛着の問題を抱えるこどもへの支援〈愛着障害・発達性トラウマ障害〉」（公認心理師［協同出版］）
「愛着の視点からの支援―愛着障害の支援の立場から―」（発達［ミネルヴァ書房］）
「愛着の視点からの発達支援―愛着障害支援の立場から―」（発達支援学研究）
「発達支援における愛着障害への支援の重要性―愛着形成，愛着障害をどう捉え，どう支援していくのか？―」（発達支援学研究）
「愛着障害と発達障害の違いと関係―愛着障害支援の立場から―」（日本の科学者［メトロポリタンプレス］）

発達障害・愛着障害 現場で正しくこどもを理解し、
こどもに合った支援をする
「愛情の器」モデルに基づく愛着修復プログラム

2015年10月20日　初版第1刷発行
2024年9月15日　　第11刷発行

著　者　　米澤好史
発行者　　宮下基幸
発行所　　福村出版株式会社
〒104-0045　東京都中央区築地4-12-2
電　話　03-6278-8508
ＦＡＸ　03-6278-8323
https://www.fukumura.co.jp
印刷・モリモト印刷株式会社　製本・協栄製本株式会社

© Y. Yonezawa 2015
Printed in Japan
ISBN978-4-571-24057-7 C3011
落丁・乱丁本はお取替えいたします。
定価はカバーに表示してあります。

福村出版◆好評図書

米澤好史 著
愛着障害・愛着の問題を抱えるこどもをどう理解し,どう支援するか?
●アセスメントと具体的支援のポイント51
◎1,800円　ISBN978-4-571-24076-8 C3011

愛着障害のこどもをどう理解し,どう支援するか。具体的なかかわり方を示す「愛着障害支援の指南書」。

米澤好史 監修/藤田絵理子・米澤好史 著/くまの広珠 漫画・イラスト
子育てはピンチがチャンス!
●乳幼児期のこどもの発達と愛着形成
◎1,400円　ISBN978-4-571-24093-5 C0011

生涯発達を支える愛着。乳幼児期のこどもの発達と子育てや保育に関わる要点を漫画を交えわかりやすく解説。

小野善郎 監修/和歌山大学教育学部附属特別支援学校性教育ワーキンググループ 編著
児童青年の発達と「性」の問題への理解と支援
●自分らしく生きるために 包括的支援モデルによる性教育の実践
◎1,800円　ISBN978-4-571-12137-1 C3037

性の概念の変化に対し性の問題をどうとらえ支援するのか。発達段階に応じた性教育の包括的支援モデルを紹介。

G.ニューフェルド・G.マテ 著/小野善郎 訳
思春期の親子関係を取り戻す〔増補改訂版〕
●子どもの心を引き寄せる「愛着脳」
◎2,700円　ISBN978-4-571-24102-4 C0011

離れてしまった思春期の子どもの関心を親のもとに取り戻す力,「愛着」の役割とは。補遺を含む増補改訂版。

B. M. プリザント・T. フィールズ-マイヤー 著/長崎 勤 監訳 吉田仰希・深澤雄紀・香野 毅・長澤真史・遠山愛子・有吉未佳 訳
自閉 もうひとつの見方
●これが私だと思えるように
◎3,300円　ISBN978-4-571-42081-8 C3036

自閉症者支援の第一人者による名著の増補改訂版。変わりゆく自閉とアイデンティティの考え方を反映させた。

J. エレンリッチ-メイ 他 著/藤里紘子・堀越 勝 監訳
つらい感情とうまくつきあう認知行動療法の統一プロトコル
子どものための感情探偵プログラム ワークブック
◎5,000円　ISBN978-4-571-24560-2 C3311

不安やうつなど,さまざまな感情障害に効果をもたらす認知行動療法「統一プロトコル」の小学生向けプログラム。

J. エレンリッチ-メイ 他 著/藤里紘子・堀越 勝 監訳
つらい感情とうまくつきあう認知行動療法の統一プロトコル
子どものための感情探偵プログラム セラピストガイド
◎4,000円　ISBN978-4-571-24563-3 C3311

『子どものための感情探偵プログラム』の治療者向けマニュアル。プログラムの運営に必要な手順を詳説。

◎価格は本体価格です。